DIE FOLTER

DIE FOLTER

Ein dunkles Kapitel in der Geschichte der Menschheit

Brian Innes

KARL MÜLLER VERLAG

© by Brown Packaging Books Ltd, London
© der deutschsprachigen Ausgabe:
Karl Müller Verlag, Danziger Straße 6, D-91052 Erlangen

Alle Rechte vorbehalten.
Kein Teil des Werkes darf in irgendeiner Form (durch Fotokopie, Mikrofilm oder ein ähnliches Verfahren) ohne die schriftliche Genehmigung des Verlages reproduziert oder unter Verwendung elektronischer Systeme verarbeitet, vervielfältigt oder verbreitet werden.

Titel der Originalausgabe: The History of Torture
Redaktion: Brian Burns
Gestaltung: Colin Hawes
Bildredaktion: Adrian Bentley
Übertragung aus dem Englischen: Dr. Antonia Huscher-Alkan

ISBN 3-86070-771-X

1 2 3 4 5 8 9 00 1 2

Printed in E.E.C.

Inhalt

Einführung 6

Kapitel 1
Folter bei den alten Griechen und Römern 12

Kapitel 2
Wilde Rituale 22

Kapitel 3
Die Inquisition 30

Kapitel 4
Grausame Foltermethoden 52

Kapitel 5
Die Spanische Inquisition 66

Kapitel 6
Folter in England und in den Kolonien 84

Kapitel 7
Europäische Hexenjagden 104

Kapitel 8
Folterinstrumente 122

Kapitel 9
China, Japan und Indien 146

Kapitel 10
Unterdrückung des Widerstands 156

Kapitel 11
Folter im 20. Jahrhundert 162

Kapitel 12
Gesinnungsfolter 174

Kapitel 13
Kampagne gegen die Folter 182

Register 188

Einführung

Folter ist ein niederträchtiger und entarteter Angriff auf Recht und Würde eines Individuums, ein Verbrechen gegen die Humanität, für das es keine Rechtfertigung gibt. Oder doch? Im November 1956 fand sich Paul Teitgen in einem grundlegenden Dilemma.

Einst Held des französischen Widerstandes, während des Zweiten Weltkriegs wiederholt von den Deutschen im Konzentrationslager Dachau gefoltert, war Teitgen jetzt Geschäftsführer der Präfektur von Algier. Fernand Yveton, ein kommunistischer Verfechter der Nationalistenrevolution, war in den Gaswerken, wo er angestellt war, auf frischer Tat beim Legen einer Bombe ertappt worden. Es gab aber noch eine zweite Bombe, die es unverzüglich zu finden galt; falls sie explodierte, würden Hunderte ihr Leben lassen. Yveton weigerte sich, das Versteck zu verraten. Der Polizeichef versuchte verzweifelt, Teitgen zu überreden, ihn alle verfügbaren Verhörmethoden anwenden zu lassen: *Aber ich weigerte mich, ihn zu foltern. Ich bangte den ganzen Nachmittag. Schließlich ging die Bombe nicht hoch. Gottlob hatte ich recht. Denn wenn du dich einmal auf das Foltern einlässt, bist du verloren ... du musst begreifen, dass das alles auf Furcht basiert. Unsere gesamte sogenannte Zivilisation ist mit einem äußeren Anstrich bemäntelt. Kratz daran und du begegnest darunter der Angst. Die Franzosen – nicht einmal die Deutschen – sind von Natur aus Folterknechte. Doch wenn du die aufgeschlitzten Kehlen deiner Leidensgenossen gesehen hast, ist das vorbei.*

In einer Ausgabe des Magazins *Newsweek* aus dem Jahre 1992 ging Michael Levin, Professor für Philosophie in New York, eingehend auf diese missliche Lage ein in einem Artikel mit der Überschrift „Der Anlass für Folter": *Es gibt Situationen in denen es nicht nur zulässig, sondern moralisch zwingend ist, zu foltern. Angenommen ein Terrorist hat eine Bombe auf Manhattan Island versteckt, die am Nachmittag des 4. Juli detonieren wird – es sei denn ... Nehmen wir ferner an, dass er an diesem schicksalhaften Tag vormittags um 10 Uhr gefasst wurde, jedoch lieber stirbt, als klein bei zu geben und nicht verrät, wo die Bombe ist ... Wenn die einzige Möglichkeit, all die Leben zu retten darin besteht, den Terroristen den qualvollsten Schmerzen auszusetzen, welche Gründe könnten dagegen sprechen?*

Ich nehme an, es gibt keine ... Folter ausschließlich für offenkundig Schuldige und strikt zum Schutz Unschuldiger, und die Abgrenzung zwischen uns und jenen bleibt klar. Es besteht wenig Gefahr, dass die westlichen Demokratien ihre Richtung einbüßen, wenn sie sich entscheiden, Schmerz anzuordnen, um die Ordnung zu gewährleisten.

Auf den ersten Blick scheint dieses Argument unwiderlegbar. Doch Amnesty International, die Organisation, die sich den Menschenrechten vor

LINKE SEITE: Der Zwangblock, in England über fünf Jahrhunderte eine übliche Form der Bestrafung. Titus Oates ersann Einzelheiten eines nicht vorhandenen Zwangblockes, um König Charles II. meuchlings ermorden zu lassen, was die Tötung 35 Unschuldiger zur Folge hatte. 1685 wurde er des Meineids überführt. Er wurde an einen Karren gefesselt und den gesamten Weg von Aldgate bis zum Pranger in Newgate gepeitscht, und, nach zwei Tagen, von Newgate bis Tyburn geprügelt.

Der französische Schriftsteller Albert Camus. Gebürtig in Algerien, zog aber später nach Paris, um als Journalist zu arbeiten. Während des Zweiten Weltkriegs war er im französischen Widerstand aktiv. Als Autor einiger hervorragender Novellen erhielt er den Nobelpreis für Literatur im Jahr 1957.

allen Dingen im Kampf gegen Folter verschrieben hat, setzte das Argument in seinen logischen Schlußfolgerungen fort: *Ein Mann gesteht, eine Bombe gelegt zu haben: Folter wird Leben retten. Ein Mann wird verdächtigt, eine Bombe gelegt zu haben: Folter wird es offenbaren. Ein Mann hat einen Freund, der verdächtigt wird, eine Bombe gelegt zu haben: Folter wird uns zu dem Verdächtigen bringen. Ein Mann hat gefährliche Absichten und könnte planen, eine Bombe zu legen: Folter wird seine Absichten enthüllen. Ein Mann kennt denjenigen mit den gefährlichen Absichten und denkt vielleicht dasselbe: Folter wird uns zu weiteren anderen führen. Ein Mann hat sich geweigert zu sagen, wo ein Verdächtiger ist: Folter wird andere einschüchtern, die vielleicht dasselbe getan hätten.*

Wie der französische Nobelpreisträger Albert Camus darlegte: „Folter hat unter Verlust von Ehre durch das Freilegen von 30 Bomben vielleicht einige gerettet, aber gleichzeitig hat sie 50 neue Terroristen geschaffen, die auf andere Weise andernorts den Tod von weitaus mehr unschuldigen Leuten verursachen."

Die offizielle Rechtfertigung für Folter war stets die Notwendigkeit, Informationen zu erlangen: Von einer kriminellen Vereinigung das Ausmaß der Verbrechen und die Namen der Komplizen; von einem Kriegsgefangenen, wer wohl die Absichten seines Generals kennt; vom Ketzer, wen man wohl überreden könnte, sich zu seinen Anschauungen zu bekennen, um sie dann anderen einzuimpfen; oder vom Terroristen, wessen Aktionen dutzende, ja vielleicht hunderte Leben gefährden.

Betrüblicherweise, denn die Anwendung von Folter ist in solchen Ausnahmefällen schon unentschuldbar, wird aber noch durch die Tatsache verschärft, dass sie auch noch im Ansehen einer Bestrafung steht, eine Ambivalenz, die sich in Professor Levins Vorschlag „Folter nur dem offenkundig Schuldigen" widerspiegelt.

Das unvermeidliche Resultat ist, dass das Metier der Folterknechte einzig die sadistischsten menschlichen Wesen anzog und dass die Anwendung von Folter sich von jedweder praktischen Notwendigkeit, Informationen zu erlangen, oder eine gesetzliche Strafe für Vergehen aufzuerlegen, entfernt hat, um den Mächtigeren das Vergnügen zu gestatten, den weniger Begünstigten blindlings Schmerz zuzufügen.

Selbstverständlich könnten wir – ich, der Autor, Sie, der Leser, alles „vernünftige Leute" – niemals ein menschliches Wesen foltern. Sind Sie dieser Ansicht? Im Jahr 1974 startete Stanley Milgram mit seinem Team an der Universität Yale ein Projekt zur Erforschung der menschlichen Unterwerfung. Sie inserierten nach Testpersonen, die an einer „Studie zum Thema Gedächtnis" teilnehmen sollten. In einem Einführungsgespräch erklärte man den Bewerbern, „Leute lernen immer dann effektiv, wenn sie fürs Fehlermachen bestraft werden".

Jeder freiwillige Proband wurde einem „Schüler" vorgestellt, der in einem Nebenraum des Labors an eine Art elekrischen Stuhl gefesselt war, wobei die Hand auf einer Metallplatte lag.

Der Proband wurde vor einer Schalttafel platziert: Auf der Schalttafel war eine Reihe von Schaltern, jeder wies durch die Beschriftung eine Stromspannung zwischen 15 und 450 Volt aus. Die letzten vier Schalter waren zudem gekennzeichnet: „Gefahr: Starker Schock!".

Unter der Aufsicht eines Mitglieds aus Milgrams Team wurden die Freiwilligen beauftragt, die Stromspannung jedesmal höher einzustellen, wenn ein Schüler eine falsche Antwort gegeben hatte. Es war ihnen nicht bewusst, dass die Schalter Attrappen waren und dass ihre Schüler nur agierten wenn sie schrien und um Gnade bettelten, weil der „Elektroschock" zuzunehmen schien. Obgleich viele Freiwillige angesichts der augenscheinlichen Wirkungen protestierten, fuhren sie fort, die Anweisungen ihres Kontrolleurs zu befolgen und 26 von 40 fuhren fort, „Schocks" im höchsten Voltbereich zu verabreichen. In einigen Fällen hörte der Schüler auf, aufzuschreien, und obwohl der Freiwillige befürchten musste, dass der Schüler bewusstlos oder gar tot sei, gehorchte er weiterhin dem Kontrolleur. Ein Herr Prozi fragte: „Was ist, wenn er hier drinnen stirbt? Ich meine, er sagte mir, er könne den Schock nicht mehr aushalten, Sir. Ich will ja nicht unhöflich sein, aber ich finde, sie sollten mal nach ihm sehen." Ich will ja nicht unhöflich sein! Wie Milgram bemerkte, „die Testperson ... denkt sie ist dabei, einen Menschen zu töten und drückt sich aus wie bei einem Kaffeekränzchen."

Noch beunruhigender war das Verhalten eines Mr. Batta. Sein „Opfer" war im selben Raum neben ihn gesetzt, und als der Mann sich weigerte, seine Hand nach einem 150-Volt-„Schock" auf der Metallplatte zu lassen, drückte er sie einfach darauf. Milgram notierte: „Was ungewöhnlich ist, ist seine offenkundige Gleichgültigkeit gegenüber dem Schüler: Er erkennt ihn

„die Person denkt ... sie tötet gerade jemanden und drückt sich dabei aus wie bei einem Kaffekränzchen"

Stanley Milgram mit dem „elektrischen Generator", den er im Interaktionslaboratorium der Universität Yale für ein Experiment bezüglich der menschlichen Unterwerfung benutzte. Grimmig folgerte er, dass „man der Amerikanischen Demokratie nicht zu Gute halten kann, ihre Bürger vor Brutalität, ausgehend von einer destruktiven Macht, zu bewahren".

nicht als menschliches Wesen an. Stattdessen berichtet er dem Mitarbeiter in unterwürfiger Manier."

Das, was wir uns alle als unsere eigene Reaktion erhoffen würden, präsentierte ein Niederländer, Mr. Rensaaler, der wahrscheinlich Erfahrung durch die deutsche Besatzung der Niederlande während des Zweiten Weltkrieges hatte. Er gehorchte dem Aufseher bis er die 225-Volt-Grenze erreicht hatte. Als man ihm sagte, er habe fortzufahren, da er keine andere Wahl hätte, antwortete er ungehalten: „Weshalb habe ich keine andere Wahl? Ich kam aus freiem Entschluss hierher. Ich dachte, ich könnte ein Forschungsprojekt unterstützen. Wenn ich aber jemanden verletzen muss, um das zu tun – kann ich nicht weitermachen. Es tut mir sehr leid. Ich glaube, ich bin ohnedies bereits zu weit gegangen."

Die Schlussfolgerungen Milgrams stehen in Relation zu Lebenserfahrung und Erziehung, fatalerweise können sie gleichermaßen auf uns alle angewandt werden: *Der Art von Charakter, den die amerikanische demokratische Gesellschaft hervorbringt kann nicht zu Gute gehalten werden, dass er seine Bürger vor Brutalität und unmenschlicher Behandlung, ausgehend von einer böswilligen Kommandogewalt, bewahrt. Ein wesentlicher Anteil der Bevölkerung tut wie geheißen, ungeachtet der Bedeutung der Tat und ohne Gewissensskrupel, solange seinem Empfinden nach der Befehl von einer legitimierten Autorität kommt.*

Eine Erklärung des psychologischen Mechanismus hinter solch blindem Gehorsam legte Hannah Arendt in ihrem Buch *Eichmann in Jerusalem: Ein Bericht über die Banalität des Bösen* (1965) eindrucksvoll dar. In Anbetracht dessen, wieviele „gewöhnliche Deutsche" den Befehl der Lösung der „Judenfrage" unter dem Naziregime akzeptieren konnten, einen Befehl, den Heinrich Himmler persönlich als „den erschreckendsten Befehl, den eine Organisation jemals erhalten konnte", beschrieb, notierte sie: *Von jetzt an bestand das Problem weniger darin, dem Gewissen, als vielmehr dem animalischen Erbarmen, von dem jeder normale Mensch angesichts körperlichen Leidens ergriffen wird, Herr zu werden. Der Trick, dessen sich Himmler – den diese instinktiven Reaktionen offenkundig selbst ziemlich stark belasteten – bediente, war sehr einfach und vermutlich sehr wirkungsvoll; er bestand darin, diese Instinkte umzudrehen, so als ob sie sich gegen einen selbst richteten. Sodass – anstatt zu sagen: Welch grauenhafte Taten die Mörder begingen! – die Mörder würden sagen können: Welch grauenhafte Dinge musste ich in Ausübung meiner Pflichten mit ansehen, wie leicht wog das Problem auf meinen Schultern!

In einem wichtigen Buch, *Der Körper im Schmerz* (1985), legte Elaine Scarry dar, wie Peiniger sich persönlich von ihren Opfern distanzieren, indem sie deren Status, ein ihnen ähnliches menschliches Wesen zu sein, verleugnen. Sie werden auf Symbole reduziert, und der Schmerz, den man ihnen zufügt, die Maßnahmen, Instrumente und Folterstätten werden mit banalen Namen des täglichen Lebens versehen.

Der Akt der Folter ist beispielsweise in Argentinien als „der Tanz" bekannt, als „Geburtstagsparty" auf den Philippinen, die „Vorspeise", „Teestunde", oder „Teestunde mit Toast" in Griechenland. Der zugefügte Schmerz wurde in Brasilien als „Telefon", „flacher Ritt" in Vietnam, „Motorola" in Griechenland und als die „San Juanica Brücke" auf den Philippinen bezeichnet.

Elaine Scarry schätzt diesen Aspekt der Folter wie folgt ein: *Durch die Sprache des Peinigers, seine Bewegungen, seine Taten, wird die Welt dem Gefangenen auf dreierlei Weise vermittelt: Die wahllosen technologischen und kulturellen Darstellungen von Zivilisation überbrücken die beiden ursprünglichen sozialen Einrichtungen von Medizin und Recht, die abwechselnd auf die Grundeinheit für Schutz, den Raum, übergreifen. So wie das Geständnis des Gefangenen die Abtrennung und den Ausschluss aus seiner Welt sichtbar macht, so wiederholt der Peiniger diesen Weltuntergang. Der Gefangene wird mit Zivilisation konfrontiert, die man in seiner Anwesenheit vernichtet, genau durch eben diesen Vorgang wird er selbst vernichtet.*

Dies sind moderne Beispiele von Folter, und es entspricht der traurigen Wahrheit, dass sie nach wie vor, wenigstens halblegal, in vielen Teilen der Welt zur Anwendung kommt. Der vorliegende Band widmet sich ausführlich der Geschichte der Folter, einer Beschreibung der über Jahrhunderte hindurch von den Opfern erlittenen Qualen. Jedoch, wie Amnesty International laufend aufdeckt, die Brutalität dauert fort, nicht länger nur gegen jene gerichtet, die als Staatsfeinde angesehen werden, sondern gegen jeden beliebigen Unschuldigen, der unglücklicherweise die Aufmerksamkeit der staatlichen Renommisten auf sich zieht.

Wie der schottische Dichter Robert Burns vor zweihundert Jahren schrieb:
Des Menschen Unmenschlichkeit gegenüber dem Menschen
Lässt unzählige Tausende beklagen.

> *Welch grauenvolle Dinge musste ich in Ausübung meines Dienstes mit ansehen.*

Kapitel 1

Folter bei den alten Griechen und Römern

Wie beschämend die Praktiken der Folter uns heutzutage auch erscheinen mögen, einen sehr wesentlichen Faktor müssen wir uns vergegenwärtigen: Über mindestens dreitausend Jahre waren sie legal, und tatsächlich zumindest Bestandteil der Gesetzgebung in Europa und Fernost. In der babylonischen oder jüdischen Rechtsordnung gibt es keine Erwähnung von Folter, aber offensichtlich machten die Assyrer und Ägypter Gebrauch davon: Der möglicherweise erste niedergeschriebene Nachweis ist die Beschreibung eines ägyptischen Dichters, darüber, wie der Pharao Ramses II., etwa um 1300 v. Christus, einige unglückselige Gefangene folterte in der Absicht, die Pläne der feindlichen Mächte während der Invasion Ägyptens durch die Hethiter in Erfahrung zu bringen.

Zu jener Zeit wurden Gefangene entweder an Ort und Stelle niedergemetzelt oder versklavt – und, als Sklaven wurden sie als zur Folter tauglich erachtet. Im alten Griechenland wurden Gefangene ebenfalls gefoltert. In seinem Bericht über den Peloponnesischen Krieg (431–404 v. Chr.) beschreibt Thukydides wie der Athener General Demosthenes durch die Korinther und Syracuser umgebracht wurde, weil diese befürchteten, er könnte durch ihre spartanischen Alliierten gefoltert werden und so deren verräterische Verhandlungen mit den Athenern verraten.

Die meisten griechischen Staaten erlaubten aber im bürgerlichen Recht normalerweise nicht das Foltern freier Bürger. Andererseits waren Sklaven und Ausländer – von denen keiner in der griechischen Gesellschaft irgendein Standesrecht besaß – ungeschützt. Besonders Sklaven wurden als brauchbare Stellvertreter für ihre Besitzer betrachtet. In Gerichtsverhandlungen war es üblich, dass die Prozessführenden ihre Sklaven zur Folter darboten, oder das Recht einforderten, die der gegnerischen Partei zu foltern.

Die Folter wurde für gewöhnlich öffentlich ausgetragen, und die Prozessgegner waren befugt, sie selbst zu gestalten. Doch grundsätzlich machten sie vom städtischen Folterknecht Gebrauch (für gewöhnlich selbst ein ehemaliger Sklave), da es eines freien Mannes unwürdig erachtet wurde, sich mit derartigen Praktiken zu befassen.

Es gab Ausnahmen zu dieser Grundsatzregel. In Angelegenheiten des Staates, besonders in Fällen von Landesverrat, konnte die Regierung Sklaven

LINKE SEITE: Der Erfinder Perilaus ersann dem griechischen Tyrannen Phalaris einen ehernen Bullen als Folterinstrument. Das Opfer sollte im Bauch des Bullen platziert werden, und nah dabei sollte ein Feuer entfacht werden. Phalaris schlug vor, dass Perilaus seine Erfindung vorführen solle, schloss ihn im Bauch des Bullen ein – und befahl, das Feuer zu entfachen.

Folter bei den alten Griechen und Römern

Von Ägyptern eroberte Gefangene wurden im Kriegszustand versklavt und durften nach freiem Ermessen verprügelt werden. Etwa um 1300 vor Christus folterte der Pharao Ramses II. in der Absicht, die Aufenthaltsorte feindlicher Armeen während der Invasion der Hethiter zu erfahren.

für die Folter verlangen. Sofern ein Bürger in so einem Fall schuldig befunden wurde, konnte seine Bestrafung sehr wohl Folter beinhalten.

Sogar die aufgeklärtesten Philosophen akzeptierten die Anwendung der Folter. In seinem Entwurf eines idealen Staates, Eutopia, schlug Plato die Notwendigkeit von zweierlei Maßstäben vor: Ein Gesetz für den freien Bürger, und ein anderes für den Sklaven. Ein Sklave konnte für ein Vergehen ausgepeitscht werden, für das ein freier Bürger allenfalls gerügt wurde; und wo ein freier Mann vielleicht nur durch Auferlegen einer Geldstrafe belangt werden mochte, konnte ein Sklave sogar getötet werden.

Die ursprüngliche legale Absicht der Folter war es, Informationen zu erlangen, die freiwillig nicht erteilt wurden. Doch der Wert dieser Zeugenaussagen war zweifelhaft. Wie Aristoteles erklärte: *Wenn es uns beliebt, können wir ihre Bedeutung unangemessen übertreiben, indem wir darauf bestehen, es sei die einzige wahrhafte Art der Zeugenaussage; wenn sie sich aber gegen uns richtet und im Belieben unserer Gegner liegt, können wir den Wert wahrheitsgemäßer Aussagen unter jeglicher Anwendung von Folter generell zunichte machen.*

Der Fall eines Mörders im alten Griechenland vermittelt uns eine Vorstellung davon, wieviel Bedeutung dieser Art von Zeugenaussage beigemessen wurde. Ein Händler namens Herodes war auf einer Reise von Mytilene her verschwunden und sein Begleiter Euxitheus wurde von einem seiner Sklaven unter Folter beschuldigt, sein Mörder zu sein. Der Redner Antiphon erschien als Verteidiger und sagte dem Gericht: *Ihr habt der Zeugenaussage über die gesamte Verhandlungsdauer zugehört, noch ehe der Mann unter Folter befragt wurde; nun nehmt den aktuellen Charakter dieses Verhörs zur Kenntnis. Dem Sklaven wurde zweifellos die Freiheit versprochen: Es lag einzig im Ermessen der Strafverfolger, für die Entlassung aus seinen Leiden zu sorgen. Vermutlich verleiteten ihn diese beiden Aussichten, die falschen Angaben zu machen. Er hoffte, seine Freiheit zu gewinnen, und sein einziger Wunsch war es, der Folter zu entkommen. Ich brauche Euch nicht zu vergegenwärtigen, denke ich, dass die Zeugenaussagen unter Anwendung von Folter zu Gunsten jener, welche die Folter am meisten praktizieren, sind. Sie werden alles sagen, um diesen entgegenzukommen.*

Die Art der Folterqualen, wie sie Athener Sklaven erlitten, ist uns aus einer Passage aus Aristophanes' *Die Frösche* bekannt (ca. 406 v. Chr.). Xanthus, der Diener von Bacchus, geht in die Unterwelt und gibt vor, Herkules zu sein, begleitet von Bacchus, der als sein Diener verkleidet ist. Aeacus, einer der Richter der Hölle, entdeckt das Paar und Xanthus bietet seinen „Sklaven" zur Folter an: *Aeacus: Wie soll ich ihn foltern? Xanthus: Auf jede erdenkliche Weise: durch Anbinden an eine Leiter, durch Aufhängen, durch Geißeln mit einer Peitsche, durch Knüppeln, durch Strecken, ferner indem man Essig durch seine Nasenlöcher rinnen lässt, indem man ihn mit Ziegelsteinen belädt und in jeder beliebigen Weise ...*

Folter durch die Tyrannen

In früherer Zeit wurden die griechischen Staaten durch „Tyrannen", weltliche Männer, die unverhältnismäßig viel Macht an sich rissen, regiert. Viele Jahrhunderte später erzählte der römische Autor Valerius Maximus eine Anzahl von Anekdoten, die er betreffs der Anwendung von Folter durch diese Herrscher gesammelt hatte. Wie Valerius berichtet, war der Philosoph Zeno auf Elea in ein Komplott zum Zwecke des Umsturzes des Tyrannen Niarchos verwickelt, und wurde gefoltert um seine Komplizen zu benennen. Als jedoch der Schmerz unerträglich wurde, sagte Zeno seinen Peinigern, er würde seine Geheimnisse nur Niarchos persönlich offenbaren; als sich dann der Tyrann tief zu ihm hinabbeugte, um Zenos Flüstern zu verstehen, biss ihm der Philosoph ein Ohr ab.

Ein anderes Opfer war der „virtuose Theodor", der Auspeitschen, den Galgen und Brandmarken mit rotglühenden Eisen ertragen hatte, ohne die Namen seiner Verschwörungsgenossen gegen den Tyrannen Hieronymos verraten zu haben. Schließlich benannte er Hieronymos' Stellvertreter, den der Tyrann unverzüglich tötete, ehe er begriff, dass er getäuscht worden war.

Dem griechischen Historiker Polybius zufolge, hatte der Tyrann Nabis ein

> *Als der Tyrann sich tief bückte, um Zenos Flüstern zu hören, biss ihm der Philosoph das Ohr ab.*

Gerät, das an den mittelalterlichen deutschen Jungfernkuss erinnerte, manchmal auch unter der Bezeichnung „Eiserne Jungfrau" bekannt, das angeblich auch durch die Spanische Inquisition zur Anwendung kam (siehe Kapitel 8). Diese Maschine, wenn man sie denn überhaupt als solche bezeichnen mag, war das Bildnis einer Frau, prächtig gewandet, und als weitestgehend übereinstimmendes Abbild seiner Gattin nachgebildet. Und immer wenn er die Absicht hatte, Geld von irgendeinem Bürger einzuziehen, lud er ihn in sein Haus, und legte ihm zunächst mit ausgesuchter Höflichkeit die Gefahren dar, von welchen das Land durch die Achaeaner bedroht war; die Anzahl der Steuern, die er gezwungen war, einzuziehen, usw. Doch wenn all seine dringenden Bitten ohne Wirkung blieben, dann pflegte er zu sagen: Es scheint, ich besitze nicht die Fähigkeit der Überredungskunst; doch Agepa, glaube ich, wird Euch überreden können. Agepa war der Name seiner Frau. Auf diese Worte hin erschien unmittelbar das Abbild der genannten Frau. Nabis schlang von hinten dann seine Arme um die Person, die er angebettelt hatte, und presste sie an den Körper des Abbilds, dessen Brüste, Hände und Arme über und über mit Eisennägeln gespickt waren, was unter der Kleidung verborgen war; um ihn so zu zwingen, alles zu versprechen, was er begehrte.

Eine andere Foltermaschine war der eherne Bulle, von einem Manne namens Perilaus extra für den Tyrannen Phalaris entworfen und beschrieben von dem Satiriker des zweiten Jahrhunderts, Lucian. Der Bulle war lebensgroß; innen war er hohl, unten gab es eine Klapptüre als Eingang. Der Erfinder erklärte Phalaris, wie ein Verbrecher im Körper des Bullen einge-

Unter den römischen Kaisern wurde Folter regelmäßig praktiziert, besonders wenn Landesverrat unterstellt wurde. Dieser Stich aus dem 16. Jahrhundert von Giorgio Ghisi vergegenwärtigt einen Eindruck der Lebensbedingungen von Opfern unter der Regierung von Julius Caesar.

schlossen werden sollte, während ein Feuer nahe dem Bauch des Bullen entfacht wurde, und mittels eines erfinderischen Arrangements von Pfeifen innerhalb des Bullenkopfes würden die Schmerzensschreie des Bullen in honigsüße Klänge verwandelt. Lucian berichtete die Geschichte so, als wäre sie von Phalaris selbst erzählt worden. „Nun denn, Perilaus, sagte ich, wenn du deiner Erfindung sicher bist, so gib uns eine Kostprobe: Steig hinauf und schlüpfe hinein und imitiere die Schreie eines darin gefolterten Mannes, damit wir hören können, ob so einschmeichelnde Töne dadurch entstehen, wie du es uns weismachen willst." Perilaus gehorchte, und sobald er im Bauch des Bullen war, schloss ich die Öffnung und entfachte dicht dabei Feuer. „Betrachte das", sprach ich, „als die einzige Würdigung, die einem solchen Kunststück gemäß ist, und singe uns eine Kostprobe jener lieblichen Töne, deren Erfinder du bist!" So erlitt der barbarische Schuft genau das, was er durch so infame Anwendung seines handwerklichen Talentes wohl verdient hatte. Damit das feine Werk nicht durch sein Sterben darin besudelt wurde, befahl ich ihn noch lebend herauszuziehen und ihn vom Gipfel eines Felsen zu stoßen, wo sein Körper unbestattet liegen blieb.

Auch im Sinne der römischen Rechtssprechung durften Sklaven und Fremde gefoltert werden. Es gab aber einen Unterschied zum griechischen Recht: „Einem Sklaven, der ein Geständnis zum Nachteil seines Herren ablegt, darf nicht geglaubt werden, denn es wäre nicht hinnehmbar für das Leben der Herren, im Ermessen ihrer Sklaven beseitigt zu werden." Dieses Gesetz kam sogar in Fällen zur Anwendung, da Sklaven der Mittäterschaft von Vergehen ihrer Herren verdächtigt waren, ausgenommen in Belangen von Staatsverrat, Ehebruch oder Inzest.

Eine Anklage in einem dieser Verbrechen – sogar in einem Fall eines des Giftmordes an ihrem Gatten beschuldigtes Weibes – konnte dem Angeklagten die *quaestio*, jene richterliche Inquisition, die Folter zuließ, einbringen. Unter den römischen Kaisern, besonders unter jenen, die zum Christentum konvertiert waren, waren die Anklagepunkte Zauberei und Hexerei eingeschlossen. Hochverrat – oder dessen bloßer Verdacht – brachte unabänderlich die Folter zur Anwendung.

Im Jahr 31 ermordete der Befehlshaber der Praetorianischen Garde, Lucius Aelius Sejanus, angeblich Drusus, den einzigen Sohn des Kaisers Tiberius und wurde zudem eines Komplotts zum Zwecke der Entthronung des Kaisers selbst verdächtigt. Sejanus wurde umgebracht, aber Tiberius war so in Panik, dass er jeden, dem er misstraute, foltern ließ – und, durch einen unglücklichen Fehler, sogar einen Freund, der zur Unzeit zu einer geselligen Zusammenkunft eintraf.

Das psychopathische Monster Caligula, Kaiser von Rom. Er genoss die Anwendung einer Folter, ähnlich des chinesischen „Todes der hundert Schnitte", sodass, wie er es selbst ausdrückte, das Opfer „sich selbst sterben fühlen konnte".

Der Kaiser Nero leugnete, in den Brand von Rom im Jahr 64 vor Christus verwickelt gewesen zu sein. Er behauptete, schuld wären die Christen und Juden gewesen und verkündete, er werde sich Sicherheit darüber verschaffen, indem er sie foltern werde.

Wie der römische Historiker Suetonius in seinem Buch *Das Leben der zwölf Caesaren* berichtet, hatte Tiberius persönlich eine Art der Folter ersonnen, die folgendermaßen befehligt wurde: „... die armen Schurken haben ein beträchtliches Quantum Wein zu trinken und kurz darauf werden Dichtungsringe an ihren Gliedern befestigt, sodass sie gleichzeitig durch den einschneidenden Ring und dem Druck des Urins erschöpft werden."

Tiberius' Nachfolger, der monströse Caligula, genoss es, der Folter der Gefangenen während seiner Mahlzeiten beizuwohnen. Für bestimmte Vergehen ordnete er eine Bestrafung an, die der des chinesischen „Todes der tausend Schnitte" nicht unähnlich war (Siehe Kapitel 9): Kleine und wiederholte Schnitte mit einem Messer wurden so gesetzt, dass, nach Caligulas Worten, das Opfer „selbst fühlen konnte, wie es starb". Suetonius berichtet, dass er zweigeteilte Männer sah, dass der Autor einer beleidigenden Satire im römischen Circus lebendig verbrannt wurde, und: „... ließ er den Anführer seiner Gladiatoren in Gegenwart wilder Bestien in Eisen legen und zwei Tage hintereinander vor seinen Augen zurichten und nicht auf der Stelle töten, ehe dessen Gehirn zu modern anfing, und der Gestank ihm lästig wurde."

Sogar der vergleichsweise sanftmütige Claudius gestattete die Folter von Verschwörern und des Meuchelmordes Verdächtigen. Tacitus beschreibt die Folter eines Ritters, dessen Fehler darin bestand, beim Begrüßen des Kaisers ein Schwert zu tragen, außerdem wurde auch Claudius' ehebrecherisches Weib Messalina gefoltert.

Die Anwendung von Hexerei und Zauberkunst wurden ebenso als strafwürdig erachtet, weil man der Ansicht war, sie könnten gegen den Kaiser zur Anwendung kommen. Weil diese zudem mit den offiziellen Pflichten der Priester konkurrierten, wurden sie auch als ketzerisch bewertet. Vor der Christianisierung in Rom wurden die Christen selbst als Ketzer betrachtet.

Erst wurden sie gefoltert, um Christus zu verleugnen und die Souveränität des Kaisers zu festigen. Wie Tertullian – einer der frühesten christlichen Autoren in Rom – in seinem *Apologeticum* (ca. 193 n. Chr.) darlegte: *Wenn andere Verbrecher sich „nicht schuldig" bekennen, folterst du sie, um sie geständig zu machen. Ausschließlich die Christen folterst du, um sie zum Leugnen zu bringen ... Gleichwohl, wenn es etwas Böses wäre, sollten wir unsere Schuld verleugnen – und du würdest dann Folter anwenden, um uns geständig zu machen ... Von der Tatsache, dass wir uns zum Namen (Christi) bekennen, leitest du ab, wir seien Kriminelle; und unter Folter versuchst du uns zu zwingen, unserer Konfession abschwören, sodass wir letztendlich gezwungen werden, die Verbrechen, derer du uns gegebenermaßen in erster Linie für schuldig hältst, zu verleugnen ...*

Der Kaiser Nero nahm für sich in Anspruch, dass er persönlich nicht für den Brand von Rom 64 n. Chr. verantwortlich war, er behauptete, dass Christen und Juden die Schuldigen waren, was auf Informationen beruhte, die diesen unter Folter entlockt worden waren. Seine bevorzugte Folterstätte war sein Palastgarten. Einige Opfer wurden in Wolfshäute eingenäht und dann von wilden Hunden in Stücke gerissen; andere wurden mit Pech beschmiert und dann angezündet, „um als Fackeln in der Nacht zu fungieren". Die freie Frau Epicharis, die der Verschwörung gegen den Kaiser angeklagt war, hielt der Folter einen Tag lang stand, wobei sie sich weigerte, die Namen ihrer Komplizen zu benennen, ehe sie sich selbst mit ihrem Schnürmieder erhängte.

Die Anwendung von Folter als Strafe war in Rom weitverbreitet: sie konnte sowohl das ganze Strafmaß verkörpern, aber auch der Verbannung oder dem Tod vorangehen. Bürgern war es gestattet, ihre Schuldner zu foltern und sie in private Verliese einzusperren, bis die Schulden bezahlt waren. Die christlichen Kaiser verfügten, dass jeder, der einen Priester oder

Tiberius war so von Panik erfüllt, dass er jeden, dem er misstraute, folterte.

20 *Folter bei den alten Griechen und Römern*

Bischof in einer Kirche beleidigte, bestraft werden sollte. Zu Beginn sah das Strafmaß die Amputation beider Hände und Füße vor, das wurde aber später auf die Amputation einer einzelnen Hand reduziert. Ketzerei und andere Angriffe gegen die Kirche wurden durch Auspeitschen bestraft.

Die römische Zuchtrute, das *flagellum*, war allgemein gefürchtet. Ihre

Die Schaukämpfe der Gladiatoren waren eine verfeinerte Form öffentlicher Exekution, die ein Volksvergnügen versprach. Die freigelassenen wilden Tiere – oder sogar ein weiterer verzweifelter Mensch – waren nicht mindere Folterinstrumente als die Peitsche, das Schwert des Exekutors oder das Kreuz.

Riemen, die aus Ochsenleder und zuweilen mit Draht verstärkt waren, konnten tief ins Fleisch schneiden. Horaz entsprechend waren gewisse Richter so sadistisch, dass sie Peitschen von solcher Länge bestellten, dass der Folterknecht aus purer Erschöpfung abbrechen musste, noch ehe das Strafmaß vollzogen war. Viele römische Sklaven starben im Verlauf des Auspeitschens. Geringere Strafbemessungen wurden mit der scutica, einer Knute mit Riemen aus Pergament, oder der ferula, einem flachen Lederstreifen, ausgeführt.

Eine der hauptsächlichen römischen Foltermethoden war der equinus. Sein Name (lateinisch für „Fohlen") besagt, dass es sich um ein Bockgerüst, ähnlich einem Sprungpferd handelte, über welches das Opfer mit Hilfe von Gewichten gestreckt wurde. Zum Tode verurteilte Sklaven wurden normalerweise gekreuzigt, nachdem sie in der furca, einem V-förmigen Kragen, der rund um den hinteren Nacken anlag und auf den Schultern ruhte wobei die Hände an die Oberschenkel gebunden wurden, von Peitschen schwingenden carnifices (lateinisch f. Metzger) zum Exekutionsplatz gekarrt worden waren.

Die lange fortdauernde Folter durch Verbrennen wurde ebenfalls praktiziert, besonders im 4. Jahrhundert durch den Kaiser Maximus, einem hartnäckigen Christenverfolger. In seiner *Geschichte der Märtyrer in Palästina* (Ausgabe 1861), beschreibt Eusebius die Exekution des Apphianus: *Der Märtyrer war in beträchtlicher Höhe aufgehängt, in der Absicht, alle, die ihn erblickten abzuschrecken, zumal man seine Flanken und Rippen geißelte, bis er zu einer über und über anschwellenden Masse geriet, und der Anblick seiner Miene völlig verändert war. Seine Füße brannten über lange Zeit in starkem Feuer, sodass das Fleisch seiner Füße, nachdem es aufgezehrt war, wie verflüssigtes Wachs herabtropfte und das Feuer seine blanken Knochen wie trockenes Stroh zerbarst.*

Letztendlich sind noch die Schaukämpfe der Gladiatoren im kaiserlichen Rom zu erwähnen. Wenige, wenn überhaupt welche unter den Gladiatoren, waren willige Kandidaten: Es handelte sich meist um Gefangene oder Kriminelle, die unterschiedliche Hinrichtungsmethoden lediglich darboten, um die Massen von Schaulustigen zu unterhalten. Die Folterinstrumente variierten: wilde Löwen, Bären, Tiger, Bullen, Wölfe, verrückte Hunde oder sogar ein gleichermaßen selber verrückter Mensch – aber das Ergebnis war stets dasselbe. Die Kampfplatzverwalter hatten strenge Vorkehrungen zu treffen, um sicher zu stellen, dass die der Verdammnis geweihten Männer nicht vor der Darbietung Selbstmord begingen. Doch nicht immer waren sie erfolgreich: Als der Konsul Quintus Aurelius Symmachus eine Vorführung zu Ehren seines Sohnes arrangierte, stellte sich heraus, dass die Gefangenen sich gegenseitig vor Beginn des Wettkampfes erwürgt hatten.

„gleichzeitig geißelten sie seine Seiten und Rippen, bis er zu einer Masse zusammenschwoll"

Kapitel 2
Wilde Rituale

Wenn wir einen Blick auf die Barbareien werfen, wie sie durch vergangene Kulturen, wie etwa die Azteken, oder durch primitive Stämme praktiziert wurden, ist es schwierig, Initiationsrituale, Folter und Ritualopfer voneinander abzugrenzen. Beispielsweise waren die Qualen, die die Jünglinge der Mandan-Indianer Nordamerikas während ihres Initiationsritus erleiden mussten, schrecklich, dennoch unterzogen sich ihnen alle Männer, und zwar zu einem gewissen Grade freiwillig. George Catlin beschrieb sie im Jahr 1841, und in neuerer Zeit wurden sie durch den Film *Der Mann, den sie Pferd nannten*, dargestellt: *Der Initiant stellte sich selbst auf Hände und Füße. Ein paar Zentimeter vom Fleisch jeder Schulter, oder jeder Brust, wurde von einem Mann, der in der Rechten ein Messer hielt, zwischen Daumen und Finger genommen. Ein Messer, das an beiden Seiten scharfgewetzt war und zusätzlich eingekerbt, damit es soviel Schmerz wie nur möglich verursachen konnte, wurde in das Fleisch zwischen den Fingern getrieben und zurückgezogen. Dann wurde ein Pfeil oder Spieß durch die Wunde gestoßen.*

Zwei Seile, die vom Dach der Hütte herabhingen wurden an den Pfeilen und Spießen befestigt. Anschließend wurden die Seile in die Höhe gezogen bis der Körper vom Boden, auf dem er lag, gehoben wurde. Der Körper wurde dann mittels der Seile in Schwebe gehalten und schließlich, während das Blut in Strömen die Glieder hinabrann, hängten die Umstehenden an die Spieße die dem Mann gehörenden Schutzschilde, Bogen, Köcher, usw.

Catlin notierte, dass die Zugwirkung, die auf das Fleisch an den Stellen, wo die Spieße eingerammt waren, so stark war, dass das Fleisch von den darunterliegenden Schichten abgelöst wurde in einer Höhe von 15–20 cm. Und in dieser Position hingen die Jünglinge, ohne Hoffnung ihr Stöhnen unterdrücken zu können und auf diese Weise ihren Mut und ihre Männlichkeit unter Beweis stellen zu können, so lange, bis die Stammesältesten Genugtuung empfanden und ihnen gestatteten, wieder auf dem Boden gelagert zu werden, wo sie für lange Zeit, meist ohnmächtig, liegenblieben.

Dieses Ritual war sogar noch grausamer als die Folter durch den Wippgalgen, der in den Gefängnissen der Inquisition benutzt wurde (siehe Kapitel 3), und es wurde durch eine andere Heimsuchung, die als *eh-ke-nah-ka-nah-pick* (das letzte Rennen) bekannt war, abgelöst. Jeder Jüngling hatte Lederriemen um die Gelenke geschlungen, deren Enden von jeweils einem älteren Kämpfer zu jeder Seite von ihm gehalten wurden. Dann wurden mehrere schwere Gewichte durch die gleiche Art von Spieß, wie zuvor beschrieben,

LINKE SEITE: Die nordamerikanischen Indianer praktizierten wilde Rituale schon lange bevor die weißen Eroberer ankamen. In Kriegen zwischen verschiedenen Nationen wurden besiegte Gegner oft skalpiert. Von eindringenden Siedlern bedroht, wandten sich die Indianer gegen diese, oft indem sie sie barbarisch folterten.
Robert McGee wurde vom Häuptling Weiße Taube im Jahr 1864 skalpiert, aber überlebte.

24   Wilde Rituale

Der sogenannte „Sonnentanz" der Sioux, ähnlich dem Initiationsritual der Mandan. Stränge aus Leder sind am Brustfleisch des Mannes befestigt und an einer zentralen Stange hoch angehängt.

an seinem Fleisch befestigt und man zerrte an ihm, während er rundherum in seiner Hütte im Kreis rannte. Das Bewegen der Gewichte bewirkte üblicherweise, dass die Spieße nach und nach das Fleisch zerrissen.

Die erklärte Absicht derartiger Initiationsriten besteht natürlich darin, eine stoische Widerstandskraft gegen Schmerzen zu entwickeln, wie sie von größter Bedeutung unter den rauen Bedingungen primitiver Lebensumstände und in der Kriegsführung zwischen rivalisierenden Stämmen sein konnte, nicht zuletzt auch, um sicherzustellen, dass der Jüngling ebenso stark und tapfer war wie die Stammesälteren. Man kann sich aber des Eindrucks nicht erwehren, dass zumindest ein Teil der Motivation auf der uralten Emotion basiert, die sich so in Worte fassen lässt: „Wenn ich das als junger Mann erleiden musste, dann wirst du auch lernen müssen, damit zurecht zu kommen."

In Anbetracht derartiger Rituale ist es schwer zu unterscheiden, ob die Folterqualen, welche die Indianer ihren Gefangenen zufügten nur sadistisch waren, oder als Bestrafung gedacht, oder nur dafür bestimmt, zu beweisen, dass die Gefangenen weniger tapfere Männer als ihre Fänger waren und deshalb des Respekts unwürdig.

Die Choctaw (ein nordamerikanisches Indianervolk in Alabama) standen in dem Ansehen, besonders einfallsreich bezüglich der Folter ihrer Gefangenen zu sein. Ihre Opfer wurden nackt ausgezogen und an den Armen gefesselt. Ein starker Rebstock wurde um ihre Kehlen geschlungen

Wilde Rituale 25

und mit seinem anderen Ende an der Spitze einer hohen Stange befestigt. So war der Gefangene in der Lage, um diesen Pfahl herumzurennen, blieb aber angebunden. In seinen *Kuriositäten des wilden Lebens* (1863), beschrieb James Greenwood, was als nächstes geschah: *Die Frauen machen mit ihren brennenden Fackeln einen furiosen Angriff; sein Schmerz ist bald so unerträglich, dass er von dem Pfahl mit der Raserei eines tobsüchtig wilden Raubtiers wegstrebt, sie mit der hinter sich herschleppenden Weinrebe, peitscht und nach allem, was er erreichen kann, beißt, trampelt und tritt. Der Kreis füllt sich unmittelbar wieder, entweder mit denselben oder neuen Personen ... Sofern er stürzt oder unter der Tortur zusammenbricht, schütten sie eine Menge kaltes Wasser über ihn, bis er wieder zu Bewusstsein kommt und so werden ähnliche Grausamkeiten erneut angewendet, bis er zu Boden geht, glücklich darüber, dass er unfähig ist, noch Schmerz zu empfinden,.*

Es wurde errechnet, dass alleine in Texas zwischen 1846 und 1852 (die Jahre unmittelbar nach der Annektierung durch die Vereinigten Staaten),

Indianer foltern weiße Siedler mit Feuer. Alleine in Texas starben zwischen 1846 und 1852 etwa zweihundert Siedler jährlich durch die Folter der Apachen.

Wilde Rituale

200 Siedler jährlich unter der Folter der Apachen starben. Eine Methode war dem chinesischen „Tod durch tausend Schnitte" ähnlich: Die Opfer wurden an einen Baum gebunden, und täglich wurde ihnen ein Glied oder ein Stück Fleisch abgeschnitten. Es gibt außerdem Erzählungen über herausgedrehte Augen und rotglühende Kohlen, die in die Augenhöhlen gesteckt wurden, oder über das Verbrennen über kleiner Flamme. Gefangene Indianer durften einem ähnlichen Schicksal entgegensehen.

Nach ihren Erfahrungen mit Initiationsriten waren indianische Gefangene in der Lage, diese Schmerzen mit legendärem Gleichmut über sich ergehen zu lassen. Andererseits waren nur wenige weiße Siedler oder Missionare auf solche Qualen vorbereitet und ernteten daher die Verachtung ihrer Häscher. Einer, der seine Folter mit dem Mut eines Märtyrers am Pfahl ertrug, war Pater Jean de Brébeuf, ein Mitglied der Jesuitenmission der Huronen in Kanada.

Brébeuf wurde zusammen mit einigen Huronen im Jahr 1649 von den Irokesen gefangen genommen. Zuerst wurden ihm die Hände abgehackt. Dann wurde sein Körper an vielen Stellen mit Eisennägeln gespickt. Rotglühend erhitzte Tomahawks wurden ihm um den Hals gehängt, „sodass jede

Texas wurde im Jahr 1845 als 28. Staat in die USA aufgenommen, doch die Apachen kannten keine Grenzen. Dieser Mexikaner wurde von den Gefolgen des Apachenhäuptlings Geronimo ausgesetzt und niedergeschlagen, um in der glühenden Sonne langsam zu sterben.

Drehung seines Kopfes eine Qual war". Ein Gürtel aus Baumborken, beschmiert mit Harz und Pech wurde um seinen Körper gebunden und angezündet.

Der Missionar ertrug diese Tortur tapfer. Als die Folter andauerte, predigte er seinen Fängern. Wutschnaubend nahmen sie brennende Holzscheite aus dem Feuer und steckten sie ihm in den Mund. Nicht einmal das konnte seiner Predigt Einhalt gebieten, und so schnitten ihm die Irokesen schließlich die Lippen ab. Aber Brébeuf war nach wie vor am Leben. Seine Fänger gossen kochendes Wasser über ihn, wieder und wieder. Der Bericht über seine Folter besagt, dass sie ihm sodann Fleischstücke aus Rumpf und Gliedern schnitten – unter sorgfältiger Aussparung von lebensnotwendigen Teilen –, das Fleisch brieten und in seinem Beisein verzehrten. Ehe er dann endlich starb, schnitten sie ihm noch die Füße ab und skalpierten ihn.

Das Blut der Azteken

Weiter südlich, direkt in Mexiko, kam den Kriegsgefangenen eine wichtigere Bedeutung zu, da sie für die berühmten Blutopfer der Azteken benötigt wurden.

Blut war das Kernstück der Azteken-Religion; es war die Quelle der Sonnenenergie. Diese musste genährt, gekühlt und in Bewegung gehalten werden durch die „rote Kaktus-Frucht": Menschliche Herzen und Blut. Wenn nicht regelmäßig Blutopfer stattfanden, würde die Sonne am Himmel zum Stillstand kommen und die menschliche Rasse würde in ihrem Feuer zu Grunde gehen. Die ehrenhafteste Todesart für einen Kämpfer war es, der Sonne geopfert zu werden, die einen speziellen Himmel für diejenigen, die auf diese Weise zu Tode kamen, bereithielt. Doch waren die Azteken in dieser Hinsicht merkwürdig ambivalent. Eines der wichtigsten Anliegen eines Kämpfers war es, in der Schlacht einen Feind gefangen zu nehmen, um ihn als Opfergabe auszuliefern. Es war also grundsätzlich nicht der Krieger selbst, sondern sein Feind, dem die höchste Ehre zuteil wurde.

So trug es sich während des Krieges zwischen den rivalisierenden Häuptlingen Netzahualcoyotl und Maxtla zwischen 1418-1422 zu. Nachdem Maxtla gefangen genommen war, wurde eine spezielle Plattform in Atzcapotzalco für seinen Opfertod errichtet. Die Krieger umrundeten sie in ihrer vollständigen Rüstung, ihre Befehlshaber waren geschmückt mit Feuerkiesel, Jade und Kristall. Maxtla wurde von vier Wächtern über den zeremoniellen Richtblock gelegt und Netzahualcoyotl persönlich nahm das rituelle Messer aus Obsidian, schnitt Maxtlas Brust auf und riss das Herz heraus. Maxtlas Körper wurde dann mit allen einem Häuptling gebührenden Ehren bestattet.

Vierzig Jahre später wurde das Land der Mixteken zum Osten hin von den Azteken im Zuge einer Expansionspolitik erobert und die gefangenen

Die ehrenvollste aller Todesarten bestand für einen Kämpfer darin, der Sonne geweiht zu werden.

Das Sonnenopfer der Azteken: Kriegsgefangene wurden der Reihe nach auf die Stufen der großen Pyramide in Tenochtitlán gelegt, wo ihnen mit dem rituellen Obsidianmesser das Herz herausgeschnitten wurde.

Krieger wurden zur berühmten Pyramide in Tenochtitlán (später Mexiko-City) zurückgebracht. Einer nach dem anderen wurde die Stufen der Pyramide hochgeführt, durch Weihrauchschwaden hindurch. Einem nach dem anderen wurde das Herz herausgeschnitten: Ein Fluss von Blut rann die Stufen hinab und ihre Körper wurden hinuntergeworfen, um enthauptet und zerlegt zu werden. Die Köpfe wurden auf einer riesigen Schädelanrichte auf dem Gipfel der Pyramide aufgereiht, und den siegreichen Fängern wurde jeweils ein Arm oder Bein ausgehändigt. Der Mönch Bernardino de Sahagún, der später die *Gesamte Geschichte der Ereignisse in NeuSpanien* schrieb, berichtete, dass diese Teile mit nach Hause genommen und zu Eintopf mit Chilies und Tomaten verarbeitet wurden, als rituelles Mahl.

Im Jahr 1487 wurde die berühmte Pyramide in Folge eines anderen erfolgreichen Feldzuges der Azteken rückübereignet. Daraus resultierte das größte aller Blutbäder. Die Gefangenen wurden entlang der Fußwege in die Stadt Tenochtitlán hinein aufgereiht und die Blutsopfer dauerten vier Tage lang an. Das Blut rann die vier Seiten der Pyramide hinab und formierte sich zu tiefen Pfützen auf den Gehwegen darunter und buchstäblich tausende von Schädeln wurden abgetrennt.

Eine andere wichtige Gottheit im Pantheon der Azteken war Tlaloc, der Erdgeist, dessen Opferstätte der Berg Tlaloc war, der höchste Punkt der Wüste. Dort wurden die jährlichen Regenmacher-Rituale abgehalten mit ihren dazugehörigen Opfergaben.

Während diese Rituale stattfanden, wurde ein anderes Opfer im Innenhof der Pyramide vorbereitet. Ein großer Baum namens Tota wurde aufgestellt, umrundet von vier kleineren Bäumen. Ein Mädchen – gekleidet als

Wilde Rituale

In Teotihuacan geht die riesige Pyramide, die dem Toltekengott Quetzalcoatl geweiht war, den Azteken zeitlich voran, erlebte aber auch noch die blutigen Bräuche der Menschenopfer.

Chalchiuhtlicue („Jaderock") – saß innerhalb dieses symbolischen Waldes. Als die Adligen und Priester vom Berge Tlaloc zurückkamen, war der Tota-Baum zu einem Floß verarbeitet und wurde in Begleitung des Mädchens, sowie von Musikanten und einer großen Anzahl von Sängern in einer Flotte von Kanus auf den Texcocosee hinausgeschafft. Die Prozession erreichte eine Quelle an einem Ort namens Pantitlán, und der Baum wurde daneben abgestellt. Das Mädchen wurde dann geopfert und ihr Blut im Wasser verteilt.

Die Priester, die diese blutigen Rituale überwachten wurden von Bernal Díaz del Castillo beschrieben, als der spanische Feldzug des Hernán Cortez im Jahr 1519 Tenochtitlán erreichte: *Sie trugen schwarze Gewänder wie Soutanen und lange Umhänge, die bis zu den Füßen reichten. Einige trugen Kopfbedeckungen in der Art von Domherren, andere trugen kleinere Kopfbedeckungen wie die der Dominikaner, und sie trugen ihr Haar lang bis hin zur Taille, bei einigen reichte es gar bis auf die Schenkel. Ihr Haar war blutbedeckt und so verklebt, dass es sich nicht lösen ließ, und ihre Ohren waren in Stücke geschnitten als eine Art von Büßertum. Sie stanken wie Schwefel, und sie hatten zusätzlich den üblen Geruch der Verwesung an sich ... Ihre Fingernägel waren sehr lang. Wie wir gesagt bekamen, waren diese Priester sehr fromm und führten ein gutes Leben.*

Kapitel 3

Die Inquisition

Es überrascht nicht, dass sich die frühe christliche Kirche, nach ihrer einstigen Behandlung durch die römischen Kaiser, gegen Folter ausgesprochen haben soll. In einer Hinsicht galt es sogar als Sünde für Christen, richterliche Gewalt anzuwenden, wenngleich das Gesetz ihnen zugestand, Folter in Ausübung ihrer Pflichten anzuwenden. Im Jahr 866 brachte Papst Nicholas I. in einem Brief an Prinz Boris von Bulgarien die Haltung der Kirche zur Folter klar zum Ausdruck: *Ein Geständnis muss spontan sein, nicht mit Gewalt erpresst. Wärest Du über unsichere Ergebnisse der Folter nicht beschämt? Erkennst Du nicht, wie ungerecht Deine Prozedur ist? Wenn das Opfer nicht die Stärke besitzt, seinem Schuldbekenntnis zu widerstehen, ohne schuldig zu sein, wer ist dann der Verbrecher – wenn nicht derjenige, der es dazu gezwungen hat, ein erlogenes Geständnis abzulegen?*

Legale Gerichtsverhandlungen bestanden aus Kläger und Angeklagtem, die durch einen (angeblich) unparteiischen Richter, dem es oblag, als Schiedsrichter zu fungieren, gehört wurden. Beide legten einen Eid ab, um ihre Glaubwürdigkeit zu bekunden – und Meineid wurde als Todsünde betrachtet, die von Gott unverzüglich bestraft würde. Beide konnten eine Anzahl von Freunden in den Gerichtshof laden, die ebenfalls schworen, nicht auf irgendwelche Kenntnisse, die sie bezüglich der Tatsachen des vorliegenden Falles besaßen, sondern nur auf ihren Glauben in die Feierlichkeit des Eides. Doch schon bald entdeckten die kriminell Gesonnenen, dass Meineid – wenngleich er alle erdenklichen Formen von Folter im Jenseits verursachen mochte – selten die unmittelbare Gewalt des Allmächtigen ins gegenwärtige Leben herüberberief. Die Mühelosigkeit, mit der ein Meineid die Justiz auf den falschen Weg bringen konnte, führte zur Entwicklung eines Alternativprozesses. Das war die Verhandlung durch Gottesurteil, das auf dem Glauben beruhte, dass „Recht Macht gibt". Es gab zwei Sorten von Gottesurteilen: Diejenigen, an denen beide Parteien teilnahmen, und solche, an denen nur der Angeklagte teilnahm.

Die erste Sorte war noch verhältnismäßig sanft, so waren etwa die Beteiligten aufgefordert, mit erhobenen Armen vor dem Kruzifix zu stehen, während man den Massen sagte: Der Sieger – und demgemäß urteilte man, der eine sei im Recht – war derjenige, der den Arm länger oben halten konnte. Oder es konnte die gewaltsamere Form eines rechtlichen Duells haben. Die beiden Kontrahenten trafen einander im Einzelkampf, aus welchem wiederum der als Sieger hervorgehen würde, der die Wahrheit gesagt hatte.

LINKE SEITE: *Papst Innozenz III. erließ im Jahre 1215 durch eine päpstliche Urkunde das Verbot der Gerichtsverhandlung durch Gottesurteil. Daraus resultierte das Lateranische Konzil der hl. Inquisition.*

Bei der zweiten Art des Gottesurteils war es nur die Schuld oder das Gegenteil, das beim Beklagten festgestellt werden sollte. Ein Stück geweihtes Brot konnte dem Angeklagten in den Mund gesteckt werden, und wenn er es nicht schlucken konnte, hielt man ihn für schuldig. Alternativ dazu konnte er veranlasst werden, einen Eid auf ein geweihtes Relikt abzulegen. Es gab aber noch strengere Gottesurteile, wie etwa Gliedmaßen – Hände, Arme, Füße und Beine rotglühendem Eisen oder kochendem Wasser in dem Glauben auszusetzen, dass im Falle der Unschuld des Beklagten, Gott ihn schon vor Verletzung bewahren würde.

Auf diese Weise schlich sich der Grundgedanke der Folter wieder in den Gerichtsprozess ein. Es gibt eine Menge Zeugnisse, die belegen können, dass die Androhung des Gottesurteils einen Verdächtigen zum Geständnis verleiten konnte; von da war es nur ein kleiner Schritt, das Gottesurteil zum Zweck der Erlangung eines Geständnisses anzuwenden. Die Gesetze Britanniens im 12. Jahrhundert belegten dies am Beispiel der für die Gerichtsverhandlung eines Mordverdächtigen vorgesehenen Verfahrensweise: *Wenn er die Tat verneint, und auf frischer Tat oder während der Verfolgung ertappt wird, oder er für die Tat bei den Leuten dieser Gegend berüchtigt ist, ist es rechtens, dass man Erkundigungen über ihn einzieht und er durch Zeugenaussagen überprüft wird ...*

Wenn man zu keinem sicheren Ergebnis kommt, und sein allgemeiner Ruf oder erhebliche Verdachtsmomente gegen ihn sprechen, sollte er dem Gottesurteil unterzogen, oder dreimal gefoltert werden. Wenn er die Folter oder das Gottesurteil aushält, ohne zu gestehen, soll er sich selbst gerettet haben ... und es sollte entschieden werden, dass er freigesprochen und entlassen werde.

Während des 12. Jahrhunderts geriet die Gerichtsverhandlung durch Gottesurteil zunehmend unter Beschuss, sowohl durch Richter als auch durch Theologen. Der entschiedenste Gegner war der Kirchenmann Peter the Chanter (der Sänger), der die Aufmerksamkeit auf die Tatsache lenkte, dass die Bedingung, ein einzelnes Gottesurteil unverletzt zu überleben nichts anderes war, als ein Wunder zu suchen, insofern wurde das biblische Gebot „du sollst Gott deinen Herrn nicht herausfordern" verletzt. Er zitierte zahlreiche Fälle, in denen offenkundig unschuldige Menschen das Gottesurteil verfehlt hatten und dafür in Verdammnis gerieten.

Nichtsdestotrotz hielt sich das Gottesurteil noch für eine Weile. Im Jahr 1157 wurde das rotglühende Eisen für jeden des Hochverrats Verdächtigten durch das Konzil von Reims angeordnet. Im Jahr 1210, 13 Jahre nach dem Tode von Peter the Chanter, ordnete der Bischof Henry von Straßburg die Strafe für einige hundert Ketzer an. Aber zu der Zeit unterstützte der Papst Innozenz III. den Appell eines der Verurteilten und im Jahr 1215 verbot er Gerichtsverhandlungen mittels Gottesurteil.

Es war ein einfacher Schritt, das Gottesurteil zum Zwecke der Erlangung eines Geständnisses anzuwenden.

Die Inquisition

Bevor sie durch das Lateranische Konzil im Jahr 1215 abgelöst wurde, wurde die Gerichtsverhandlung per Gottesurteil viele Jahrhunderte lang angewendet. Es basierte auf der Überzeugung, dass „Recht Macht gibt", und war in seiner extremeren Form darauf bedacht, die Schuld oder Sonstiges vom Angeklagten zu erfahren.
Wenn er dem rotglühenden Eisen als Unschuldiger ausgesetzt wurde, würde Gott ihn vor Verletzung bewahren.

Gleichzeitig hatten sich andere Entwicklungen verbreitet, sowohl im kirchlichen als auch im weltlichen Recht. Es gab viel Korruption zwischen dem Klerus und den Mönchsklöstern, und in der Absicht, dem abzuhelfen, wurden geistliche Richter ermächtigt, Gerichtsverhandlungen basierend auf Denunziation zu initiieren, ohne vom Kläger zu verlangen, persönlich zu erscheinen, sodass Kläger und Richter eine Person waren. Schon bald wurden Fälle von Ketzerei gleichermaßen abgehandelt.

Die weltlichen Gerichte hatten inzwischen ein Rechtssystem entwickelt – *per inquisitionem* (von der lateinischen Bedeutung „inquiro" = ich untersuche) – das im 9. Jahrhundert durch Kaiser Karl den Großen eingeführt worden war. Als Träger kaiserlicher Würden reisten Gesandte durch die Domänen, verhörten und verurteilten Fälle von Streit, Ungerechtigkeit und Verbrechen. Als das 4. Lateranische Konzil die Gerichtsverhandlung durch Gottesurteil verbot, führte es stattdessen die *inquisitio* ein.

> *Das Muster für eine neue Form der religiösen Gerichtsbarkeit war gegeben: die Inquisition.*

So war das Muster für eine neue Art religiöser Gerichtsverhandlung entstanden – eingangs nur mit der Unterdrückung der Ketzerei befasst, befasste es sich später dennoch mit anderen Belangen – und brachte sich so selbst in den folgenden Jahrhunderten in ein schlechtes Ansehen. Das Lateranische Konzil verkündete, dass jeder Regent, der der Ketzerei in seinem Königreich nicht Herr wurde, abgesetzt werden konnte, was unausweichlich dazu führte, dass die zivilrechtlichen Instanzen beipflichteten, die Todesstrafe sei die einzig angemessene für erwiesene Ketzerei. So trug es sich bereits 1197 im spanischen Königreich Aragon zu, die Lombardei folgte im Jahr 1224, Frankreich 1229, Rom 1230, Sizilien und Neapel 1231 und Deutschland 1232. Der Auslöser für diese Besessenheit in Bezug auf Ketzerei war der Albigenserkreuzzug.

Die Katharer und der Albigenserkreuzzug

Jahrhundertelang hatte die Römische Kirche gekämpft, um Glaubensrichtungen, die sie mit dem Sammelnamen „Manichäismus" versah, zu eliminieren. Diese waren abgeleitet von einer Philosophie, entwickelt im 3. Jahrhundert von einem persischen Prinzen namens Mani; Aspekte davon wurden in das frühe Christentum hinein übertragen. Dennoch überdauerte eine Religion um am Rande des späten Römischen Reiches aufzublühen, besonders in Bulgarien.

Diese Religion war dualistisch: sehr kurz zusammengefasst, man war der Ansicht, da wären zwei Götter. Der „gute" Gott war sehr weit weg, wenig befasst mit dem, was die Menschenkinder taten, und gewiss nicht verantwortlich für das Vorkommen von Bösem im Kosmos. Der andere Gott – der Gott der Juden und Christen – war der Schöpfer der gegenständlichen Welt und, weil darin nun einmal alles Böse enthalten war, musste er selbst dem Bösen geneigt sein. Sogar das menschliche Leben, das Geschenk dieses Gottes, war wertlos. Folglich waren die wahrhaft Religiösen nicht bestrebt, ihr Leben zu verlängern, sondern sie sollten durch Verweigerung von Fleisch und Getränken den Tod suchen. Selbstverständlich sollten sie durch Sexualität kein neues Leben erzeugen.

Abgesehen von der groben Struktur dieser Glaubensansätze, die klare Strenge dieser Religion wirkte zu einer Zeit, da die Römische Katholische Kirche für ihr Gepränge und das ausschweifende Leben in den Klöstern unter Beschuss geraten war, auf viele Leute sehr anziehend. Mit ihrer Betonung der Frömmigkeit, Keuschheit und Armut wurde sie als den Idealen des frühen Christentums näherstehend eingeschätzt.

Reisende Prediger trugen den neuen Glauben während des 12. Jahrhunderts

Während des Albigenserkreuzzugs wurden die Katharer, als überzeugte Ketzer, mit großer Brutalität bedroht. Diese Abbildung ihrer Vertreibung aus der Stadt Carcassone ist aus dem Buch Die Chroniken Frankreichs, 1388.

westwärts, durch Norditalien nach Südfrankreich; sie waren als Katharer bekannt, ein Name, vermutlich in Anlehnung an die griechische Bedeutung für „rein" entstanden.

Lieber noch, als all ihrer Nahrung zu entsagen, hatten diese Männer (und einige wenige Frauen), die als „Reine" bezeichnet wurden, ein feierliches Gelöbnis abgelegt, der Welt und all ihren Werken zu entsagen, sich selbst Gott und dem Gebet zu weihen und niemals zu lügen oder falsches Zeugnis abzugeben, niemals Geschlechtsverkehr zu haben und nur Gemüse und Fisch zu essen. Ihren Anhängern, den Gläubigen, wurde eine mäßige Lockerung dieser Regeln erlaubt, sie legten das endgültige Gelübde, das *consolamentum* erst auf dem Sterbebett ab, vergleichbar den katholischen Sterberiten.

Während des 12. Jahrhunderts war das Languedoc, eine entlegene Gegend Westfrankreichs, nicht direkt Teil des französischen Königreichs: Es gab ein lockeres Staatenbündnis namentlich unter der Regierung des Grafen von Toulouse, der häufig die Lehnspflicht zwischen Frankreich, dem englischen Thron, dem Westaquitanien gehörte, und dem spanischen Königreich von Aragon wechselte. Es war eine Zone mit einer eigenen hochentwickelten Kultur und einer eigenen Sprache, dem Occitan.

Simon de Montfort, der Earl of Leicester, der gerade vom 4. Kreuzzug ins Heilige Land zurückgekehrt war, leitete den Albigenserkreuzzug über zehn Jahre. Doch während der Belagerung von Toulouse im Jahr 1218 wurde er durch einen Stein getötet, der von der Stadtmauer aus katapultiert worden war.

Dichtung und Musik waren hochgeschätzt und der Glauben der Katharer wurde für akzeptabel erachtet. Hier kannte man die Katharer auch unter der Bezeichnung Albigenser, nach der Domstadt Albi, nordöstlich von Toulouse.

Für über 50 Jahre tolerierte die Römisch Katholische Kirche den Katharismus, der sich rasch verbreitete. Doch um die Jahrhundertwende fühlte sich die Kirche durch diese im wesentlichen ketzerischen Ansichten bedroht. Im Jahr 1204 besuchte der spanische Mönch Domingo de Guzmán – der Gründer des Dominikanerordens im Jahr 1216 und künftige hl. Dominik – Toulouse, bekehrte aber nur einen einzelnen Ketzer. Im Jahr 1207 sandte Papst Innozenz III. zwei Legaten zum Grafen von Toulouse, Raymond VI., um seinen Beistand für die Unterdrückung der Ketzerei und Bekehrung der Katharer hin zum Katholizismus zu erbitten. Raymond weigerte sich und wurde exkommuniziert und die Legaten waren entschlossen, nach Rom zurückzukehren; doch als sie die Landesgrenze zum Languedoc erreichten, wurden sie von bewaffneten Reitern überfallen und getötet.

Schockiert verkündete der Papst einen Kreuzzug gegen die Albigenser. Er beabsichtigte den Beistand des Königs von Frankreich, Philippe Auguste, zu erlangen, doch dieser war damit beschäftigt, Teile Frankreichs von England

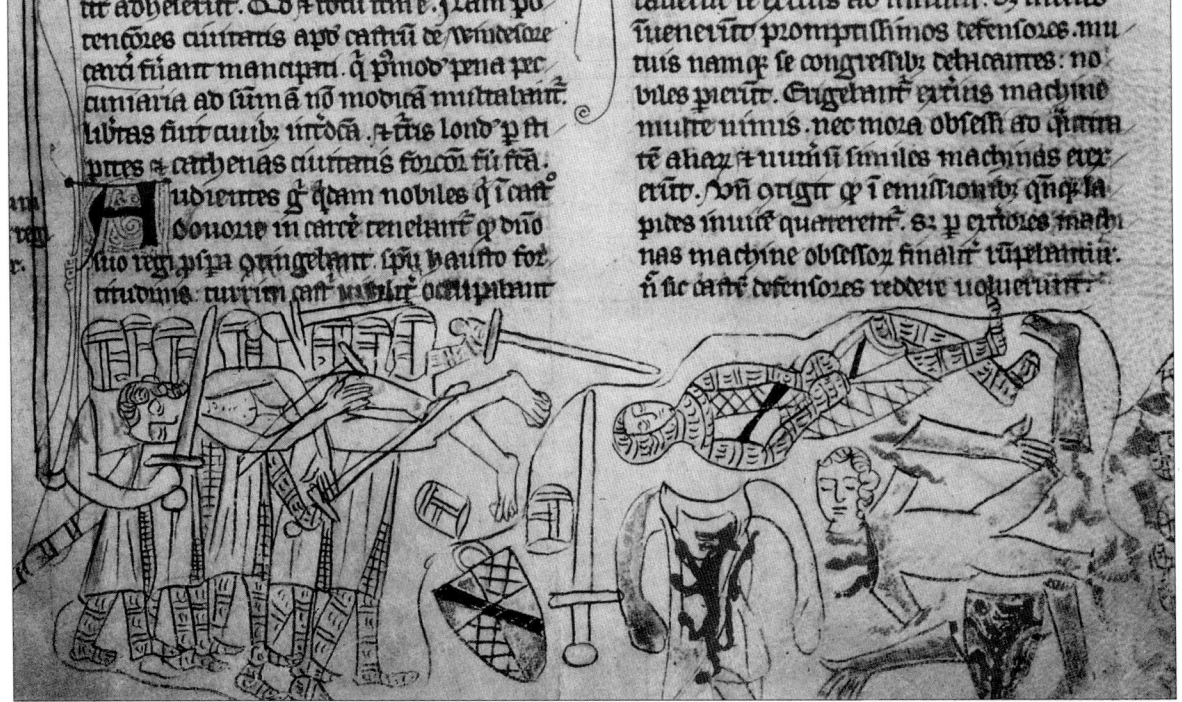

zurückzugewinnen und daher nicht in der Lage, oder auch nicht bereit, den Kreuzzug zu unterstützen. Doch der Papst fand einen brauchbaren Partner in Simon de Montfort, dem Grafen von Leicester.

Die Armee, die nach Süden marschierte war ein bunt zusammengewürfelter Haufen von kampfgestählten Veteranen, Söldnern und zerlumpten Opportunisten. Sie waren aufgefordert, das „Kreuz zu tragen" – in rot auf ihrer Oberbekleidung – nur für sechs Monate, nach denen ihnen all ihre Sünden vergeben sein würden; so wechselte ihre Anzahl und Organisation dauernd. Doch hatten sie mehr Kriegserfahrung als ihre Gegner, wie die Einwohner im Süden bald feststellten.

Die allererste Stadt, die die Kreuzritter in ihrem Anmarsch auf Toulouse heimsuchten, war Béziers. Während Raymond schwankte, unfähig eines Entschlusses, ob er widerstehen oder dem Begehren des Papstes nachgeben sollte, begriff der Viscont von Béziers, dass der Kreuzzug eine willkommene Rechtfertigung für die nördlichen Barone, und vielleicht auch für den französischen König war, Languedoc in Besitz zu nehmen. Die meisten seiner Abhängigen, Katharer ebenso wie Katholiken unterstützten ihn, und als die Kreuzritter im Zuge der Stürmung Béziers im Jahr 1209 anboten, die Belagerung im Austausch zu 222 namentlich verlesenen Ketzern aufzuheben, weigerten sich die Bürger. Die Armee griff an und die Stadtmauern wurden zerstört. Hunderte flohen schutzsuchend in die Kirche, aber die Kreuzritter steckten sie in Brand. Als jemand den Abt von Clairvaux darauf aufmerksam machte, dass viele von denen, die in den Flammen gefangen waren, Katholiken waren, antwortete er: „Lass sie alle sterben, Gott wird die Seinen erkennen!"

Nach diesem Massenmord brach der Widerstand für einige Zeit zusammen: Carcassonne kapitulierte und andere Städte wurden bald erobert. Überall wurden Katharer und andere den Flammen übergeben: bei Lavaur wurden an einem einzigen Tag 400 verbrannt. Als im Jahr 1211 das Schloss von Cabaret fiel, wurde der Schlossherr lebendig in eine Grube geworfen und mit Steinen bedeckt. Rom verfügte, dass Raymond seine Ländereien zu entziehen, und Simon de Monfort und seinen führenden Gefolgsmännern übereignet werden sollten. Doch als de Montfort ankam, um Toulouse zu besetzen, wurde er durch einen Stein, der von der Stadtmauer aus katapultiert worden war, getötet.

Der Krieg zog sich mit Unterbrechungen über viele Jahre hin. Eine Anzahl von Katharern zog sich in die Felsenfestung von Montségur zurück. Sie wurden im Jahr 1243 dort belagert und im März des folgenden Jahres, nachdem ihre Wasserversorgung verseucht und ungenießbar war, kapitulierten sie. Doch 205 von ihnen, sowohl Männer, als auch Frauen, weigerten sich, ihren Glauben zu verleugnen und gingen singend auf den brennenden

205 Männer und Frauen gingen singend in die Flammen des Scheiterhaufens.

Die Inquisition

Als die Katharerhochburg Montségur im Jahr 1244 kapitulierte, gingen 205 glaubensfeste Männer und Frauen singend in die Flammen des tödlichen Scheiterhaufens. Das war aber noch nicht das Ende der Katharerverfolgung. Die Burg Queribus hielt bis ins Jahr 1255 stand und der letzte Katharer, der verbrannt wurde, war Bélibaste im Jahr 1321.

Scheiterhaufen. Montségur nahm König Louis IX. für sich in Anspruch und Languedoc wurde Teil der Ländereien Frankreichs. Elf Jahre später fiel die letzte Katharerhochburg, Queribus.

Inzwischen hatte sich Raymonds Sohn, Raymond VII., für die Rückgabe seiner Territorien eingesetzt und versprach, Ketzerei auszumerzen. Er begrüßte die Dominikaner und Franziskaner und im Jahr 1229 wurde die Inquisition in Toulouse eingeführt und eine schmerzliche Verfolgung der Ketzer begann. Dennoch brauchte es unter der bäuerlichen Bevölkerung beinahe ein Jahrhundert, um den Glauben der Katharer zu unterdrücken.

Die Inquisition wird strenger

Anfangs war vorgesehen, dass die Gerichtsverhandlungen der Inquisition durch die örtlichen Bischöfe überwacht werden sollten, doch bald zeigte sich, dass sie unzureichende Kenntnisse im Kirchenrecht besaßen und ihre Amtsgewalt schien zu begrenzt auf ein Gebiet zu sein, als dass sie angemessen mit Belangen der Ketzerei umgehen konnten. Im Jahr 1231 kündete Gregor IX. an, dass die Verhaftungen und Verhandlungen mit Ketzern der Verantwortung der päpstlichen Inquisition, die von Rom kontrolliert wurde, zu unterstellen sei. Zwei Jahre später schrieb er den französischen Bischöfen: *Wir haben entschieden, dass es nur recht sein kann, einen Teil Eurer Last an andere abzugeben, und demzufolge in das Königreich Frankreich und die benachbarten Provinzen Dominikanerbrüder zu senden. Wir wünschen, dass Ihr sie freundlich empfangt, mit Respekt behandelt, indem Ihr Ihnen guten Rat erteilt, Hilfe und Unterstützung in Ihren Aufgaben und anderweitige Achtung erweist, dass sie in der Lage sind, die ihnen auferlegte Aufgabe zu erfüllen.*

Die reisenden Inquisitoren waren für gewöhnlich Mitglieder des Dominikanerordens, doch waren auch Franziskaner darunter, sogar Mitglieder anderer Ordensgemeinschaften. Ihre Aufgabe bestand in erster Linie im Ausfindigmachen – „inquirieren" – der Ketzerei, wobei sie sich der örtlichen Klatschbase und der Denunziation bedienten. Jeder Verdächtige wurde herbeigerufen, um vor ihnen zu erscheinen, es wurde ihm Zeit gelassen zu gestehen und sich so selbst zu entlasten; nur wenn dies fehlschlug, wurde der Beschuldigte bis vor das Inquisitionsgericht gerufen.

Die Inquisitoren waren geschätzt wegen ihrer Bildung und Frömmigkeit, und ihre Zeitgenossen waren generell der Meinung, dass sie ihre Dienste bis zu einem gewissen Grad mit Gnade verrichteten – tatsächlich wurden einige später heilig gesprochen. Einer davon, St. Peter der Märtyrer wurde der „hl. Patron der Inquisition" genannt. Er wurde von Gregor IX. im Jahr 1234 zum Hauptinquisitor Norditaliens ernannt. Obgleich er Ketzer rigoros bestrafte, war die Absicht seiner Mission, diese zu bekehren, wenn es möglich war.

Die reisenden Inquisitoren waren für gewöhnlich Mitglieder des Dominikanerordens.

Der Märtyrer St. Peter wurde im Jahr 1234 zum Hauptinquisitor Norditaliens ernannt. Er verfolgte zwar Ketzer rigoros, wurde aber, was seine Verhöre betraf, als gerecht geschätzt. Im Jahr 1252 wurde er ermordet.

Jedenfalls zog er sich die Feindschaft vieler zu und kam im Jahr 1252 durch Meuchelmord um. Es kann gut der Mörder von Peter gewesen sein, der Papst Innozenz IV. veranlasste, die Anwendung von Folter durch die Inquisition noch im selben Jahr zu genehmigen.

Die Inquisition übte ihre Macht hauptsächlich in Italien, Frankreich, den deutschen Staaten und (für einige Zeit) in Nordspanien aus – die Spanische Inquisition (siehe Kapitel 5) und die spätere Römische Inquisition waren getrennte Organisationen.

Anfangs wurden die Verhandlungen in den örtlichen Klöstern des Ordens, zu dem der Inquisitor gehörte, abgehalten. Die Inquisitoren waren sehr einflussreich und konnten ihre eigenen Helfer und Richter selbst bestimmen. Der Beistand der bürgerlichen Mächte war notwendig, wenn die Todesstrafe zur Anwendung kam – und später, wenn Folter praktiziert wurde – und die Könige und Prinzen bemerkten schon bald, dass der kirchliche Befehl, der die Kirche selbst für das Ausmerzen der Ketzerei verantwortlich machte, ihr eine immense Macht verlieh. Sich selbst als „Verteidiger des Glaubens" bezeichnend, richteten sie starke zivile Rechte ein, über welche die Kirche keine Kontrolle besaß.

Bald war Folter für die Verfolgung einer Reihe von Verbrechen zulässig. Besonders in Deutschland war Folter weitverbreitet zur Erlangung von Schuldbekenntnissen, ein Prozess, wie er von einem modernen deutschen Historiker beschrieben wurde: *Untersuchung durchgeführt in der Folterkammer durch Personal des Stadtrates; Befragung des Angeklagten über alle Einzelheiten; Wiederholung der Untersuchung, gefolgt von hinzukommender Verhaftung von Komplizen; Erpressung von Geständnissen durch Folter, falls der Beschuldigte nicht vorbereitet war, ohne Anwendung von Härte.*

Regeln betreffs der Anwendung von Folter wurden nach und nach entwickelt und nachträglich durch Nicolas Eymeric, den päpstlichen Inquisitor in Aragon während der zweiten Hälfte des 14. Jahrhunderts, niedergeschrieben. In seinem *Directorium Inquisitorum* schrieb er: *Man muss nicht von einer Frage Gebrauch machen, ehe nicht andere Mittel der Aufdeckung der Wahrheit ausgeschöpft wurden. Gute Umgangsformen, Feinsinn, die Verhöre gutwilliger Personen, sogar häufige Meditation und die Unbequemlichkeiten des Gefängnisses reichen oft aus, um den Schuldigen zum Geständnis zu bringen.*

Folter konnte angewandt werden: erstens, bei Personen, die sich während des Verhörs in Widersprüche verstrickten; zweitens, wenn der Angeklagte als Ketzer bekannt war, sogar wenn keine Zeugen gefunden wurden, die gegen ihn ausgesagt haben, oder wenn da gewisse Indizien oder Belege ketzerischer Ansichten waren und schließlich, sogar wenn der Angeklagte nicht ein notorischer Ketzer war, es aber wenigstens einen Zeugen gab, und eine oder mehr aussagefähige Indikationen für Ketzerei.

Das waren zumindest die Regeln, die durch Eymeric veöffentlicht wurden und viele Male im folgenden Jahrhundert abgedruckt wurden. Es gibt aber umfassende Beweise, dass wenige päpstliche Inquisitoren, und gewiss keinerlei zivilrechtliche Instanzen, diese berücksichtigten. Der Angeklagte wurde zur Folter verdammt mit einer Formel, ausgesprochen durch den Richter: *Wir, von Gottes Gnaden Inquisitor von (der Name der betreffenden Region in der sich das Gericht befand), haben sorgfältig das Verfahren gegen dich geprüft, und sehen, dass du in deinen Antworten schwankst und dass da nichtsdestoweniger viele Indizien gegen dich sprechen, ausreichend um dich der Folter anheim zu geben; damit die Wahrheit aus deinem Munde erlangt werden möge und damit du aufhörst, die Ohren der Richter zu beleidigen, erkläre, strafe und verurteile ich dich durch ein vorläufiges Gesetz (zu - der - und - der - Zeit und Tag), der Folter zu unterziehen ...*

Eymeric teilt keine Einzelheiten über die Foltermethoden mit, die die Inquisition anwandte, zudem variierten diese von Land zu Land dem weltlichen Recht entsprechend. In Italien war die häufigste Methode der Wippgalgen, wobei die Opfer ihre Arme hinter dem Rumpf gefesselt hatten und dann von einer Rolle, befestigt an einem Balken, herunterhingen.

Der florentinische Richter Paulus Grillandus schrieb anno 1584 über fünf dokumentierte Grade der Folter, deren Härte sich dem Verbrechen entsprechend steigerte. Im ersten Grad war das Opfer lediglich entkleidet und gefesselt unter Androhung des Wippgalgens. Indem das keinen körperlichen Schmerz verursachte, durfte er sogar ohne Notwendigkeit des Folterns angewandt werden und Grillandus berichtete, daß dies sehr erfolgreich für das Erlangen von Geständnissen von „schwachen ängstlichen Personen" war. Im zweiten Grad war der Angeklagte für eine kurze Frist an

> *Die Gefangenen wurden in die Folterkammer gebracht und von den Exekutoren entkleidet.*

42 Die Inquisition

Den Wippgalgen, der weitverbreitet durch die Inquisition Italiens zur Anwendung kam, gab es in vielerlei Lokalvarianten. In diesem Holzschnitt aus dem 16. Jahrhundert aus Praxis Criminis Persequendi („Die Technik des Verhöres Krimineller"), erleidet das Opfer nicht nur den Wippgalgen, sondern hat einen Strick um die Gelenke, der nach und nach enger zusammengezurrt wird.

den Rollenzug gehängt – die Zeit, die für ein Ave Maria, ein Vaterunser oder ein Miserere ausreichte – jedoch ohne jegliches Wippen oder Schütteln des Galgens. Im dritten Grad wurde das Opfer für längere Zeit aufgehängt, aber nach wie vor ohne ruckweises Zurren. Dieses war dem vierten Grade vorbehalten und verursachte qualvolle Schmerzen. Im fünften Grad wurden Gewichte an den Füßen des Angeschuldigten befestigt um den Todeskampf durch das Würgeseil zu verstärken: Die Folter brach üblicherweise die Knochen und löste oft Glieder vom Rumpf des Opfers.

Ein deutsches Zeugnis späteren Datums legt die Vorschriften für das Foltern eines Opfers mit Stricken um die Arme fest wie folgt:

(I) Es muss kein starker Zug angewandt werden, aber ein allmähliches Festziehen und Lockern der Stricke; Zerren an den Stricken ist erlaubt.

(II) Jedes Drehen des Stricks muss drei Finger mehr sein als das vorangegangene, abwechselnd für jeden Arm.

(III) Der Strick muss um beide Arme herum zusammengebunden werden.

(IV) Der Knoten darf nicht oberhalb des Ellbogens angepasst werden, und das Ziehen muss so erfolgen, dass die Knoten sich auf keinen Fall lockern.

(V) Das Durchdringen des Stricks bis auf die Knochen darf nicht durch heftiges Zurren erfolgen, sondern durch eine gleitende Bewegung des Strickes.

(VI) Weil Zerren für gewöhnlich die Haut aufreißen lässt, ist es eine gute Idee, diese Methode anzuwenden, die den Schmerz verstärkt je nachdem wie stark man an dem Strick zieht.

(VII) Wird der Strick an einer Seite losgelassen, muß die Spannung auf der anderen beibehalten werden.

Natürlich blieben einigen Folterknechten die sadistischen Spitzfindigkeiten dieser Regeln nicht verborgen. Hippolyt de Marsiliis, ein weiterer Richter des 16. Jahrhunderts beschrieb einige der (absolut) illegal angewandten Methoden: Eine Mischung aus ungelöschtem Kalk und Wasser in die Nasenlöcher des Opfers geben; ein stechendes oder beißendes Insekt an einem delikaten Körperteil anbringen; das Opfer an einen mit stacheligen Weißdornzweigen bedeckten Tisch anbinden. Eine mit dem chinesischen *tien zu* identische Folter (siehe Kapitel 9) bestand darin, kleine Holzstücke zwischen den Fingern zu platzieren und diese fest zusammenzuziehen. Eine Variation der chinesischen Prügelstrafe bestand in der berüchtigten „Folter durch die Ziegenzunge", wobei die Füße des Opfers mit Salz bedeckt waren und eine Ziege ausersehen war, diese zu belecken. Das rauhe Raspeln an den Füßen bewirkte überaus empfindliche Todesqualen, ohne körperliche Verletzungen zu hinterlassen.

Es war Hippolyt selbst, dem man eine der wirksamsten Formen von Folter zuschrieb, auch eine, die keine körperliche Verletzung verursachte: Schlaflosigkeit. Das Opfer wurde von turnusmäßig arbeitenden Wärtern

Im fünften Grad wurden Gewichte an den Füßen befestigt, um den Todeskampf zu forcieren.

wach gehalten und wurde intervallmäßig geschüttelt oder gekitzelt, oder veranlasst, auf und ab zu gehen, für die Dauer von zwei Tagen und Nächten, oder sogar länger. In Kombination mit Aushungerung, oder kompletter Vorenthaltung von Nahrung und Wasser und den trostlosen Bedingungen der Gefängniszelle, bewirkte dies bald ein Stadium der Desorientierung, in dem das Opfer überredet werden konnte, zu sagen, was immer ihm abverlangt wurde. In England, wo Folter im allgemeinen Recht untersagt war – grundsätzlich! – wurde dies die beliebteste Form des Verhörs jener, die der Hexerei (siehe Kapitel 7) verdächtigt waren.

Eine besonders sadistische Variante wurde später durch den französischen Richter Jean de Grèves beschrieben: Die Nase wurde durchbohrt, ein in Pech getauchtes Garn durchgezogen und in Abständen wurde daran gezerrt, um das Opfer wach zu halten. Ein italienischer Richter beschrieb das später als die wirksamste aller Foltermethoden: „Von einhundert so Gepeinigten konnten keine zwei sie ohne Geständnis aushalten."

Eine besonders sadistische Variation war das Durchbohren der Nase.

Die Templer

Die Tempelritter – auch Arme Ritter Christi und des Tempels von Salomon – bestanden aus einem Militärorden von Mönchen, gegründet anno 1119 durch den französischen Kreuzritter Hugues de Payns, um Pilger auf dem Weg nach Jerusalem vor Angriffen der Sarazenen zu schützen. Sie unterstanden dem Befehl Bernards von Clairvaux (später St. Bernard), und anno 1139 erhielten sie wichtige Privilegien durch Papst Innozenz II. Diese beinhalteten das Recht zur Gründung ihrer eigenen Kapellen und Befreiung von der Rechtssprechung jeglichen Bischofs.

Obgleich die Templer zunächst keine eigenen Burgen besaßen, wuchs ihre Anzahl rapide und bald erhielten sie Festungen und Ländereien verschiedener Herrscher übertragen. Sie gewannen an Macht in einem Maße, dass ihr Oberhaupt zu der Überlegung kam, er wäre jedem König vergleichbar. Sie stiegen ins Bankwesen ein, verliehen Geld (sogar an die Könige von Frankreich), und benutzten deren „Komtureien" als sichere Depots für königliche Wertsachen. Um die Mitte des 13. Jahrhunderts gab es Templer-Niederlassungen in ganz Europa.

Abgesehen von ihrem ritterlichen Ansehen, geprägt von Ehrsamkeit und Ehelosigkeit, gab es bald anhaltende Unruhen um den Templerglauben. Schon um 1207 hatte Papst Innozenz III. sie der „Gottesabtrünnigkeit, Erregung von Anstoß in der Kirche und des Gebrauchs von Lehren, die der Dämonen würdig seien" bezichtigt. Anno 1304 enthüllte ein gewisser Esquiu de Floryan seinen Bericht *Die Geheimnisse der Templer* James II. von Aragon, und nachher überbrachte er seine Geschichte Philippe IV. von Frankreich. Philippe schlug dem Papst in Avignon, Clemens V. vor, dass die

Die Inquisition

Behauptungen überprüft werden sollten, und im August 1307 stimmte das Oberhaupt der Templer, Jacques de Molay, zu; zur gleichen Zeit führte Philippe seine eigenen Anhänger in den Orden ein.

Im folgenden Monat, nachdem er die ersten Berichte seiner Jünger erhalten hatte, unterzeichnete Philippe einen Befehl, alle Templer innerhalb seiner Domäne zu verhaften: *Durch den Bericht bedauernswerter Personen wurden Wir informiert, dass die Brüder des militärischen Templerordens sich unter dem Deckmantel des Ordens wie Wölfe im Schafspelz verhalten, sie beleidigen Unsere Religion auf das Übelste, haben Unseren Herrn Jesus Christus zu Unserer Zeit ein weiteres Mal ans Kreuz geschlagen, nachdem Ihm dies bereits einmal für die Erlösung des Menschengeschlechts widerfahren war, und fügten ihm schlimmeres Unrecht zu, als Er am Kreuz erlitten hatte. Wenn sie beim Ordenseintritt ihren Eid leisten und seinem Bildnis gegenüberstehen, verneinen sie Ihn dreifach und spucken ihm mit schrecklicher Grausamkeit danach dreimal ins Gesicht; küssen sie Ihn zuerst am Ende der Rückenwirbelsäule, dann am Nabel und schließlich auf den Mund. Und nachdem sie gegen das heilige Gesetz verstoßen haben durch gleichermaßen abscheuliche und grässliche Taten verpflichten sie sich selbst durch einen Eid zur Furchtlosigkeit gegenüber der Verletzung des Menschenrechts, um sich selbst gegenseitig ohne Skrupel auszuliefern – und von da an wird ihnen durch diese Unart abverlangt, diesem schrecklichen Konkubinat beizutreten; aus diesen Gründen haben sich diese Ungläubigen den Zorn Gottes zugezogen.*

Der berühmte französische Inquisitor, Guillaume von Paris, sandte in

Papst Innozenz IV. gestattete die Anwendung der Folter durch die Inquisition im Jahr 1252.

Zusammenarbeit mit Philippes Premierminister, Guillaume de Nogaret, Geheimbotschafter zu jedem königlichen Gutsverwalter und Hausmeier im ganzen Land und im Morgengrauen des 13. Oktober wurden die ahnungslosen Templer eingekreist und ins Gefängnis geworfen. Außerdem sandte Philippe Briefe an andere Herrscher, in denen er sie einlud, seinem Beispiel zu folgen. In England begannen die Verhaftungen am 10. Januar 1308, in Sizilien am 24. Januar und in Zypern am 27. Mai. Aber in Spanien überdauerten die Templer eine zeitlang in ihren Festungen und wurden erst am 2. November gänzlich erobert.

Historiker haben jahrhundertelang über die Wahrheit und Wichtigkeit der Angriffe gegen die „verpönten Riten" und die Sodomie der Templer diskutiert.

Das Gerücht vom „Kuss auf das untere Ende des Rückgrats" war von einem rivalisierenden Orden, den Hospitalitern, in Umlauf gebracht worden; der Kuss auf den Mund aber, der „Friedenskuss" war eine im Mittelalter übliche Begrüßung. Unheilvoller war die Behauptung, dass die Gürtel, die die Templer trugen und die sie niemals ablegen durften, einem heidnischen Götzen geweiht waren in Gestalt eines bärtigen menschlichen Hauptes, das angeblich Baphomet genannt war und geküsst und vergöttert wurde. Aber am bezeichnendsten ist die Tatsache, dass Philippe, der sehr knapp bei Kasse war und die Templer stark anzweifelte, sich unmittelbar ihr gesamtes Vermögen aneignete.

Die Orden schickten zu den Gutsherren und Majoresdomi und beauftragten diese anzuordnen: ... *gehe zu ehrsamen und einflussreichen Männern, frei von Argwohn, Ritter, Magistraten, Ratsherren, und informiere diese heimlich unter Eid über ihre Aufgabe und die Information, die der König vom Papst und der Kirche erhielt; sie sind unverzüglich auszusenden, die Personen an Ort und Stelle zu verhaften, ihren Besitz zu beschlagnahmen und sie in Gewahrsam zu nehmen ...*

Ferner sollen die Personen getrennt unter gute und sichere Bewachung gestellt und

Den Templern wurde nachgesagt, dass sie als Teil ihrer Initiationszeremonie auf das Kreuz spuckten.

einleitenden Befragungen unterzogen werden; als nächstes werden Beauftragte des Inquisitors einberufen und der Wahrheit sorgsam auf den Grund gegangen, wenn nötig unter Anwendung von Folter. Und falls sie die Wahrheit gestehen, werden sie ihre schriftliche Erklärung abgeben, vor einberufenen Zeugen ...

Ermahnungen werden entsprechend ihren Vertrauensposten an sie gerichtet und man wird ihnen über die Informationen berichten, die dem Papst und dem König durch mehrere zuverlässige Zeugen unterbreitet wurden, von Mitgliedern des Ordens, vom Irrtum und der Lumperei, wodurch sie sich selbst besonders durch den Ordenseintritt schuldig machten und durch ihre Deklaration; und es wird ihnen ein Straferlass zugesichert, wenn sie die Wahrheit gestehen und in den Glauben der Heiligen Kirche zurückkehren, oder ansonsten werden sie zum Tode verdammt. Sie werden unter Eid befragt, sorgfältig und gerecht, wie sie aufgenommen wurden, welche Schwüre und Versprechen sie abgaben, und sie werden zu allgemeingültigen Bedingungen befragt bis die Wahrheit aus ihnen zum Vorschein kommt und sie bereit sind, sich weiter an sie zu halten.

Einige Einzelheiten der Folterungen, die die Templer ertrugen, haben bis heute überdauert.

Bernard de Gué waren durch die Inquisitoren von Albi seine Füße so arg verbrannt, daß die Knochen seiner Sohle ein paar Tage später herausfielen. Ponsard de Gisy beschrieb, wie über drei Monate: „... er in einen Kerker geworfen wurde, seine Hände nach hinten gefesselt, so straff, dass davon das Blut über seine Fingernägel hinabrann und dass er dort gelassen wurde, unfähig, sich auszustrecken ...". Unter derartigen Bedingungen starben 36 der gefangen genommenen Templer in Paris, weitere 25 in Sens – und keiner weiß, wieviele in anderen Gefängnissen starben.

Es überrascht nicht, daß die Inquisitoren in den meisten Fällen das aufdeckten, was sie sich wünschten. Von 138 in Paris arretierten Templern verneinten nur vier die Beschuldigungen. Alle anderen gaben zu, Christus verneint und das Kreuz bespuckt zu haben; und etwa dreiviertel von jenen gaben auch die besagten Küsse zu. Doch nur die Hälfte gestand, auch in Sodomie eingewiesen worden zu sein, und nur einige wenige bekannten, den bärtigen Götzen Baphomet gesehen zu haben, dessen Existenz für die Anschuldigung der Ketzerei von wesentlicher Bedeutung war.

Einer von ihnen war Hugues de Pairaud, der als Templer zu Besuch in Frankreich war, was mit der Auffassung übereinstimmte, dass nur die älteren Ordensmitglieder diesen Götzen kannten. Er beschrieb ihn als eine Art Sphinx mit vier Füßen. Einige jüngere Ordensmitglieder wurden durch Folter überredet, Beschreibungen herauszurücken, die erwartungsgemäß sehr unterschiedlich waren: Guillaume de Herblay sagte, er war aus Holz gefertigt, überzogen mit Gold und Silber; Jean du Tour behauptete, es handelte sich um nichts weiter als ein auf ein Holzpaneel gemaltes Gesicht;

Seine Füße waren so arg verbrannt, dass die Knochen seiner Sohle wenige Tage später herausfielen.

doch Raoul de Gizy sagte man nach, er hätte ihn als „das schreckliche Gesicht eines Dämons beschrieben. Immer wenn er ihn ansah, war er so entsetzt, dass er seine Augen abwenden musste, zitternd an jedem Glied!"

Sogar der Großmeister, Jacques de Molay bekannte, Gott verleugnet und bespuckt zu haben, wenn er auch behauptete nur zu Boden gespuckt zu haben. Er und die anderen drei Ordensältesten – Hugues de Pairaud, Geoffroy de Gonneville und Geoffroy de Charnay – baten um eine persönliche Audienz beim Papst. Schließlich überredete Philippe im April 1310 den Papst, nachdem die verhafteten Templer, zumindest jene, die überlebt hatten, 30 Monate im Gefängnis eingesessen hatten, Philippe de Marigny, den 22-jährigen Bruder eines seiner Minister einzusetzen, um nach Sens zu sehen und der neue Erzbischof berief prompt ein Konzil ein, um sich ein Urteil zu bilden. Jenen, die zu ihrem ursprünglichen Bekenntnis gestanden hatten, wurde die Freiheit geboten und versprochen, sie würden mit der Kirche versöhnt; aber 54, die ihren Glauben widerrufen hatten, wurden verbrannt.

In ganz Frankreich kam es zu vielen weiteren Massenmorden. Im Jahr 1312 wurde der Orden durch päpstliches Dekret aufgelöst. Schließlich wurden im Jahr 1314 die vier Ordensführer zum öffentlichen Schafott in Paris geschafft, um ihnen dort ihre lebenslängliche Gefängnisstrafe öffentlich zu verkünden. Hugues de Pairaud und Geoffroy de Gonneville hörten ihre Verurteilung schweigend; aber Jacques de Molay sagte plötzlich aus, dass ihm die Regeln der Templer immer heilig und rechtens und katholisch gewesen seien, und er sei unschuldig bezüglich der Ketzereien, derer er immer angeklagt wurde. Was ihn selbst betraf, glaubte er des Sterbens würdig zu sein, weil er aus Furcht vor weiterer Folter fälschlich Anschuldigungen zugegeben hatte. Geoffroy de Charnay unterstützte ihn. Beide Männer wurden unverzüglich dem Scheiterhaufen zugeführt; die Stelle ihrer Hinrichtung, auf der Insel der Innenstadt von Paris, ist mit einer Gedenktafel versehen.

In anderen Ländern wurden die Templer insgesamt weniger roh behandelt. In Deutschland fanden sie nach der Auflösung des Ordens durch den Papst Zuflucht im Orden des St. Johann oder bei den teutonischen Rittern. In Portugal wurden sie befreit und änderten ihren Namen ab in Ritter Christi. In England wurde anno 1310 ein königlicher Vollzugsbefehl erlassen, um die Folter arretierter Templer zu erlauben, aber die Vollstrecker beschwerten sich angesichts des Mangels an Erfolg. Vielleicht wurden die meisten an Mönchsklöster überwiesen um Versöhnung zu erlangen, es wurden sogar Pensionen für ihren Lebensunterhalt versprochen. In Schottland wurden insgesamt nur zwei Templer jemals verhaftet.

Sogar der große Meister, Jacques de Molay gestand, Christus verraten und bespuckt zu haben.

Die Inquisition wird strenger

Über dreihundert Jahre lang wurde über die sadistischen, grausamen Formen der Folter, die durch die Inquisition zur Anwendung kamen, geschrieben. Aber die Anwendung speziell konstruierter Instrumente, wie etwa der Galgen, die Daumenschrauben, oder der „Spanische Stiefel" (siehe Kapitel 8), war bei der bürgerlichen Amtsgewalt weit verbreitet, ebenso bei der Spanischen Inquisition (die auch in Portugal angewandt wurde), und eine separate Organisation außerhalb der päpstlichen Kontrolle verkörperte.

Jedenfalls wurden die ursprünglich festgesetzten Regeln ausgeweitet, als die Verfolgung der Ketzerei (die den Protestantismus mit einschloss) während der zweiten Hälfte des 15. Jahrhunderts und während des 16. Jahrhunderts mit Feuereifer zunahm. Folter wurde über längere Zeitabschnitte und wiederholt angewandt. Ursprünglich standen die zunehmenden Grade der Folter in Relation zur Seriosität der Anklagepunkte gegen den Beschuldigten und durften als für sich hinreichende Bestrafung angesehen werden. In Bezug auf die Opfer ging man von der Vorstellung aus, dass sie durch ihr Leiden von ihren Sünden geläutert wurden. Doch die Inquisitoren waren bald von dem Eifer, ein Geständnis um jeden Preis zu bekommen, besessen und der Ketzerei Verdächtige konnten damit rechnen, solange gefoltert zu werden, bis sie ihren Peinigern sagten, was diese hören wollten.

Trotzdem war es von alters her üblich, dass unter Folter abgelegte Geständnisse gesetzlich nicht akzeptabel waren und vom Opfer innerhalb von 24 Stunden andernorts als in der Folterkammer bestätigt werden mussten. Es erhob sich die Frage, was mit Gefangenen zu geschehen sei, die daraufhin ihre Geständnisse widerriefen. Um diesem Problem gerecht zu werden, wurde eine abwegige Gesetzesvorschrift durch Nicolas Eymeric vorgebracht: Wenn Folter zwar nicht wiederholt werden durfte, so konnte sie doch fortgesetzt werden – an einem zweiten Tag, oder sogar an einem dritten, falls erforderlich.

Jacques de Molay, der Großmeister der Templer. Am Tage seiner Hinrichtung im Jahr 1314 erklärte er, dass er bezüglich der gegen ihn erhobenen Anklage der Ketzerei unschuldig sei.

Noch schlimmer war die Folter für jene, die bereits für schuldig befunden waren und nun die Namen ihrer Komplizen und Zeugen offenbaren sollten. Da Ketzer als „Verräter gegen Gottes Majestät" betrachtet wurden, konnte das immerhin die Vorgehensweise wie bei Hochverrat vor Gericht rechtfertigen.

Das Strafmaß für Hochverrat war unvermeidlich die Todesstrafe; die Todesart, die gemeinhin den Ketzern vorbehalten blieb war das Verbranntwerden auf dem Scheiterhaufen. Dafür wurden logische Gründe vorgebracht. Der Ketzer bewahrte seine nicht hinnehmbaren Ansichten in seinem Verstand und drückte sie durch körperliche Bewegungen aus; doch die unsterbliche Seele würde unverfälscht zurückbleiben.

Das galt ebenso für die, die man für vom Teufel oder einem seiner Günstlinge besessen hielt. Die einzige Möglichkeit, den Ketzer in seinem jenseitigen Leben vor der Bestrafung durch Gott zu bewahren war, seinen verdorbenen Körper und Geist zu zerstören und so seine Seele, aller Sünden geläutert, zu befreien.

Das Errichten der Inquisitionsmaschinerie schuf ein mächtiges Instrument sozialen Terrors. Noch dazu erleichterte die kirchliche Rechtfertigung der Folter in Fällen von Ketzerei das Wiederaufleben ihrer Anwendung in nahezu allen Formen von Kriminalität. Dem Beispiel der Inquisition wurde durch die bürgerliche Amtsgewalt begierig Folge geleistet. Nirgendwo kam sie grausamer und sinnloser zur Anwendung als in der europäischen Hexenverfolgung (siehe Kapitel 7).

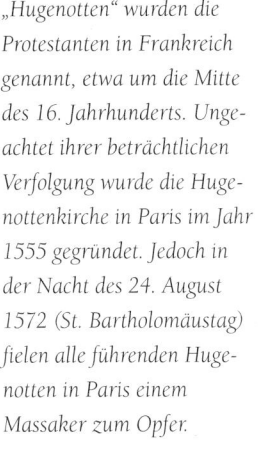

„Hugenotten" wurden die Protestanten in Frankreich genannt, etwa um die Mitte des 16. Jahrhunderts. Ungeachtet ihrer beträchtlichen Verfolgung wurde die Hugenottenkirche in Paris im Jahr 1555 gegründet. Jedoch in der Nacht des 24. August 1572 (St. Bartholomäustag) fielen alle führenden Hugenotten in Paris einem Massaker zum Opfer.

Die römische Inquisition

Der Aufstieg des Protestantismus brachte die großen Hexenverfolgungen in Gang, die schlimmsten Exzesse wurden ironischerweise in protestantischen Territorien verübt.

Die katholische Kirche hatte die Schlacht gegen Hexerei und Ketzerei in Gang gebracht, aber anno 1542 erkannte Papst Paul III., dass der öffentliche Protestantismus seine Macht gefährdete. Mit einem Großteil Italiens unter spanischer Regierung hatte er das Beispiel der Spanischen Inquisition vor sich: Er etablierte stattdessen eine Römische Inquisition, zu dem speziellen Zweck, innerhalb der Vatikanstaaten protestantische Ketzerei auszurotten, aber besonders seit der Papst das Oberhaupt der gesamten katholischen Welt war, als ultimative Instanz in Glaubensbelangen.

Sechs Kardinäle, die Kongregation der Inquisition, kontrollierten die Organisation; sie waren autorisiert, Abgeordnete zu ernennen und Berufungen gegen die Urteile dieser Abgeordneten anzuhören. Unter Paul III. und seinem Nachfolger, Julius III. fungierte die Römische Inquisition relativ gemäßigt, und Julius verfügte sogar, dass seine Macht sich allein auf Italien erstrecken sollte. Doch diese Situation änderte sich grundlegend, als Paul IV. im Jahr 1555 gewählt worden war. Gemäß *Der Geschichte der Päpste: Der voreilige und leichtgläubige Papst lieh sein geneigtes Ohr jeglicher Denunziation, sogar der absurdesten. Weder Rang noch Würde oder Verdienst hatte Gewicht, falls irgendjemand der Ketzerei verdächtigt war; er wurde durch die Inquisition behandelt, als wäre er der öffentlich erklärte Feind der Kirche. Die Inquisitoren, unablässig vom Papst bedrängt, bewerteten Ketzerei in zahlreichen Fällen auch da, wo ein gelassener und umsichtiger Beobachter nicht eine Spur davon entdeckt hätte ...*

Paul IV. wurde von Pius V. abgelöst, der Dominikaner war, und zudem ein ehemaliger Großinquisitor. Sein Anliegen war die Eliminierung von Ketzerei, falschen Lehren und Irrglauben. Es wird berichtet, dass er häufig persönlichen Anteil an den Aktivitäten der Inquisition nahm, wobei er die völlige Zerstörung der Hugenotten in Frankreich und den Niederlanden vorantrieb.

Nachdem der Protestantismus in Italien erfolgreich unterdrückt werden konnte, befasste sich die Römische Inquisition vorrangig mit der Aufrechterhaltung des katholischen Glaubens. Im Jahr 1908 war der Name der Inquisition abgelegt und die Organisation wurde nur unter dem Namen Hl. Amt bekannt; im Jahr 1965 änderte sich dieser Name wiederum in „Kongregation der Lehre vom Glauben".

Der einzige Weg den Ketzer zu retten, war, seinen verdorbenen Körper und Geist zu zerstören.

Kapitel 4

Grausame Foltermethoden

Da das oberste Gebot der Folter ist, Schmerz aufzuerlegen – oder zumindest Schmerz zuzufügen und auf diese Weise die Furcht davor auszunutzen – können die vom Peiniger angewandten Methoden grausamster Art sein: Jegliche Form von Schmerz ist gut genug für diesen Zweck. Nur wenn die Gesetzesvorschrift die Art der Folter und ihren Schauplatz vorgibt, oder andernfalls, wenn der Folterknecht individuell sadistischen Gefallen an seinen Diensten erlangt – jenen Spezialinstrumenten und Maschinen, so wie in Kapitel 8 beschrieben –, müssen diese strengstens beachtet werden.

Die nichtinstrumentalen Formen der Folter, über viele Jahrhunderte angewandt, können in vier Klassen unterteilt werden; drei davon ziehen brutale körperliche Gewalt nach sich, Feuer oder Wasser. Die vierte und (ironisch) bestenfalls als „raffiniert" und „verfeinert" beschriebene Klasse, kann eine Vielfalt von Formen verkörpern, vom Einsatz eines beißenden Insekts (Kapitel 3 und Kapitel 9), über die chinesische Prügelstrafe (Kapitel 8), bis hin zu gänzlich psychologischen Methoden (Kapitel 12).

Die Anwendung physikalischer Gewalt kann weitgehend unterteilt werden: Stöße mit einem stumpfen Gegenstand, Schnitte oder Stiche mit einem scharfen Gerät, Dehnen und Drehen, Zusammenpressen und Verstümmelung.

Die brutaleren Peiniger verwendeten selten nur eine einzelne Form dieser Methoden. Wie weit ein Folterknecht gehen konnte, ist exemplarisch dokumentiert in einer Rede, die Edmund Burke während der Gerichtsverhandlung von Warren Hastings (Hastings wurde im Jahr 1788 beschuldigt, das Vertrauen, das man in ihn als General-Gouverneur Indiens gesetzt hatte, verletzt zu haben). Einer von Hastings' Günstlingen war ein Steuereintreiber namens Devi Sing: *Schuldner wurden am grausamsten gefoltert: Schnüre wurden eng um ihre Finger gezogen bis das Fleisch aller vier an jeder Hand völlig abgelöst war und zu einer festen Masse wurde: dann wurden die Finger durch Eisenkeile und Holz, das man dazwischentrieb, wieder getrennt. Andere wurden zwei zu zwei an den Füßen gefesselt und über einen hölzernen Barren getrieben, von dem sie, die Füße nach oben, herunterhingen; dann wurden sie auf die Fußsohlen geschlagen, bis ihre Zehennägel abfielen. Danach wurden sie auf den Kopf geschlagen, bis das Blut aus Mund, Nase und Ohren quoll; zudem wurden sie mit Bambusrohren*

LINKE SEITE: Der in Irland geborene Edmund Burke, während der zweiten Hälfte des 18. Jahrhunderts ein führender britischer Politiker, war Kritiker der korrupten Regierung Indiens unter der Ostindischen Handelskompanie. Er war für die Absetzung des General-Gouverneurs, Warren Hastings, im Jahr 1788 verantwortlich. In einer leidenschaftlichen Rede beschrieb Burke die brutalen Foltermethoden die unter Hastings Regierung stattfanden.

auf den nackten Körper gepeitscht, auch mit stacheligen Büschen und vor allen Dingen mittels giftiger Pflanzen, die stark ätzend waren und bei jeder Berührung brannten.

Die Grausamkeit des Ungeheuers, welches das alles ersonnen hatte, befahl, wie sowohl Geist als auch Körper zu schinden waren; häufig ließ er Vater und Sohn nackt an Füßen und Armen zusammenbinden, um sie dann auszupeitschen, bis die Haut sich vom Fleisch löste; dazu hatte er die teuflische Genugtuung, zu wissen, dass jeder Schlag schmerzen musste; denn wenn der Sohn einem Schlag entgangen war, wurde seine Sensibilität verwundet in dem Wissen, dass dieser Schlag seinem Vater galt; die gleiche Pein erlitt der Vater, da er wusste, dass jeder Schlag, der ihn verfehlte, seinem Sohn galt.

Die Behandlung der Frauen ist unbeschreiblich ... die Jungfrauen wurden zum Gerichtshof gekarrt, wo sie gemeinhin um Schutz ersucht hätten, doch nun sahen sie ihn mit blankem Entsetzen; denn angesichts des Justizministers, angesichts der Zuschauer, angesichts der Sonne wurden diese zarten und sittsamen Jungfrauen auf das brutalste verletzt ... anderen Frauen wurden die Brustwarzen in gespaltenen Bambus gesteckt und abgedreht. Was in allen Nationen sorgsam verborgen bleibt, stellte dieses Ungeheuer zur Schau und verbrannte es auf kleiner Flamme ...

> „Was der Anstand innerhalb aller Nationen meist sorgfältigst verbirgt, stellte dieses Monster zur Schau und verzehrte es auf kleiner Flamme."

Grausame brutale Methoden wie diese wurden über viele Jahrhunderte hinweg durch die historischen Folterknechte angewandt, traurigerweise bestehen sie bis heute. Die Aktenberge von Amnesty International (Kapitel 13) sind vollgestopft mit Berichten ähnlicher Opfer. Beispielsweise berichtete ein Student aus Burma, der 1987 von Polizeibeamten in Mandalay festgehalten wurde: *Eine Gruppe kam herein, zog uns all unsere Kleider aus ... fesselte uns die Hände mit Handschellen zusammen und hängte uns mit einem Seil an der Zimmerdecke auf ...*

Sie befragten mich wieder und stellten dieselben Fragen, auf die ich dieselben Antworten gab. Daraufhin peitschten sie mich mit einem Autoabschleppseil ... insgesamt habe ich etwa 70 bis 80 Hiebe bekommen ... nach einiger Zeit verlor ich das Bewusstsein total. Sie „behandelten" meine Wunden genauso wie sie die meines Freundes behandelten ... sie nahmen ihn herunter, streuten Salz und Curry auf seinen Rücken und urinierten dann darauf.

Die Foltermethoden des Streckens und Zusammendrückens wurden in anderen Kapiteln in in allen Einzelheiten geschildert, wobei die Streckbank und der „starke und harte Schmerz" beschrieben wurde (siehe Kapitel 8 und Kapitel 6). Das Rädern, eine schreckliche Bestrafung, die unweigerlich zum Tode führte, wurde in vielen europäischen Ländern angewandt, insbesondere in Frankreich.

Dieses Rad bestand aus einem großen Wagenrad, von etwa 2 m Durchmesser, horizontal auf eine Unterlage montiert. Das Opfer wurde mit gespreizten Gliedern sowohl an den Speichen als auch am Reifen festgebun-

Grausame Foltermethoden

Das Brechen auf dem Rad. Eine Form der Bestrafung, die in Europa weitverbreitet war, ganz besonders in Frankreich. Es hatte unvermeidlich den Tod des Opfers zur Folge.

den; der Henker nahm dann eine Eisenstange, einen Schlaghammer oder eine schwere Keule und brach jedes Glied an zwei Stellen. Danach war es Brauch, den „Gnadenstoß" vorzuführen durch einen Schlag auf den Nacken oder in den Magen, aber manchmal wurde das Opfer nicht so begünstigt. Als der 86-jährige Jean Calas aus Toulouse angeklagt war, die Erwürgung seines eigenen Sohnes im Jahre 1761 veranlasst zu haben, wurde er verurteilt, gefoltert und „lebendig auf dem Rad zerbrochen zu werden, wobei er den letzten Schlag erhalten sollte, nachdem er zwei Stunden gelegen hatte, und danach sollte er zu Asche verbrannt werden".

In Deutschland durften sage und schreibe 40 Hiebe vollstreckt werden. Einem der Nürnberger Henker wird nachgesagt, dass er verpflichtet wurde, die Bestrafung seines eigenen Schwagers zu vollstrecken; es wurde berichtet, dass er ihn „zweimal mit der glühendheißen Eisenzange kniff und 31 Hiebe mit dem Eisenstock ausführte, ehe er ihn endgültig ins Jenseits beförderte".

> „Der Henker, mit einem Messer, vergleichbar dem Baummesser eines Gärtners, schnitt seine Ohren ab."

Die Bestrafung durch Rädern scheint in England nicht angewandt worden zu sein, es gibt aber ein paar wenige Berichte über ihre Anwendung in Schottland. John Dicksoun wurde am 30. April 1591 auf diese Weise hingerichtet wegen Elternmordes; und einem Eintrag im Tagebuch Robert Birrels kann man entnehmen: „Robert Weir auf einem Wagenrad zertrümmert ... wegen Mordes an dem Gutsherrn von Warriston ... bin nicht sicher, dass er es tat, am 2. Juli 1600."

Eine überaus brutale Bestrafung, wenn auch selten mit tödlichem Ausgang, war die Verstümmelung. Da die meisten Verbrechen, besonders Diebstahl oder Fälschung, mit den Händen begangen wurden, war die typische Strafe dafür, eine oder beide abzuhacken. In London erlitten dies 1581 John Stubs, der Autor einer Schmähschrift die als Beleidigung von Elizabeth I. bewertet wurde, und sein Drucker, William Pace. Auf einem Schafott in Westminster „wurde ein Hackmesser mit einem Hammer durch ihre Handgelenke getrieben und deren rechte Hände abgetrennt". Nachdem die blutigen Stumpen mit einem glühenden Eisen verätzt worden waren, schrie Pace: „Ich habe hier die Hand eines ehrlichen Engländers gelassen", während Stubs seinen Hut mit seiner einen verbliebenen Hand lupfte und rief: „Gott schütze Queen Elizabeth!"

Wie beim Brandmarken (siehe unten) war das Ziel der Verstümmelung, dass jeder für den Rest seines Lebens dem Opfer ansehen konnte, dass es eines Verbrechens überführt worden war. Im England des 16. und 17. Jahrhunderts verloren viele hervorragende Persönlichkeiten Teile ihrer oder beide Ohren für aufwieglerische Äußerungen. Als Sir Robert Strange das Leben des Duke of Buckingham im Jahre 1628 bedrohte, wurde er über die volle Strecke von der Schranke des Rechtsinstituts bis nach Westminster ausgepeitscht, verlor dort beide Ohren und wurde an der Wange gebrandmarkt.

Noch im Jahr 1731 wurde Sir Peter Stringer „der, nachdem er der Fälschung von einer Übertragungsurkunde über 809 Hektar Land überführt" war, bei Charing Cross an den Pranger gestellt: *Die Zeit war nahezu abgelaufen, er wurde in der Mitte einer Plattform auf einen Armstuhl gesetzt, als der Henker John Cooper ... hinter ihm aufstieg und mit einer Art Baummesser, wie Gärtner es benützen, seine Ohren abschnitt und sie hochhielt, sodass der Mob sie sehen konnte. Nachdem er sie Mr. Watson, dem Gerichtsdiener, ausgehändigt hatte, schlitzte der Henker beide Nasenlöcher mit einer Schere ...*

Die Strafe für Gotteslästerung bestand häufig im Herausschneiden der Zunge. Im Januar 1535 war einem französischen Hugenotten, Antoine Poile, seine Zunge durchstochen und an die Wange genagelt worden, ehe er lebendig verbrannt wurde. Im Jahr 1766 war der 17-jährige Chevalier de la Barre angeklagt, auf der Brücke von Abbeville ein hölzernes Kruzifix zerstört zu haben. Für dieses Verbrechen – oder vielleicht weil er ein begeisterter

Grausame Foltermethoden

Anhänger von Voltaires Werk war – wurde er gefoltert und bekam seine Zunge herausgeschnitten.

Verstümmelung wurde und wird bis heute im Mittleren Osten praktiziert. In seinem Buch *Die Entwicklungsgeschichte der Frauen* schrieb W. Alexander über die Ägypter: *Die Unbeflecktheit der Jungfrauen wurde per Gesetz allerstrengstens geschützt; wer eine unverheiratete Frau vergewaltigt hatte, dem wurden seine Genitalien abgeschnitten, sodass er außerstande war jemals wieder dasselbe Verbrechen zu begehen und andere mit so schrecklicher Schinderei in Schrecken zu versetzen.*

Folter durch Hitze und Feuer

Der durch Brennen verursachte Schmerz ist vielleicht der heftigste von allen. Jahrhundertelang haben Peiniger allerlei Möglichkeiten vorgeführt, ihn anzuwenden. Beispielsweise der „eherne Bulle" oder der „Spanische Stiefel" (siehe

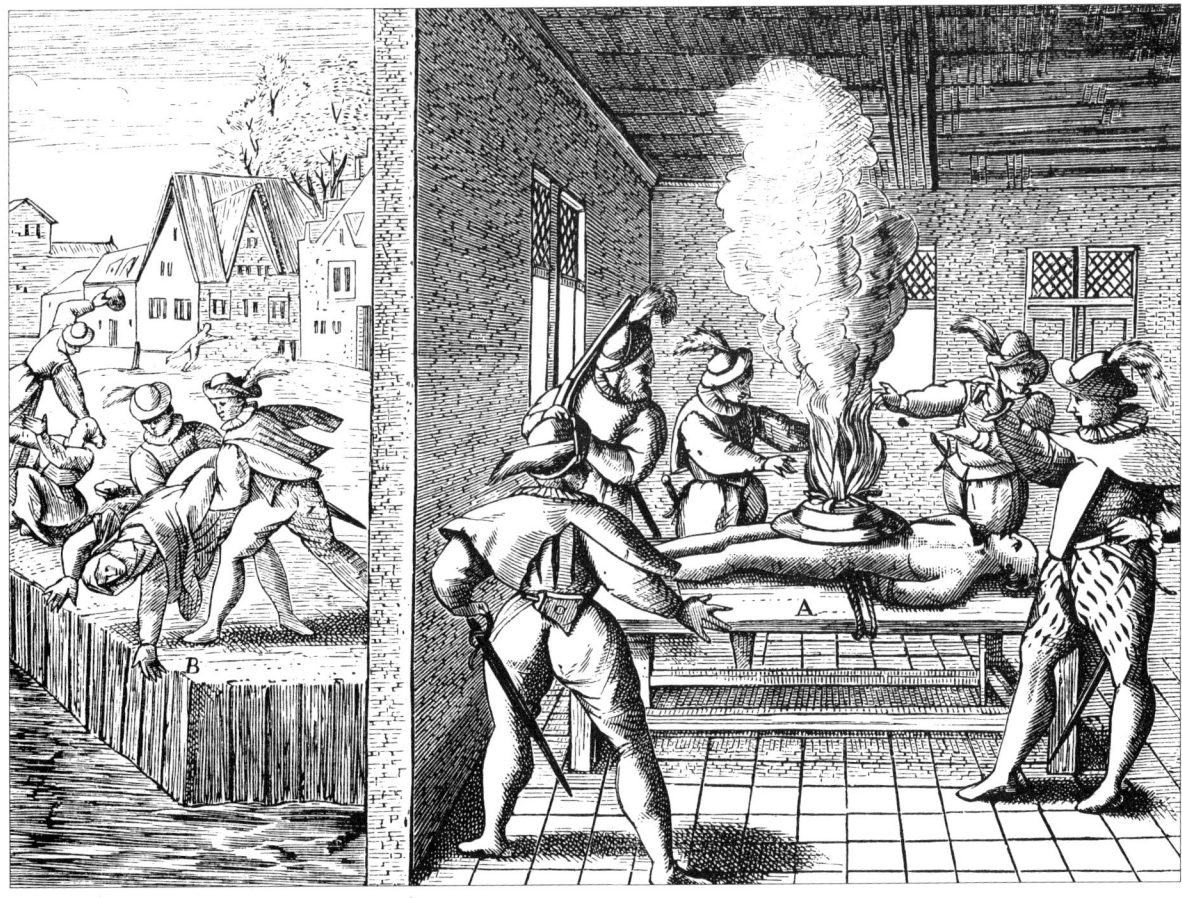

Die Folter niederländischer Katholiken in den südlichen Niederlanden während des späten 16. Jahrhunderts. Dem Opfer wurde eine große Schüssel auf den Bauch gelegt, die verschiedene Substanzen enthielt. Dann wurde in der Schüssel ein Feuer entfacht.

Brandmarken der Hand. Gauner und Vagabunden wurden in England mit einem „R" markiert; Diebe mit einem „T"; und jene, die sich der fahrlässigen Tötung schuldig gemacht hatten, mit einem „M".

Kapitel 1, Kapitel 5 und Kapitel 8), waren speziell entworfene Folterinstrumente; in den allermeisten Fällen aber reichte der Tod durch Hitze und Feuer in seiner grausamsten Form aus.

In Kapitel 3 haben wir erfahren, wie die Gerichtsverhandlung durch Gottesurteil, in der die Wahrhaftigkeit der Streitparteien durch deren Berührung mit dem glühenden Eisen auf die Probe gestellt werden konnte, zu den fragwürdigen Methoden der Inquisition führte. Die Folterknechte des Mittelalters nahmen die Idee wieder auf und eine Methode die über ganz Europa angewandt wurde war die Anwendung der rotglühenden Kneifzange.

Als James I. von Schottland im Jahr 1437 ermordet wurde, war Walter, der Earl of Atholl, der zudem Thronanwärter war, der Hauptverdächtige. Walter wurde zum Hinrichtungsort, dem Kreuz von Edinburgh gebracht, und dort wurde sein Fleisch mit Kneifzangen, die in einer glühenden Kohlenpfanne erhitzt worden waren, zerrissen. Man nahm eine Eisenkrone aus dem Feuer, setzte sie ihm aufs Haupt und proklamierte ihn als König der Verräter.

Ein ähnliches Los erlitt im Jahr 1584 in den Niederlanden Balthasar Gerards, der William, den Prinzen von Oranien, ermordet hatte. Nachdem er ausgepeitscht und aufgehängt worden war, wurde sein Körper Stück um Stück mit rotglühenden Eisen zerrissen, bis er verendete.

Auf geringere Vergehen stand nicht die Todesstrafe, sondern Brandmarken. In England wurden Bösewichte grundsätzlich auf der fleischigen Seite der linken Hand mit dem heißen Eisen gebrandmarkt. Gauner und Vagabunden wurden mit dem Buchstaben „R" gekennzeichnet, Diebe mit „T", und die der fahrlässigen Tötung Schuldigen mit „M". Auch andere Körperteile wurden gebrandmarkt: Für Ladendiebstahl wurde die Wange gebrandmarkt, für Gotteslästerung wurde die Zunge mit einem rotglühenden Spieß durchbohrt, für Meineid wurde der Buchstabe „P" in die Stirn eingebrannt.

Solche Strafmaße wurden in einer Verordnung im Jahr 1548 festgelegt und im Jahre 1624 wurde die Strafanwendung auch auf Frauen ausgedehnt: *… sei das Gesetz durch die Amtsgewalt des Parlamentspräsidenten erlassen, dass jegliches Weib, das durch Geständnis oder durch den Schuldspruch von 12 Männern rechtmäßig überführt ward, der verbrecherischen Vereinnahmung von Geld, oder Hab und Gut über dem Gegenwert von 12 Pence und unter dem Gegenwert von 10 Shilling; oder als Mitschuldige in einer derartigen Anklage; wenn die besagte Anklage nicht auf Einbruch oder Straßenraub lautet … soll sie beim ersten Mal an der Hand gebrandmarkt werden, auf der Sehne des Daumens, mittels eines rotglühenden Eisens in Form eines lateinischen „T".*

Das Brandmarken blieb im englischen Zivilrecht bis 1829 als Strafe, wurde jedoch bis 1879 in der Armee nicht abgeschafft.

Es waren nicht nur Diebe und Vagabunden, die gebrandmarkt werden konnten, sondern auch Gelehrte. Im Jahr 1628 wurde Alexander Leighton, ein schottischer Prediger, beschuldigt „des Entwurfes, der Veröffentlichung und des Vertriebs eines skandalösen Buches, welches sich gegen seinen König, die Peers und Prälaten richtete". Ihm wurde ein Ohr abgeschnitten und sein Gesicht wurde mit den Buchstaben „SS" gebrandmarkt, für „sower of sedition" (Anstifter zur Aufwiegelung). Und im Jahr 1637 wurde William Prynne, ein englischer Rechtsanwalt und Mitglied des Parlaments, der bereits beide Ohren als Quittung für seine Veröffentlichungen verloren hatte, wegen seiner Schmähschriften gegen die Bischöfe der Kirche von England gebrandmarkt und lebenslänglich eingesperrt. Die Buchstaben „SL" – für „schismatic libeller" (ketzerischer Verleumder) – wurden ihm in beide Wangen eingebrannt.

In Frankreich bestand das Brandmal zunächst aus dem Lilienwappen. Später wurde es durch die Buchstaben „TF" ersetzt, was „travaux forces" (harte Arbeit) bedeutete. Eine andere Bestrafung wurde über die Comtesse Jeanne de La Motte Valois verhängt. Im Jahr 1786 stahl und verkaufte sie ein herrliches Diamanten-Collier, das Ludwig XV. vor seinem Tode für seine Mätresse Madame de Barry bestellt hatte. Sie wurde verurteilt, nackt in der Öffentlichkeit ausgepeitscht und danach auf jeder Schulter mit dem Buchstaben „V", für „vouleuse" (Diebin) gebrandmarkt zu werden. Nachdem jedoch die eine Schulter gebrandmarkt worden war, wand sie sich vor Schmerz und das heiße Eisen fiel auf ihre nackte Brust.

Auch grausamere Methoden kamen zur Anwendung, wie ein Bericht aus dem Jahr 1624 über ein Verhör durch die Niederländer in Ostindien beschrieb: *… sie zogen ihn wieder hoch wie zuvor, und verbrannten ihn mit*

Man schnitt ihm ein Ohr ab und sein Gesicht wurde mit den Buchstaben „SS", für „Anstifter zur Aufwiegelung" gebrandmarkt.

brennenden Kerzen an seinen Fußsohlen, bis das Fett aus den Kerzen tropfte; daraufhin stellten sie neue Kerzenlichter unter ihn.

Sie verbrannten ihn auch unter den Ellbogen und in den Handflächen; desgleichen unter den Achselhöhlen, bis sein Inneres zum Vorschein kam.

Solche Grausamkeit, obgleich offiziell verpönt, überdauerte bis ins 20. Jahrhundert. Während der letzten hundert Jahre hatten viele Polizeibeamte ihre Folterinstrumente griffbereit in ihren Taschen: Zigaretten und Streichhölzer. Im Jahr 1990 wurde Semus Ukus, ein türkischer Kurde, in Griechenland verhaftet. Er behauptete, dass ihm die Polizei seine Hände hinter dem Rücken hochriss und dann seine Fußsohlen und Genitalien mit einem Feuerzeug versengte, ehe man ihn zusammenschlug. Als ein älterer Beamter

Ein einfallsreiches Gerät, von dem behauptet wird, es sei bei der Spanischen Inquisition zum Einsatz gekommen. Das Opfer war an das Rad gebunden, und, da dieses gedreht wurde, kamen verschiedene Teile seines Körpers, von den Fußsohlen, über Genitalien bis hin zu den Augen, dicht an die Pfanne mit dem offenen Feuer, während der Helfer des Henkers das Feuer mit dem Blasebalg instand hielt.

fragte, weswegen er geschlagen wurde, lautete die Antwort: „Er ist Türke". Im Jahr 1991 berichtete der indische Ladenbesitzer Manzoor Ahmed Naikoo über seine Fänger, „nachdem sie mich umgeworfen hatten, zogen sie mir den Pyjama aus. Sie befestigten ein Tuch an meinem Penis und zündeten es an".

Eine früher übliche Foltermethode war das lebendige Braten auf dem Rost. Dies war das Martyrium des hl. Lorenz, der von den Römern im Jahr 258 n. Chr. umgebracht wurde. Es wird erzählt, dass er im Todeskampf liegend seinem Exekutor zurief: „Diese Seite ist genug gebraten, entscheide, ob du das Fleisch lieber durchgebraten oder blutig magst!"

Es gab noch andere Methoden, Hitze zur Folter zu nutzen: kochendes Wasser, Öl oder Talg, oder geschmolzenes Blei wurden oft angewandt. Normalerweise war das nur ein Teil der Folter, konnte aber auch als endgültige Bestrafung auferlegt werden. Im Jahr 1531 vergiftete Richard Roose in England 17 Mitglieder aus dem Haushalt des Bischofs von Rochester, zwei davon kamen ums Leben. Ein gesonderter Parlamentsbeschluss erging, durch den „er ohne kirchlichen Beistand zu Tode gekocht werden solle". Der Beschluss verblieb 16 Jahre im Gesetzbuch, und im Jahr 1541 erlitt ein Dienstmädchen, Margaret Dawe, dasselbe Schicksal für ein ähnliches Verbrechen.

Wasserfolter

Wasser ist grundsätzlich so gebrauchsfertig und einfach anzuwenden, dass Folterknechte es auf vielfältige Art und Weise über viele Jahrhunderte anwandten. Am einfachsten ist es, das Opfer zum Trinken zu zwingen: Zuerst erscheint dies eine willkommene Erleichterung nach all den erlittenen Qualen; doch dann wird das Opfer satt, aufgedunsen und bekommt starke Beschwerden. Die Auswirkungen wurden von William Lightow, einem Schotten, der im Jahr 1620 in Spanien irrtümlich für einen Spion gehalten wurde, dramatisch beschrieben. Nachdem man ihn auf die Folterbank gelegt hatte: *... der Folterknecht ... ging zu einem irdenen Krug voller Wasser, dicht bei meinem Kopf; von daher holte er einen Topf voll Wasser, in dessen Boden ein Loch eingeschnitten war, das er mit seinem Daumen abdichtete, bis es in meinen Mund kam und er es mir in den Bauch schüttete; die Menge entsprach einem spanischen sombre, was einem englischen Maßkrug (2,25 l) entsprach; die ersten beiden Verabreichungen nahm ich erfreut an, so ausgetrocknet war ich nach meinen Folterqualen, und ich trank vergleichsweise so, als hätte ich drei Tage vorher nicht getrunken.*

Doch danach, bei der dritten Abfüllung begriff ich, dass diese Wassermengen als Foltermethoden angewandt wurden, oh erstickende Qualen! Ich schloss meine Lippen, dieser eifrigen Grausamkeit widerstehend. Woraufhin der Alcalde (Gefängnisdirektor) erzürnt war und meine Zähne mit ein paar eisernen Klammern

„es strangulierte mich mit würgender Kraft und ließ meinen Atem anschwellen vom Ächzen und Stöhnen"

auseinanderzog und sie dort bei jeder folgenden Anwendung hauptsächlich mit der Hand festhielt; woraufhin mein ausgehungerter Bauch riesig anschwoll, trommelartig ausgepolstert wuchs, denn es bestand eine erstickende Qual, angesichts der Tatsache, dass ich mit dem Kopf nach unten hing, und das Wasser selbst in meinen Hals zurückquoll, mich mit würgender Kraft strangulierte und mir die Luft abschnürte vor Japsen und Ächzen.

Eine sadistische Verfeinerung dieser Methode wurde von den Niederländern in Amboyna, in den ostindischen Kolonien während der Verhöre einer Anzahl englischer Händler, die des Komplotts zum Zwecke der Besetzung der niederländischen Hauptquartiere im Jahr 1622 verdächtigt wurden, angewendet: *Dann banden sie ein Tuch um Hals und Gesicht, so fest, dass wenig oder kein Wasser verfließen konnte. Nachdem das geschehen war, ließen sie das Wasser langsam vom Kopf rinnen, bis das Tuch vollgesogen war, bis hinauf zum Mund und zu den Nasenlöchern, und noch etwas höher; solchermaßen konnte er nicht trocken einatmen, aber zu allem Überfluss musste er Wasser einsaugen ... welches unablässig weiterhin langsam rann, aber in sein Körperinneres drängte, aus Nase, Mund, Ohren und Augen kam, da es ihn oft erdrückend beengte, ihm schließlich den Atem raubte und ihn so in die Erschöpfung oder Ohnmacht trieb.*

> *Die Gefangenen konnten jeden Tropfen kommen sehen und wurden nach und nach in den Wahnsinn getrieben.*

Dann nahmen sie ihn rasch herunter und brachten ihn dazu, das Wasser zu erbrechen. Nachdem er sich etwas erholt hatte, hießen sie ihn wieder aufzustehen und begossen ihn mit Wasser wie zuvor und legten ihn nieder, sobald er ohnmächtig zu sein schien. Auf diese Art behandelten sie ihn drei oder vier Mal mit Wasser, bis sein Körper auf das zwei- bis dreifache seines ursprünglichen Volumens angeschwollen war, seine Wangen wie riesige Blasen, und seine Augen starr und steif aus seiner Stirn herausragten ...

Noch eine weitere Variante dieser Wasserfolter, die ebenfalls von den Holländern angewandt wurde, wird von dem Schriftsteller des 17. Jahrhunderts, Ernestus Eremundus Frisius in seinem Buch *Die Geschichte der niederländischen Tumulte* beschrieben: *Da ist eine Bank, genannt das hölzerne Pferd, hohl wie ein Bottich, so groß, dass ein Mann in voller Länge auf dem Rücken liegend hineinpasst, etwa in der Mitte davon ist eine runde Stange quergelegt, worauf das Hinterteil der Person platziert ist, sodass diese über der Stange liegt, die Füße viel höher als den Kopf, anstatt auf dem Boden der Truhe gelassen zu werden.*

In dieser Position liegend sind seine Arme, Schenkel und Schienbeine mit dünnen Stricken gefesselt, die, mit Schrauben gespickt in regelmäßigen Abständen zueinander, ihn bis auf die Knochen einschneiden, sodass es schier unerträglich ist. Zusätzlich stülpt der Peiniger über Mund und Nasenlöcher ein dünnes Tuch, sodass er kaum in der Lage ist, da hindurch zu atmen und in der Zwischenzeit rieselt ein dünner Wasserstrahl, einem Rinnsal gleich, nicht Tropfen für Tropfen, von oben auf

Grausame Foltermethoden

den Mund der in dieser erbärmlichen Position liegenden Person, sodass das dünne Tuch ihm in den Rachen rutscht. Und damit auch keine Möglichkeit mehr besteht, zu atmen, wird sein Mund mit Wasser abgefüllt und seine Nasenlöcher mit dem Tuch abgedichtet, sodass der arme Kerl in demselben Todeskampf verweilt, wie Sterbende beim letzten Atemzug.

Wenn dieses Tuch aus seinem Hals gezogen wird, wie es häufig vorkommt, sodass er Fragen beantworten kann, ist alles durchnässt mit Wasser und Blut und es ist, als würde man sein Gedärm durch den Mund ziehen.

Hippolyt de Marsiliis, ein Richter des 16. Jahrhunderts (siehe Kapitel 3), hält man für den Erfinder einer besonders verfeinerten Form von Wasserfolter. Nachdem er beobachtet hatte, wie Wassertropfen, einer nach dem anderen, auf einen Stein fallend, diesen nach und nach aushöhlten, übertrug er diese Methode auf den menschlichen Körper.

Die Opfer wurden festgezurrt, sodass sie sich nicht bewegen konnten und sodann wurde kaltes Wasser langsam auf eine eng begrenzte Körperzone getropft. Die Stirn wurde als die geeignetste Stelle dieser Art von Folter erachtet: die Gefangenen konnten jeden Tropfen auf sich zukommen sehen und wurden nach und nach in den Wahnsinn getrieben.

Eine Alternative war es, einen kontinuierlichen Strahl Wassers aus einer gewissen Höhe auf die Stirn des Opfers zu richten. Ähnlich war die Behandlung, die in amerikanischen Gefängnissen im 19. Jahrhundert ersonnen worden war: Ein unbequemer Sträfling wurde in eine Duschzelle unter Berieselung mit eiskaltem Wasser gesperrt. Derartige Bestrafung konnte sich als tödlich erweisen – im Jahr 1858 wurde jede Art von Wasserfolter in amerikanischen Gefängnissen verboten.

Die Wasserfolter. Ein Tuch wurde über Mund und Nasenlöcher des Opfers gelegt. Ein Wasserstrahl wurde hineingeleitet, der das Tuch bis auf die Kehle des Gefangenen drückte, sodass er außerstande war zu atmen.

Grausame Foltermethoden

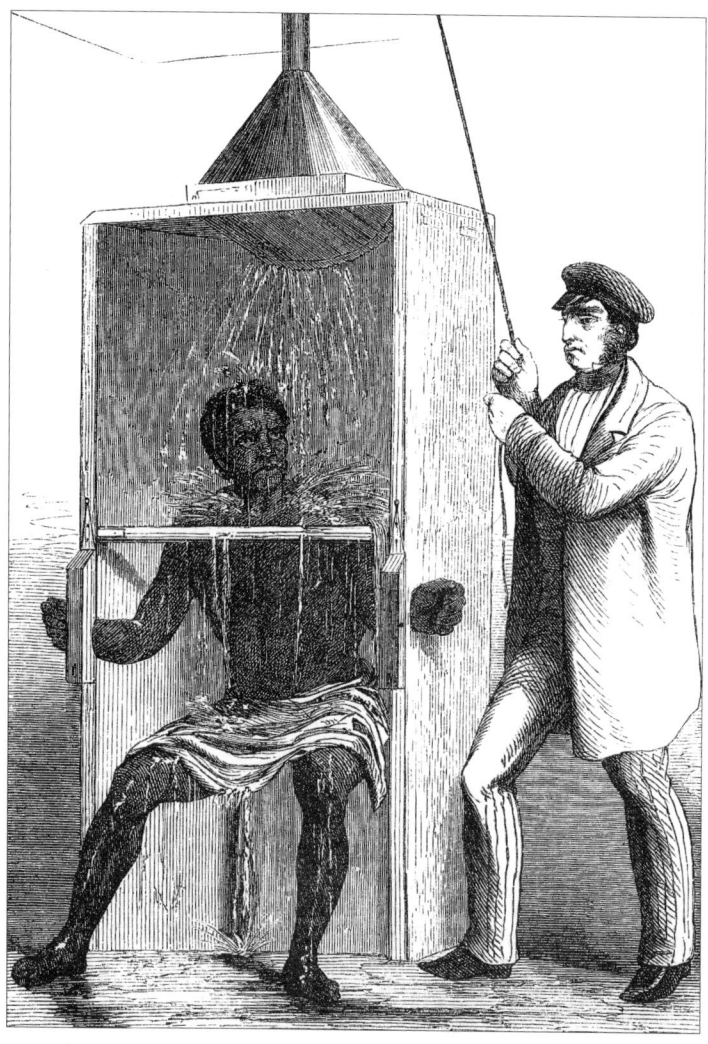

Eine in amerikanischen Gefängnissen während des 19. Jahrhunderts weitverbreitete Bestrafungsart. Ein unruhiger Gefangener wurde in eine Zelle gesperrt und einer eiskalten Wasserdusche ausgesetzt.

Im gegenwärtigen Jahrhundert haben Befragungen weitaus erfindungsreichere Foltermethoden zu Tage gebracht und setzten als einfaches Behelfsmittel, um das Opfer unterzutauchen, dieses in ein Bad mit eiskaltem Wasser (siehe Kapitel 11). Ein neuerlicher Fall wurde von einem Gefangenen in Paraguay berichtet: *In der Mitte des Raumes war ein gewöhnlicher Badezuber, ziemlich groß. Aus einem Loch in der Wand hing ein Plastikschlauch, aus dem Wasser floss, um das Bad zu füllen ... sie zwangen mich, niederzusitzen, auf den Grund der Wanne an ihrer tiefsten Stelle, nachdem sie zuerst meine Füße mit Riemen und meine Hände nach hinten gefesselt hatten ...*

Plötzlich packten sie mich an den Schultern und tauchten mich auf den Grund der Wanne. Ich hielt eine Weile den Atem an, während ich vergeblich versuchte, meinen Kopf aus dem Wasser zu heben, und etwas Luft zu bekommen. Ich brachte es fertig, meinen Kopf zu befreien, doch sie tauchten mich erneut unter, und als meine Befreiungsversuche gewaltig wurden, trampelten die schwergewichtigsten Mitglieder der Gruppe auf meinem Oberkörper herum. Ich konnte den Sauerstoffmangel nicht länger ertragen und begann, mir Wasser durch meinen Mund, durch Nase und Ohren einzuverleiben. Meine Ohren begannen zu dröhnen, als sich das Wasser seinen Weg hinein bahnte. Sie schienen wie ein Ballon anzuschwellen. Dann entstand ein starkes Rauschen, zuerst sehr laut, das bislang nicht ganz aufgehört hat, und das ich auch bei absoluter Stille höre. Je mehr Wasser ich schluckte, desto mehr nahmen meine Atembeschwerden zu, und sie alle drückten mich hinab auf den Grund der Wanne – meinen Kopf, meinen Nacken, meine Hände ... ich musste 8 bis 10 Liter Wasser geschluckt haben. Als sie mich herausnahmen und auf den Boden legten, trat einer von ihnen schwer auf meinen Magen; Wasser schoss mir aus Mund und Nase, spritzend wie der Strahl eines Gartenschlauchs.

Grausame Foltermethoden

In spanisch- und portugiesisch-sprachigen Ländern – den Philippinen, Bolivien, Uruguay, Brasilien, Paraguay und Mexiko – wird diese Behandlung von den Peinigern scherzend als „el submarino" bezeichnet. Über eine andere Technik wurde aus Mexiko berichtet. Bekannt unter der Bezeichnung *Tehuacanazo*, hat es seinen Namen von einer bekannten Mineralwassermarke; die sprudelnde Flüssigkeit wird in die Nasenlöcher des Opfers gepresst und manchmal mit Chilipulver vermischt.

Schließlich ist noch eine unmenschliche Bestrafung erwähnenswert, die in der Royal Navy fast zwei Jahrhunderte lang praktiziert wurde. Sie wird in einer Beschreibung aus dem Jahr 1634 wiedergegeben: *Das Untertauchen von der Großrahe aus geschieht dergestalt, dass der Übeltäter mit einem Seil unter den Armen, um seine Mitte und unter seinem Gesäß befestigt wird und solchermaßen am Ende der Stange aufgehängt, von wo er heftig in die See getaucht wird, manchmal zweimal, manchmal dreimal nacheinander; und wenn die Anklage sehr schlimm ist, wird er gar unter den Schiffskiel getaucht, was dann als Kielholen bezeichnet wird; während er auf diese Weise unter Wasser ist, wird aus einem großen Gewehr genau über seinen Kopf hinweggefeuert; was geschieht, um ihn zusätzlich zu erschrecken durch das daraus entstandene Getöse, das ihn stark beunruhigt und gleichzeitig den anderen Zuschauern als Warnung dient, sich in Acht zu nehmen und von seinen Vergehen Abstand zu nehmen.*

Der Tauchstuhl (siehe S. 137) war eine spezielle englische Form der Wasserfolter. Sie wurde üblicherweise zänkischen Frauen auferlegt.

Kapitel 5

Die Spanische Inquisition

Wenige legale Institutionen erwarben einen schlechteren Ruf oder entfachten mehr Furcht als die Inquisition in Spanien. Sie hat sich, im Vergleich zu derartigen Ereignissen fast überall im südlichen Europa, relativ spät entwickelt. Während der Kampf gegen Ketzerei in anderen Teilen Europas fast das ganze 13. Jahrhundert hindurch andauerte, hatten die Einwohner des christlichen Spaniens eine drückendere Sorge. Der Kampf gegen die maurische Besatzung war langanhaltend und schwer, und geeignet, ihren Glauben zu festigen. Erst als die Zurückeroberung der Halbinsel allmählich abgeschlossen war, erhob sich die Frage nach der Notwendigkeit einer religiösen Einheit innerhalb des Königreichs.

Zunächst sah man in den Juden das vorrangige Hindernis dieses Ziels. Unter maurischer Regierung waren sie toleriert worden: Gelehrte und Kaufleute, die über sieben Jahrhunderte hindurch an Anzahl und Einfluss zugenommen hatten. Und jetzt, im späten 14. Jahrhundert, begann Henry III. von Kastilien und Leon Druck auf die jüdische Gemeinde auszuüben: Sie hatten die Wahl zwischen der Taufe zum christlichen Glauben oder dem Tod.

Diejenigen, welche öffentlich vom Judentum konvertierten, doch häufig insgeheim ihre Religion weiter praktizierten, waren als Marranos bekannt – eine unglückliche Bezeichnung, die gemeinhin „Dreckschwein" bedeutete. Es wurde errechnet, dass es mehr als 100 000 von ihnen gab, und als Kastilien und Aragon im Jahr 1469 durch die Hochzeit von Ferdinand und Isabella (die „Katholischen Könige") vereinigt wurden, wurden diese Marranos zu einer Gefahr für den Glauben in Spanien erklärt, und so für die Sicherheit des Königreichs.

Im Jahr 1478 wurde Papst Sixtus IV. überredet, eine Urkunde zu signieren, welche die Katholischen Könige befugte, die Inquisitoren zu benennen, die sie einzusetzen wünschten. Das war als Allianz zwischen Staat und Kirche geplant, aber in Wirklichkeit entstand daraus eine Zunahme der alleinigen Macht des Thrones. Die frühesten spanischen Inquisitoren, die sich selbst in Sevilla ansiedelten, zeigten einen solchen Eifer in der Verfolgung der Ketzerei, dass der Papst zustimmte, diese zu zügeln; doch die spanische Regierung bemerkte nun, welch mächtige Waffe sie in Händen

LINKE SEITE: Eine Darstellung der Qualen aus dem 18. Jahrhundert. Gezeigt sind die von der Inquisition angeordneten Qualen, vom Wippgalgen, über die Anwendung von Feuer an den Fußsohlen, bis hin zur Wasserfolter. Der Hauptinquisitor sitzt im hinteren Teil des Raumes und ein Priester vor ihm schreibt die Antworten auf seine Fragen nieder.

Der Dominikanerpriester Tomás de Torquemada war der erste Oberinquisitor der Spanischen Inquisition, ernannt im Jahr 1483. Er betrieb eine Kampagne der Verfolgung gegen die Marranos: Juden, die zustimmten, Christen zu werden, und heimlich fortfuhren, ihre Religion zu praktizieren.

hatte, und Sixtus stellte fest, dass er unfähig war, sie zu beeinflussen. Im Jahr 1483 wurde er gezwungen, einem Beschluss des Inquisitionsgenerals für Leon und Kastilien zuzustimmen; Aragon, Valencia und Katalonien gerieten noch im selben Jahr unter die Kontrolle der Inquisition.

Die Hauptinquisitoren dieser fünf Königreiche wurden von einem Großinquisitor überwacht; er war durch die Regierung eingesetzt worden, und Rom wurde gezwungen ihm Bevollmächtigung zu erteilen. Mit Unterstützung seines Fünferrates hatte er die Macht, Stellvertreter zu ernennen und Berufungen anzuhören.

Der erste Großinquisitor war der Dominikanerpriester Tomás de Torquemada, „dessen Name zum Symbol der allerschlimmsten Aspekte der Spanischen Inquisition geriet, und ein Synonym für religiöse Bigotterie und grausamen Fanatismus wurde". Er wurde im August 1483 ernannt und hielt in Sevilla, Jaén, Córdoba, Ciudad Real und Zaragoza Tribunale ab. Im folgenden Jahr setzte er ein Dokument mit 28 Artikeln auf, als Richtlinie für die örtlichen Inquisitoren: Diese hatten nicht nur die Vergehen Ketzerei und Glaubensabtrünnigkeit zu verfolgen, sondern auch Hexerei, Bigamie, Blasphemie und Wucher und sie wurden ermächtigt, Folter zur Erlangung von Zeugenaussagen einzusetzen.

Man schrieb es Torquemada zu, durch Überredung Ferdinand und Isabella (deren Beichtvater er war), zur Veröffentlichung ihres Edikts vom 31. März 1492 gebracht zu haben, durch welches die spanischen Juden vor die Wahl gestellt wurden, zu konvertieren oder verbannt zu werden. Das Ergebnis davon war, dass mehr als 160 000 Juden Spanien verließen; die meisten von ihnen waren Sephardim-Juden, deren mittelalterliches Spanisch bis in moderne Zeiten hinein überdauerte. Jene, die zurückblieben und das Christentum annahmen, wurden „*conversos*" genannt. Obschon man für gewöhnlich glaubt, Christopher Columbus sei in Genua, in Italien, geboren, sprach er ausschließlich spanisch und nannte sich selbst Cristobal Colón; die Spanier beanspruchen ihn für sich und einige Historiker haben tatsächlich Hinweise darauf gefunden, dass er ein konvertierter Jude war.

Einige tausend *conversos* wurden dazu verdammt, auf dem Scheiterhaufen verbrannt zu werden, dafür, dass sie heimlich ihre wahre Religion praktizierten. Die komplette Familie des Philosophen Juan Luis Vives – Professor der

Humanistik in Louvain, später Doktor der Rechtswissenschaften in Corpus Christi, Oxford und Tutor der Tochter Heinrichs VIII., Maria – wurde auf diese Weise ausgerottet.

Eines der früheren Opfer von Torquemadas Kampagne war ein gewisser Benito García. Er war über 35 Jahre lang ein Bekenntnischrist gewesen und befand sich auf der Heimreise von einer Pilgerschaft zum Schrein des hl. Jakobus von Santiago de Compostela, als er im Juni 1490 verhaftet wurde. Ein geweihtes Siegel wurde in seinem Rucksack gefunden. Im Laufe von sechs Tagen Folter benannte er fünf *conversos* und zwei Juden als Komplizen eines Ritualmordes an einem Kind aus dem Dorf La Guardia. Er erklärte, dass sie das Herz des Kindes und das Siegel für eine Zauberformel benutzen wollten, die allen Christen den Tod bringen würde, und die Juden deren Vermögen erlangen ließe. Es wurde niemals über ein in La Guardia vermisstes Kind berichtet, aber Torquemada machte diese Behauptungen in der Öffentlichkeit so publik, dass bereits im Herbst des folgenden Jahres ein Kult um das heilige Kind von La Guardia begründet war.

Doch viele *conversos* überlebten und nahmen wirklich den römischen Katholizismus an und trugen zu ihrer Zeit Unermessliches zum religiösen und intellektuellen Leben Spaniens bei. Von einigen Heiligen – z. B. Teresa von Avila – wurde behauptet, dass sie aus *converso*-Familien kamen, ebenso wie es bei Diego Laínez, dem zweiten Ordensoberhaupt des Jesuitenordens der Fall war.

Um die Mitte des 16. Jahrhunderts, nach zwei Generationen von *conversos*, befasste sich die Inquisition nicht mehr länger hauptsächlich mit der Ausrottung der jüdischen Religion und richtete ihre Aufmerksamkeit auf die Zensur „ketzerischer" Veröffentlichungen und der Geltendmachung des „rechten" religiösen Glaubens unter Christen – sogar Ignatius Loyola, der Gründer des Jesuitenordens, wurde zweimal wegen Ketzerei belangt. Doch die Inquisition war als Werkzeug zur Verbreitung einer bösartigen Lehre, der *limpieza* (Reinheit) dienlich. Diese wurde anlässlich des Domkapitels von Toledo 1547 durch die Erzbischöfe auferlegt; ähnlich den späteren Rassengesetzen der Nazis, forderte sie von allen künftigen kirchlichen Angestellten, die Reinheit ihrer Abstammung zu prüfen, sie mussten frei von *converso*-Blut oder Ketzereianklage sein. Das Gesetz wurde im Jahr 1556 durch König Philip II. (Ehemann der Queen Mary) genehmigt, der erklärte, dass „all die Ketzereien in Deutschland, Frankreich und Spanien von Abkömmlingen der Juden gesät wurden". Ähnliche Gesetze wurden über Spanien hinaus angenommen, und gaben den Impuls, für weitere Nachforschungen zur jüdischen Abstammung.

Die spanischen Domänen umfassten zur damaligen Zeit die neu entdeckten Länder von Amerika und Sizilien, das Königreich von Neapel und die

Er sagte, sie hätten vor, das Herz des Kindes zu benutzen und die Hostie als Zaubermittel.

Unter schwarzen Kapuzen verborgen, die nur zwei Löcher für die Augen hatten, brachten der Exekutor und sein Helfer das unglückselige Opfer in die Folterkammer. Dort wurden ihm vor seiner ersten Befragung die Folterinstrumente gezeigt.

Niederlande, außerdem wurde 1580 Portugal Bestandteil Spaniens. All diese Territorien, mit Ausnahme von Neapel, dessen Einwohner sich vehement dagegen verwehrten, wurden Gegenstand der Spanischen Inquisition.

Im Jahr 1554 beschrieb der Richter J. Damhouder eine typische Folter durch grausame Methoden wie Aufhängen, angewandt in Brügge, in den Spanischen Niederlanden: *Das Opfer ist nackt ausgezogen und auf eine gerade Bank gelegt, seine Hände sind nach hinten gefesselt, sein Bauch an der Luft. Seine Genitalien sind mit einem Leinentuch bedeckt. Er ist auf die Bank gefesselt, unter seinen Armgruben und um die Körpermitte, um zu verhindern, dass er herunterfällt. Seine beiden großen Zehen sind an einen Strick gebunden, der den Körper durch die Kraft eines Rades, eines Stocks oder eines ähnlichen Instruments streckt. Später wird ein anderer Strick über den Knien rund um die Gelenke befestigt, der zusammengezogen werden kann, mehr oder weniger, im Ermessen des Richters ... Manchmal wird eine aus einem verknoteten Seil entstandene Schlinge, bekannt als paternoster, um Kopf und Stirne gebunden, mit zwei Stöcken oder Knochen befestigt, gemäß der Anweisung des Richters.*

Dann muss der Exekutor ein sauberes Tuch um die Augen des Leidenden befestigen, mit welchem gleichzeitig dessen Nasenlöcher verschlossen werden, schüttet eine Kanne Wasser über sein Zwerchfell, die Waden, die Zehen und anderswohin, und dann, wobei er ihn mittels eines kleinen Zügels zwingt, den Mund zu öffnen, schüttet er ihm kaltes Wasser hinein, bis er anschwillt zu einem

Grad, da der Richter und sein Konzil beschließen, dass er es gerade noch ohne äußerste Gefahr ertragen kann ...

Der gute Richter ist immer mitfühlend und muss dem Angeklagten seine Jugend oder sein Alter und seinen Gesundheitszustand anrechnen, um sicherzustellen, dass sein Dienst der eines guten Richters ist, und nicht der eines blutrünstigen Tyrannen. Er muss vorsichtig und vernünftig beginnen, dann rigoros und endlich unerbittlich, gemäß der Schwere des Vergehens und dem Grad der Beweislast gegen den Beklagten, und der Art seiner Antworten. Er muss vom Geschrei, vom Weinen, vom Seufzen oder von der Angst des Beklagten keine Notiz nehmen; und alles hat mit solcher Sorgfalt und Umsicht zu geschehen, dass der Beklagte weder zum Wahnsinn getrieben, noch verwundet, verletzt oder übertrieben beunruhigt wird ...

Entsprach dies der Einstellung eines „guten Richters", so können wir uns die Qualen derer vorstellen, welche in die Hände anderer, weniger gewissenhafter Inquisitoren gerieten. Und was konnte die Vermeidung „übertriebener Beunruhigung" schon bedeuten, wenn jeder Muskel im Körper des Angeklagten tatsächlich rechtmäßig auseinandergerissen wird?

Anders als die Gerichtshöfe der Dominikaner-Inquisitoren in Frankreich, Italien und Deutschland, wurden die Gerichte der Spanischen Inquisition eigens errichtet und oft handelte es sich dabei um prächtige Paläste. Beispielsweise in Portugal enthielt das Inquisitionshaus vier imposante Gerichtssäle, eine geräumige Anordnung von Wohnräumen für den Hauptinquisitor, und Zimmerfluchten rund um den Zentralgerichtshof, die von Mitgliedern des Gerichtshofes und anderen Persönlichkeiten bewohnt wurden, wenn diese den Wunsch hatten, die Exekutionen zu sehen.

Die Inquisitionsprozesse wurden geheim abgehalten, und dem Angeklagten wurde die Vertretung durch einen Anwalt oder das Recht, mit feindlichen Zeugen konfrontiert zu werden, verwehrt.

Wenn sie verurteilt wurden, wurde ihr Eigentum beschlagnahmt und zwischen der Inquisition, der Krone und deren Anklägern aufgeteilt. Der Terror, den so ein Prozess auslöste, war groß, auch ohne die schreckliche Bedrohung durch die unterirdische Folterkammer, wo der Exekutor wartete, von Kopf bis Fuß in schwarz gekleidet, sein Gesicht von einer schwarzen Kapuze verhüllt, die nur zwei Löcher für die Augen hatte.

In der *Geschichte der Inquisition* (1731), beschrieb Philip van Limborch, was dort als erstes geschah: *Das Entkleiden wird ohne Rücksicht auf Menschlichkeit oder Ehre vollzogen, nicht nur gegenüber Männern, sondern auch gegenüber Frauen und Jungfrauen, auch den tugendhaftesten und keuschesten, wie sie sie manchmal in ihren Gefängnissen haben. Denn sie zwingen sie, sich ausziehen zu lassen, sogar ihre Frauenhemden, und legen dann straffe Leinenschlüpfer an.*

Das erste Stadium der Folter bestand grundsätzlich aus der *squassation*, welche vergleichbar dem vierten Grad des Wippgalgens, beschrieben von

„er muss die Schreie, das Weinen, die Angst und den Schmerz des Angeklagten nicht zur Kenntnis nehmen"

Eine der primitivsten, dennoch überaus wirksamen Folterarten, die die Inquisition anwandte, war die Anwendung von Feuersglut an den Fußsohlen des Opfers.

Grillandus (siehe Kapitel 3), war: Mit dem Gesicht nach unten von einem Gerüst hängend, die Arme nach hinten zusammengebunden, wurde das Opfer in Zeitabständen durch einen plötzlichen Ruck herabgelassen, sodass nach und nach alle Gelenke verrenkt wurden. Frederic Shoberl zufolge ging es folgendermaßen weiter: *Wenn diese Folter nicht ausreichend war, ihn zu überführen, wurde die mit Wasser zusätzlich angewandt. Es wurde ihm auferlegt, eine Riesenmenge zu schlucken, und dann wurde er in einen hölzernen Trog gelegt, versehen mit einem Deckel, der zugedrückt werden konnte, soweit es den Operateuren gefiel. Quer über den Trog war eine Stange angebracht, auf welcher der Rücken des Opfers ruhte, und durch die sein Rückgrat gebrochen wurde.*

Die Folter mittels Feuer war genauso schmerzvoll. Ein sehr scharfes Feuer wurde entfacht, und den Gefangenen, die auf dem Boden ausgestreckt waren, wurden die Fußsohlen mit Schmalz oder sonstigem brennbarem Material eingerieben und sie wurden dicht an das Feuer gelegt, bis der Todeskampf ihnen ein Geständnis abrang, wie der Peiniger es verlangte.

Eine teuflische Weiterentwicklung dieser Methode war der „Spanische

Stuhl". Es handelte sich dabei um ein leichtes Eisengestell, in welches das Opfer gesetzt wurde, mit Riemen um den Hals, die Arme, die Oberschenkel, seine Füße in ein paar eiserne Fußblöcke gesteckt. Eine glühende Kohlenpfanne wurde dicht an die Füße gezogen, oder in die unmittelbare Nähe des Stuhls, damit die davon ausgehende Hitze nach und nach auf alle Teile des Stuhls übergreifen würde.

Wenn diese Methoden den Willen des Opfers nicht brechen konnten, gab es da immer noch das *potro*, die Folterbank. Diese konnte von unterschiedlicher Form sein und musste nicht immer das Strecken des Opfers nach sich ziehen (siehe Kapitel 8). Beispielsweise wurde im Jahr 1753 in Lissabon ein Engländer, John Coustos, mit den Oberschenkeln an der Folterbank befestigt, eine Kette um seinen Hals. Seile wurden dann um seine Arme und Beine geschlungen und durch Löcher im Gerüst nach und nach fester gezurrt, sodass sie ihm das Fleisch bis auf die Knochen einschneiden konnten.

In einem denkwürdigen Buch mit dem Titel *A Master Key to Popery* (Der Meisterschlüssel zum Pfaffentum), geschrieben im Jahr 1725 von Antonio Gavin, sind einige andere unmissverständlich unübliche und sadistische Foltermethoden beschrieben. Seinem Bericht entsprechend, wurden die Gefängnisse geöffnet, als französische Truppen die Stadt Aragon eroberten, und etwa vierhundert Gefangene wurden entlassen. „Unter ihnen waren 60 schöne junge Frauen, die einen Harem für die drei Oberinquisitoren bildeten." Eine von ihnen berichtete ihre Erfahrungen mit dem zweiten Inquisitor, Don Francisco Torregon, und sagte, was ihr von einer der weiblichen Dienerinnen gezeigt worden war: *Sie führte mich die Treppe hinab in einen großen Raum, mit einer dicken Eisentür, die sie öffnete. Darin war ein Ofen, in dem ein Feuer brannte, darauf eine große Bratpfanne, mit einem Deckel, der ein Schloss darauf hatte. Im nächsten Raum war ein großes Rad, beidseits mit dicken Brettern bedeckt, mit einem kleinen Fenster in der Mitte; Mary bat mich, mit einer Kerze hineinzusehen; da sah ich den ganzen Umkreis des Rades mit scharfen Rasiermessern bestückt, was mich schaudern ließ. Dann führte mich Mary zu einem Gefäß, das voller giftiger Tiere war.*

Angesichts meines unverhohlenen Entsetzens bei diesem Anblick sagte sie: „Nun, mein liebes Fräulein, erkläre ich Ihnen den Gebrauch dieser Gegenstände. Die Trockenpfanne ist für die Ketzer und jene, die dem Willen und der Freundlichkeit des hl. Vaters zuwiderlaufen; sie werden lebendig in die Pfanne gesetzt, vorher werden sie nackt ausgezogen; der Deckel wird zugesperrt, der Exekutor beginnt mit kleiner Flamme im Ofen, und nach und nach vermehrt er das Feuer, bis der Körper zu Asche zerfällt. Das Rad ist jenen vorbehalten, die sich gegen den Papst oder die hl. Väter der Inquisition aussprechen; sie werden durch die kleine Tür in diese Maschine gesteckt, die danach verriegelt wird, dann wird

„Unter ihnen waren 60 schöne junge Frauen, die einen Harem für die drei Hauptinquisitoren darzustellen schienen."

das Rad heftig gedreht, bis sie alle in Stücke geschnitten sind. Das Gefäß ist für jene, die die Abbilder verachten und kirchlichen Personen den gebührenden Respekt verweigern; eben diese werden in das Gefäß geworfen und werden so zum Futter der giftigen Tiere."

Dieser Bericht ist zweifelhaft: Die zusätzlichen Erfahrungen der jungen Gefangenen haben zuviel von der antikatholischen Fiktion dieser Zeit.

Überraschend ist, dass nicht alle Opfer ihre Peiniger durch Gestehen zufriedenstellten; Frauen scheinen besonders standhaft gewesen zu sein. Engracia Rodríguez, 60 Jahre alt, blieb hart, ungeachtet der Tatsache, dass man ihr einen Arm gebrochen und eine Zehe ausgerissen hatte. In Lissabon gestand Maria de Coceicao, eine junge Frau, auf der Folterbank, weigerte sich aber später, das Dokument, welches ihr Geständnis belegte, zu unterzeichnen. Erneut zur Folter gebracht, gestand sie wieder, weigerte sich aber nochmals zu unterschreiben, indem sie sagte: „Sobald ich von der Bank befreit bin, werde ich leugnen, was man von mir durch Schmerzen erpresste." Beim dritten Mal verweigerte sie auch nur eine Frage zu beantworten. Niedergeschlagen befahlen die Inquisitoren, dass sie öffentlich durch die Straßen gepeitscht, und danach für zehn Jahre verbannt werden solle.

Es waren wenige, die auf solche Art der Folter entgingen, und sie wagten nicht, Kritik an dem, was sie ertragen hatten, zu üben. Wie Dellon in seinem *Bericht über die Inquisition in Goa* (1788) darlegte: *Jene, die durch ihren starken Glauben solchermaßen dem Feuer entkamen, sind strengstens verpflichtet, nach ihrer Entlassung aus dem hl. Gefängnis, öffentlich zu erklären, dass sie dort mit viel Güte und Milde behandelt wurden, denn ihr Leben stand unter dem Schutz jener, mit denen sie es sich gerade verwirkt hatten. Denn wenn ein Mann, der selbst gestanden hatte, schuldig zu sein, es später vorziehen sollte, sich selbst nach seiner Entlassung loszusagen, würde er unverzüglich angeklagt, verhaftet und verbrannt als vorrangiger Akt des Glaubens und ohne jede Aussicht auf Pardon.*

Dieser „Akt des Glaubens" hieß auf portugiesisch der *auto-da-fé*, der Name unter dem er hauptsächlich bekannt ist. Es war eine Massenparade der überführten Opfer. Einige darunter waren über mehrere Jahre in Gefängnissen eingeschlossen, bis eine ausreichend große Anzahl vorhanden war, um in einer öffentlichen Zeremonie in der Mitte einer enthusiastischen Menschenmasse lebendig verbrannt zu werden. In dem Buch *Glaubensbekenntnisse der Welt* (1858) erzählt James Gardner den Augenzeugenbericht eines gewissen Mr. Dowlings: *Die Opfer, die in der Prozession gehen, tragen die* san benito, *die* coroza, *den Strick um den Hals und halten in ihren Händen eine gelbe Wachskerze. Die* san benito *ist eine Büßerkutte, ein Übergewand aus gelbem Tuch, das bis zum Knie reicht und sie ist mit dem Bild der Person, die sie trägt bemalt, wie sie in den Flammen brennt, umgeben von Gestalten, wie etwa Drachen*

> *„Die Gefangenen, die lebendig zu verbrennen waren, hatten einen Jesuiten an jeder Seite."*

und Teufeln, die dabei sind, das Feuer zu entfachen. Dieses Gewand weist darauf hin, dass sein Träger als unbekehrbarer Ketzer verbrannt werden muss.

Muss die betreffende Person lediglich Buße tun, dann ist auf der san benito lediglich ein Kreuz und keinerlei Malerei von Flammen. Wenn ein Reueloser kurz vor seiner Ausführung konvertiert ist, dann ist die san benito mit Flammen bemalt, die nach unten weisen; das nennt sich fuego resuelto und weist aus, dass der Träger nicht lebendig verbrannt werden darf, aber ihm das Vergnügen zu Teil wird, stranguliert zu werden, ehe der Scheiterhaufen entzündet wird. Früher wurden diese Gewänder in den Kirchen als ewige Mahnmale der Schande ihrer Träger in den Kirchen aufgehängt, und auch als Trophäen der Inquisition.

Die coroza ist eine Papphaube, 90 cm hoch, spitz zusammenlaufend. Darauf sind ebenfalls Kreuze, Flammen und Teufel gemalt. In Spanisch Amerika war es der Brauch, lange gedrehte Schwänze zu diesen corozas zu tragen. Einige Opfer haben Knebel im Mund, wovon man eine Anzahl bereithält, für den Fall, dass die Opfer, während sie in der Öffentlichkeit entlangmarschieren, unverschämt werden, das Gericht beleidigen, oder versuchen, irgendwelche Geheimnisse zu verraten.

Das Inquisitionsbanner der portugiesischen Kolonie von Goa, Indien. Das dortige Gefängnis wurde von Torres de Castilla als „das dreckigste, dunkelste und schrecklichste, das denkbar ist und wo hinein die Strahlen der Sonne niemals gelangen", beschrieben.

Diejenigen Gefangenen, die lebendig zu braten sind, haben an jeder Seite einen Jesuiten, der unablässig auf sie einpredigt, damit sie ihren Ketzereien abschwören, und wenn einer versucht, ein Wort zur Verteidigung der Lehren, derenthalben er in den Tod geht, zu sagen, wird er sofort geknebelt. „Ich sah, wie dies einem Gefangenen widerfuhr", sagt Dr. Geddes, „kurz nachdem er aus den Toren der Inquisition trat, und zur Sonne hochgeschaut hatte, die er zuvor jahrelang nicht gesehen hatte, und entzückt ausrief: ‚Wie ist es menschenmöglich, dieses prächtige Gestirn zu erblicken, und Ihn selbst, der es schuf, nicht?'"

Derselbe Dr. Geddes war Zeuge eines *auto-da-fé*, das im Jahr 1682 in Madrid stattfand: *Die Inquisitionsbeamten, begleitet von Trompeten, Kesselpauken und mit ihrem Banner, marschierten am 30. Mai im Reiterzug zum Platz des*

Die Spanische Inquisition

großen Karrees, wo sie durch Proklamation verkündeten, dass am 30. Juni die Bestrafung der Gefangenen zur Ausführung kommen würde. Es gab Jahre zuvor kein vergleichbares Spektakel in Madrid, weswegen es von den Einwohnern mit derartiger Ungeduld erwartet wurde, wie ein Tag von größter Feierlichkeit und Triumph.

Als der angekündigte Tag gekommen war ... erschienen die Leute, so prächtig gewandet, wie ihre Lebensumstände es nur irgend gestatteten. Auf dem großen Karree war ein hohes Schafott aufgestellt; und ab sieben Uhr früh wurden Kriminelle beiderlei Geschlechts gebracht; die gesamte Inquisition des Königreichs sandte ihre Gefangenen nach Madrid.

Zwanzig Frauen und Männer unter diesen Gefangenen, mit einem abtrünnigen Mohammedaner, wurden zur Verbrennung verurteilt; 50 Juden und Jüdinnen, die nie zuvor eingesperrt waren und ihre Vergehen bereuten, wurden zu einer langen Gefängnisstrafe verurteilt und mussten die gelbe Kappe tragen; und zehn andere, beschuldigt der Bigamie, Hexerei oder anderer Vergehen, wurden zum Auspeitschen verurteilt und dann auf die Galeeren geschickt; diese letzteren trugen hohe Papphüte mit Inschriften darauf, sie trugen einen Strick um den Hals und Fackeln in Händen. Anlässlich dieses traurigen Ereignisses war die gesamte Gerichtsbarkeit Spaniens zugegen. Der Stuhl des Großinquisitors war wie bei

Ein typisches auto-da-fé. *Die Gefangenen sind in eine Art Büßerkutte, die* san benito, *mit einer hohen Pappmütze, der* coroza, *auf dem Kopf, gekleidet. Neben jedem von ihnen predigt ein Jesuit, der Ketzerei abzuschwören.*

Gericht weit von dem des Königs aufgestellt worden. Die Rolle der Adeligen hier kam der eines Polizeibeamten in England gleich, sie verhandelten Verbrechen, die zum Tode durch Verbrennen führten ... der Rest der Verfahren wurde von Angehörigen der Inquisition geleitet.

Auf dem Inquisitionsplatz wurden so viele Stangen aufgestellt, wie Gefangene verbrannt werden mussten, eine große Menge trockenen Ginsters darunter aufgehäuft. Die Stangen der Protestanten, oder wie die Inquisitoren sie nannten, der Bekenntnischristen, sind etwa dreieinhalb Meter hoch und haben jeweils ein schmales Brett, worauf der Gefangene gesetzt wird, etwa 45 cm von der Spitze entfernt.

Die Bekenntnischristen steigen dann zwischen zwei Priestern, die sie den ganzen Hinrichtungstag über begleiten, eine Leiter hinauf. Wenn sie die Höhe des besagten Brettes erreichen, wenden sie sich hin zum Volke und die Priester verbringen annähernd eine Viertelstunde damit zu, ihnen zuzureden, sich mit dem Bistum von Rom auszusöhnen. Auf ihre Weigerung hin steigen die Priester hinab und der Henker steigt hinauf, dreht die Bekenntnischristen von der Leiter weg hin zum Sitz, befestigt ihre Körper fest an den Stangen und verlässt sie. Dann steigen die Priester ein weiteres Mal hoch um ihre Ermahnungen fortzusetzen; wenn sie erfolglos bleiben, sagen sie ihnen für gewöhnlich beim Weggehen, dass "sie sie dem Teufel überlassen, der schon an den Ellbogen bereitsteht, ihre Seelen in Empfang zu nehmen, und sie mit sich in die Flammen des Höllenfeuers zu nehmen, sobald sie ihren Körpern entwichen sind."

Ein allgemeines Schimpfen erhebt sich sodann, und wenn die Priester die Leiter herabkommen, stoßen die Umstehenden brennende Fackeln, die an langen Stangen befestigt sind, gegen die Gesichter der Protestanten. Diese Barbarei wurde so lange fortgesetzt, bis ihre Gesichter verbrannt waren, was von lautem Beifall begleitet wurde. Dann wurden die Fackeln in Brand gesteckt und die Verbrecher vernichtet.

Es war wirklich erstaunlich, mit welcher Furchtlosigkeit die 21 Männer und Frauen den schauderhaften Tod erlitten; einige starben mit völlig furchtloser Standhaftigkeit; und alle von ihnen ergaben sich ihrem Schicksal mit solcher Entschlossenheit, dass viele der erstaunten Zuschauer sich beschweren, weil solch tapfere Seelen nicht stärker entzündet worden seien. Der Platz des Königs nah bei den Verbrechern übertrug deren Todesgestöhne gut hörbar zu ihm; er konnte sich jedenfalls dieser schrecklichen Szene nicht entziehen, zumal sie als religiös bewertet wurde, und sein Krönungseid verpflichtet ihn, alle Handlungen des Tribunals durch seine Anwesenheit zu sanktionieren.

Historiker bezweifeln die Anzahl der auf dem Scheiterhaufen verbrannten Opfer. Llorente – der einige Jahre lang angeblich Schriftführer der Inquisition war – schätzte, dass zwischen 1481 und 1517 mindestens 13 000 lebendig verbrannt wurden, 8700 im Bilde verbrannt wurden (was bedeutete, dass sie zuvor im Gefängnis stranguliert worden waren), und 17 000 zu verschiedenen Strafen verurteilt wurden. Er errechnete ferner, dass von 1481 bis

„Verblüffend war die Furchtlosigkeit, mit der die Männer und Frauen in den schrecklichen Tod gingen."

Die Spanische Inquisition

Ein riesiges auto-da-fé in Gegenwart eines königlichen Publikums auf der Plaza Mayor in Madrid. Inquisitionsgefangene aus allen Teilen Spaniens wurden herbeigebracht, um hier ihre Bestrafung zu erfahren, und Schwärme prächtig gekleideter Leute und Adlige waren zugegen, da das ganze als Höhepunkt gesellschaftlicher Unterhaltung angesehen wurde.

1808 insgesamt 341 021 allein in Spanien zum Tode verurteilt wurden. Andere Behörden halten diese Zahlen für maßlos übertrieben, so sehr, dass Torquemada, der Großinquisitor von 1483 bis 1498 war, „einer groben Schätzung nach" nicht mehr als 2000 Todesfällen beschuldigt wurde.

Dennoch existieren Aufzeichnungen, dass die strengen Urteile, die über viele Bedauernswerte verhängt wurden, häufig wegen Bagatelldelikten zustande kamen. Rochus, ein Holzschnitzer aus San Lucar, wurde für die Verunstaltung eines Bildnisses der Jungfrau Maria lieber verbrannt, als dass man dieses zum Sonderpreis verkauft hätte, wie einer der Inquisitoren vorschlug. Ein Protestant namens Juan Léon, der versuchte, mit einigen Begleitern zusammen nach England zu fliehen, wurde gefoltert und verbrannt. Ein anderer Protestant, der hervorragende Arzt Cristofero Losada wurde aufgehängt und verbrannt, ebenso wie ein Kalligraph aus Toledo, der die Wände eines Zimmers in seinem Haus mit den zehn Geboten verzierte.

Eine Engländerin, die mit einem Portugiesen namens Vasconcellos in Madeira verheiratet war, wurde im Jahr 1704 der Ketzerei beschuldigt und der Inquisition nach Lissabon überstellt. Dort wurde sie über neun Monate gefangen gehalten; sie wurde mehrfach ausgepeitscht, um sie zu einem Geständnis zu überreden und ihre Brust wurde an drei Stellen gebrandmarkt. Schließlich wurde sie in die Folterkammer gesteckt und auf den Spanischen Stuhl gefesselt; ein Fußblock, der im Feuer erhitzt worden war, bis er rotglühend war, wurde ihr an den linken Fuß geschoben. Das Fleisch verbrannte bis auf die Knochen und sie wurde ohnmächtig. Als sie zu sich kam, wurde sie erneut ausgepeitscht, bis ihr ganzer Rücken zu einer blutigen Masse geriet, danach wurde sie mit dem Fußblock am anderen Fuß gequält. Es überrascht nicht, dass sie gestand.

Jane Bohorquia aus Sevilla wurde wegen einer Diskussion über Protestantismus mit einem Freund gefoltert. Sie war zu der Zeit schwanger und starb eine Woche später. Die Inquisition berichtete: „Jane Bohorquia wurde im Gefängnis tot aufgefunden; danach, aufgrund der Überprüfung ihrer Verfolgung, entdeckte die Inquisition, dass sie unschuldig war. Deshalb soll bekannt werden, dass sie nicht weiter verfolgt wird …

Im Jahr 1714 wurde ein Engländer, Isaac Martin, in Malaga festgenommen wegen des Verdachts, ein Jude zu sein. Er wurde der Inquisition in Granada vorgeführt, und mit den Worten ins Gefängnis geworfen: „Du musst hier eine großartige Stille wahrnehmen, so als seist du tot; du darfst nicht sprechen, nicht pfeifen, nicht singen, noch irgendein Geräusch verursachen, das man hören könnte; und wenn du irgend jemanden weinen, oder Geräusche machen hörst, musst du still sein und nichts sagen, unter Androhung von 200 Hieben." Nach langer Gefangenschaft wurde er gewahr, was seine Bestrafung bedeuten sollte: *Am nächsten Morgen, etwa gegen zehn Uhr, wurde ich eine Treppe hinabgeführt, der Exekutor trat ein mit Seilen und einer Zuchtrute. Er bat mich, meinen Mantel, die Weste, die Perücke und die Krawatte abzulegen. Als ich dabei war, mein Hemd auszuziehen, bat er mich, das sein zu lassen, er würde das erledigen. Er zog meinen Körper durch den Kragen und band ihn mir um die Taille. Dann nahm er ein Seil und band meine Hände zusammen, legte ein anderes um meinen Hals und führte mich hinaus in die Inquisition, wo zahlreiche Menschenmassen warteten, einen englischen Ketzer zu sehen.*

Kaum war ich draußen, verlas ein Priester mein Strafmaß an der Tür wie folgt: „Es wurde von den hl. Inquisitionsbeamten der Befehl erteilt, dem Isaac Martin 200 Hiebe durch die öffentlichen Straßen zu verabreichen. Er ist Mitglied der Kirche von England, ein Protestant, ein Ketzer, respektlos gegenüber der Hostie und dem Bildnis der Mutter Maria, und so lasst ihn uns bestrafen." ... *Nachdem das Strafmaß verlesen war, hob mich der Exekutor auf einen Esel und führte mich durch die Straßen, wo die jauchzenden Leute ausriefen:* „Ein englischer Ketzer! Schaut Euch den englischen Ketzer an, der kein Christ ist", *während sie mich bewarfen. Der Stadtschreier ging vor mir her, laut die Strafe wiederholend, die an der Tür der Inquisition verlesen worden war, der Exekutor peitschte mich, als ich*

Jane Bohorquia aus Sevilla wurde auf die Streckbank gebracht. Sie war damals schwanger und starb eine Woche später.

> *"Von der Gefangenschaft an, lassen wir jeden Mann allein in seinem gelben Mantel mit dem Strick um den Hals."*

entlang ging und eine große Menschenmenge auf Pferderücken, in zeremonieller Bekleidung, folgte mit Amtsstäben und Hellebarden.

Die Inquisition handelte ohne Ansehen der Person. Eines ihrer Opfer war kein geringerer als Carlos, der älteste Sohn Philips II. und Thronanwärter. Angeblich war Carlos schockiert über die Praktiken der Inquisition und kritisierte diese Aktivitäten in privater Konversation. Unweigerlich berichteten ein paar neidische Personen darüber, und Carlos wurde verhaftet. Sein Vater machte sich nicht die Mühe, ihn zu retten, und er wurde der Ketzerei für schuldig befunden und zum Tode verurteilt; doch aufgrund seines Standes wurde ihm gestattet, die Art und Weise seiner Hinrichtung frei zu wählen. Er entschied sich im Jahr 1568 dafür, eine Vene geöffnet zu bekommen, und so im Alter von 23 Jahren zu verbluten.

In Spanisch Amerika, wo die Inquisition bis 1569 nicht etabliert war, gab es weniger Verurteilungen wegen Ketzerei. In Mexiko waren englische Seeleute die ersten Opfer der Inquisition, Mitglieder der Expedition John Hawkins von 1567–1569, die nach dem Verlust der meisten ihrer Schiffe gebeten worden waren, an Land zu kommen. Sie wurden gefangen genommen und als Hausklaven benutzt; doch im Jahr 1574 war Pedro Moya de Contreras als Inquisitor eingesetzt und die Engländer wurden zusammengetrieben und in die Hauptstadt gebracht. Dort wurden sie gefoltert und verurteilt: *Nachdem sie aus unserem eigenen Mund genug erfahren hatten, um gegen uns zu urteilen, ließen sie auf der Mitte des Marktplatzes von Mexiko, genau gegenüber der Kirche ein großes Schafott errichten.*

14 oder 15 Tage vor der Verurteilung, unter Trompetenklängen und dem Geräusch ihrer atta-balies, die eine Art von Trommeln waren, versammelten sie die Leute aus allen Stadtteilen; denen gegenüber wurde dann feierlich angekündigt, dass wer auch immer sich an diesem Tag zum Marktplatz begebe, der solle das Urteil der heiligen Inquisition gegen die englischen Ketzer hören und auch deren Exekution beiwohnen. Nachdem die Zeit des grausamen Urteils genaht war, kamen sie zum Gefängnis, wo wir mit einigen Beamten dieses heiligen höllischen Hauses waren; sie brachten bestimmte Narrenmäntel mit, die sie für uns vorbereitet hatten, in ihrer Sprache san benitos genannt; diese Mäntel waren aus gelber Wolle genäht und vorne und hinten mit roten Kreuzen besetzt ...

So verließen wir etwa gegen acht Uhr früh morgens das Gefängnis, jeder Mann alleine in seinem gelben Mantel, einen Strick um den Hals gebunden und eine große grüne Wachskerze in der Hand, die nicht entzündet war; jeweils einen Spanier, der Anweisung hatte, uns zu begleiten, zu jeder Seite von uns. So marschierten wir in dieser Anordnung zum Schafott auf dem Marktplatz, das einen Böllerschuss von den Umstehenden entfernt war. Wir fanden eine Riesenansammlung von Menschen entlang des gesamten Weges, und ein solches Gedränge, dass einige berittene Beamte ausgeschickt wurden, uns einen Weg zu bahnen; und so am

Schafott angekommen, gingen wir einige Stufen hinauf, und fanden Sitze, eigens hergestellt und vorbereitet für uns, darauf zu sitzen, jeder Mann, damit er aufgerufen werde, sein Urteil entgegenzunehmen. Daraufhin setzten wir uns nieder, wie geheißen. Augenblicklich kamen die Inquisitoren ein paar andere Stufen empor, und der Vizekönig und all die leitenden Richter mit ihnen. Nachdem sie sich gesetzt hatten unter dem Staatsbanner, entsprechend ihres Ranges und Namens, kam auch noch eine große Anzahl von Fratres, in Weiß, Schwarz und Grau gekleidet, etwa 300 Personen, die sich auf den ihnen zugeordneten Plätzen niederließen. Dann war da ein feierliches „Hört", und es wurde Ruhe befohlen; und dann begann unverzüglich ihr strenger und grausamer Prozess.

Der erste Mann, der aufgerufen wurde, war ein gewisser Roger, der Hauptwaffenmeister der Jesus (des Schiffes), sein Urteil lautete auf 300 Hiebe auf dem Pferderücken, und danach wurde er für 10 Jahre auf die Galeeren verbannt.

Nach ihm wurden John Gray, John Browne, John Rider, John Moon, James Collier und ein Thomas Browne aufgerufen; sie wurden verurteilt, 200 Hiebe auf dem Pferderücken zu erhalten, und danach acht Jahre auf der Galeere zu dienen. Dann wurde John Keyes aufgerufen, und er wurde verurteilt, 100 Hiebe auf dem Pferderücken zu erhalten und man erlegte ihm auf, auf den Galeeren für 6 Jahre zu dienen.

Dann wurden die Namen von 53 weiteren einzeln aufgerufen, einer nach dem anderen, und jeder Mann hatte sein gesondertes Urteil, einige waren zu 200 Hieben auf dem Pferderücken verurteilt, andere zu 100 und zusätzlich wurden sie als Sklaven auf die Galeeren verbannt, manche für 6 Jahre, manche für 8 und manche für 10. Schließlich wurde ich, Miles

Don Carlos, der älteste Sohn Philips II. Er wurde durch die Inquisition der Ketzerei für schuldig befunden, doch es wurde ihm zugestanden, die Art seiner Hinrichtung frei zu wählen. Er verblutete im Alter von 23 Jahren im Jahr 1568.

Philips, aufgerufen, und ich wurde dazu verurteilt, fünf Jahre in einem Mönchskloster zu dienen, ohne irgendwelche Hiebe, doch musste ich die ganzen fünf Jahre den Narrenmantel, oder san benito tragen. Dann wurden John Story, Richard Williams, David Alexander, Robert Cooke, Paul Horsewell und Thomas Hull aufgerufen: alle sechs wurden verurteilt, in Mönchsklöstern zu dienen, manche für drei Jahre, manche für vier, ohne Hiebe ...

Nachdem das alles geschehen war und es nun auf die Nacht zuging wurden George Rively, Peter Momfry und Cornelius der Ire aufgerufen, und ihr Urteil war, zu Asche verbrannt zu werden, und sie wurden auf der Stelle zum Hinrichtungsort auf dem Marktplatz geschickt ... und rasch angezündet und vernichtet. Was uns betraf, 68 an der Zahl, die da ihr Urteil erhalten hatten, so wurden wir in der Nacht zurück ins Gefängnis gebracht ...

Nachdem dann die Zeit ausgestanden war, für die wir verurteilt waren, in diesen religiösen Häusern zu dienen, wurden wir wiederum zum Großinquisitor gebracht und hatten alle sämtlich unsere Narrenmäntel abgelegt und in der Hauptkirche aufgehängt ... mit dem Namen eines jeden Mannes und dem Urteil darauf geschrieben, mit dem Zusatz „Ein bekehrter lutheranischer Ketzer". Dort

Einige Gefangene des auto-da-fe wurden zum Auspeitschen verurteilt oder auf Galeeren geschickt, doch die abgehärteteren Ketzer wurden am Schluss der Zeremonie verbrannt.

waren auch all die Mäntel derer aufgehängt, die auf die Galeeren verbannt waren, und unter ihrem Mantel „Ein bekehrter lutheranischer Ketzer" und außerdem die Mäntel und Namen jener drei, die verbrannt worden waren, worauf geschrieben stand „Ein starrsinniger verbrannter Lutheraner".

Insgesamt wurde errechnet, wurden in 277 Jahren der Inquisition in Mexiko 41 als rückfällig gewordene Ketzer verbrannt, und 99 wurden im Bilde verbrannt. Das *auto-da-fé* von 1659 war eines der größten: von 23 Männern und sechs Frauen wurden sieben verbrannt, fünf wegen Ketzerei und zwei für Judaismus; die anderen wurden so unterschiedlicher Vergehen wie Blasphemie, Bigamie, Fälschung, Meineid und Hexerei überführt.

In Peru hielt die Inquisition 29 *auto-da-fés* ab, erstmals im Jahr 1581 und das letzte im Jahr 1776. Insgesamt wurden 59 Ketzer dem Scheiterhaufen überstellt. In den portugiesischen Territorien Brasiliens war die Inquisition nicht etabliert, aber reisende Beauftragte wurden ab 1591 regelmäßig dorthin gesandt. Diejenigen, die inhaftiert waren, wurden zur Gerichtsverhandlung nach Lissabon gesandt; in Brasilien wurde kein *auto-da-fé* abgehalten. Es wurde errechnet, dass zwischen 1591 und 1763 in Brasilien rund 400 Juden nach Portugal verschifft wurden: 18 wurden zum Tode verurteilt, doch nur einer von ihnen, Isaac de Castro, wurde lebendig verbrannt (im Jahr 1647), die anderen wurden garottiert und „im Bilde verbrannt".

Wesentlich strenger war die Inquisition in Goa, wo mehr Hindus als Juden inhaftiert waren. Der Portugiese Torres de Castilla beschrieb ihre Gefangenschaft so: *... das schmutzigste, dunkelste und allerschrecklichste, was denkbar ist, wohin die Sonnenstrahlen niemals durchdringen können. Wie schädlich die Atemluft war, kann man sich am ehesten vorstellen, wenn man weiß, dass in der Mitte des Raumes, wo die Gefangenen eingeschlossen waren, ein trockener Schacht ist, der stets unbedeckt als Toilette benutzt wird, für deren Ausdünstungen es keinen anderen Abzug gibt, als eine kleine Öffnung. Diese Gefangenen leben in einer Gemeinschaftstoilette.*

Über drei Jahrhunderte lang war die Inquisition in Spanien und Portugal und deren Übersee-Territorien aktiv. In Spanien wurde sie durch Joseph Bonaparte im Jahr 1808 aufgehoben, wieder eingeführt im Jahr 1814, erneut aufgehoben im Jahr 1820, erneut eingeführt im Jahr 1823, und endgültig aufgehoben im Jahr 1834. Öffentliche *auto-da-fé's* wurden in Portugal im Jahr 1771 verboten, und die Inquisition wurde im Jahr 1820 aufgehoben. Eine Ära des Terrors, war – endlich – zu Ende gegangen.

Andere wurden so unterschiedlicher Delikte wie Blasphemie, Bigamie, Fälschung, Meineid oder Hexerei überführt.

Kapitel 6
Folter in England und in den Kolonien

Es ist ein allgemeiner Trugschluss, dass in England Folter verboten gewesen sei. Tatsächlich wurde ihre Anwendung geächtet und schon eher deswegen unterlassen: Englisches Recht entwickelte sich als eine Kombination aus gewöhnlichem Recht – das als gesetzesmäßige Praxis aufgefasst wurde – und speziellen königlichen Verordnungen; und, wenn schon keine dieser beiden Versionen Folter jemals legalisiert hatte, blieb ihre Anwendung ungesetzlich.

Die berüchtigtste Tortur war das *peine forte et dure*, oder „Plattpressen", das bis ins späte 18. Jahrhundert hinein angewandt wurde. Wenn ein Angeklagter zum Gericht gebracht wurde, forderte das Gesetz von ihm, sich „schuldig" oder „nicht schuldig" zu bekennen, noch ehe der Fall angehört wurde. Doch manche Personen, die kapitaler Verbrechen angeklagt waren, führten sich vor Augen, dass im Falle eines Schuldspruchs ihr gesamter Besitz beschlagnahmt werden und ihre Frauen und Familien mittellos verbleiben würden, und verweigerten ein Bekenntnis.

In seiner *Betrachtung von London* (1720) gab John Stow diese Beschreibung: *Der Verbrecher wird in das Gefängnis, aus dem er kam, zurücküberstellt, und dort in einen dunklen Raum, völlig nackt, mit Ausnahme seiner Genitalien, rücklings auf den blanken Grund gelegt und mit Stricken an verschiedenen Teilen des Raumes befestigt; dann wird auf seinen Körper Eisen, Stein oder Blei gelegt, soviel er tragen kann; am nächsten Tag erhält er drei Bissen trockenen Brotes, ohne etwas zu trinken; und am dritten Tag soll er etwas aus der Wasserkanne zu trinken bekommen, zusammen mit etwas Brot. Diese Methode ist mit Strenge so lange anzuwenden, bis er tot ist.*

Mit dieser Methode konnte das Opfer häufig erfolgreich dazu überredet werden, sich zu bekennen und vor Gericht zu verantworten. Zum Beispiel im Jahr 1726 hielt ein Mörder, der in Kingston vor ein Geschworenengericht gestellt worden war, ein Gewicht von 204 kg über nahezu zwei Stunden aus, ehe er bettelte, entlassen zu werden; er gestand, wurde schuldig befunden, und gehängt.

Tatsächlich handelte es sich bei der *peine forte et dure* jedoch um die eigentliche Bestrafung. Laut eines Gesetzes von Edward I. im Jahr 1275 bedeutete sie eigentlich „verschärfte Kerkerhaft"; aber 1406 wurde das zu Tode drücken mittels Gewichten zum Urteilsspruch. Ein typisches Beispiel

LINKE SEITE: *Die Behandlung von Sklaven in den britischen Kolonien war brutal. Viele wurden mit dem rotglühenden Eisen gebrandmarkt, um ihren Besitzer nachzuweisen, und sadistisches Auspeitschen war an der Tagesordnung.*

Die peine forte et dure: Ein brutaler Aspekt des englischen Rechtssystems, der über vier Jahrhunderte überdauerte. Jene, die sich weigerten, sich „schuldig" oder „nicht schuldig" zu bekennen, wurden verurteilt, zu Tode erdrückt zu werden.

stellt der Fall von Walter Calverley dar, einem Mann aus Yorkshire, der zwei Jahrhunderte später, am 10. August 1605, in York Castle erdrückt wurde: *In einem Moment der geistigen Umnachtung ... tötete er seine beiden Söhne ... versuchte, seine Frau zu töten ... und ritt davon um seinen Jüngsten, Henry, der andernorts in Pflege gegeben worden war, zu ermorden. Aber er wurde eingeholt, gefangen genommen und Sir John Savile und Sir Thomas Bland am 24. April 1605 (dem gleichen Tag, als seine Jungen zu Grabe getragen wurden und dem Tag nach den Morden) zum Verhör übergeben. Diese schickten ihn vorläufig nach Wakefield.*

Kurze Zeit darauf wurde er nach York Castle überführt, wo er für schuldig befunden und zum Tode verurteilt wurde ... Da er wieder zur Besinnung gekommen war, weigerte er sich, seine Schuld anzuerkennen (und weil er dies tat, bewies er seine Rückkehr zu gesundem Verstand) um seine Güter und Ländereien für seinen einzigen verbliebenen Sohn, Henry, zu retten, der lebte und dem diese zugute kommen sollten. Er wurde deshalb dazu verurteilt, die peine forte et dure zu erleiden, was bedeutet, zu Tode gedrückt zu werden.

J. Horsfall Turner, *Besserungsanstalt Wakefield* (1904)

Luke Owen Pike führt in *A History of Crime in England* (1873) an, dass es durchaus üblich war, den Tod zu beschleunigen, indem man ein spitzes Holzstück unter den Rücken des Delinquenten legte; dies war jedoch nicht immer erlaubt. Im Februar 1658 verweigerte Major George Strangeways, ein berühmter Soldat des Bürgerkriegs, das Schuldbekenntnis in einem Mordprozess: *Ihm wurde die übliche Gnade, nämlich ein Stück Holz unter den Rücken gelegt zu bekommen um dessen Eindringen zu beschleunigen, versagt, und die Gehilfen legten ihm ein erstes Gewicht auf. Da dieses für eine schnelle Exekution als zu leicht befunden wurde, beschwerten viele der Anwesenden seinen Körper mit ihrem eigenen Gewicht, um ihn von seiner Qual zu*

erlösen. In einem Zeitraum von höchstens acht bis zehn Minuten verließ die befreite Seele den gequälten Leib ...

Ein fürchterlicher Vorfall ereignete sich im Jahr 1735 am Gerichtshof von Nottingham, als es einem angeblichen Mörder, augenscheinlich von Geburt an taubstumm, nicht möglich war, seine Schuld zu bestreiten und er zu Tode gedrückt wurde. Die Richter waren der Meinung, dass der Angeklagte seine Stummheit nur vorgetäuscht hatte, die jedoch tatsächlich vorhanden war, wie man zu spät, als dass es dem Gefangenen genutzt hätte, entdeckte – so geschehen im Jahr 1740 in Irland.

Mathew Ryan war am Geschworenengericht von Kilkenny wegen Straßenraubs angeklagt. Eine bewegende Schilderung dieses Ereignisses wurde in The Percy Anecdotes (Vol. VIII, 1823) veröffentlicht: *Daraufhin verlangten die Richter von dem Gefangenen, auf Schuld oder Unschuld zu plädieren, aber dieser gab immer noch vor, gleichgültig gegen alles zu sein, was sie zu ihm sagten. Das Gesetz verlangte nun die peine forte et dure; aber die Richter hatten Mitleid und verschoben den Urteilsspruch auf unbestimmte Zeit – in der Hoffnung, dass er in der Zwischenzeit eine klarere Vorstellung von seiner Situation erlangen möge. Doch als er wieder vorgeführt wurde, fuhr der Verbrecher fort, das Schuldgeständnis zu verweigern, und das Gericht sprach schließlich das grauenvolle Urteil aus, welches besagte, dass er zu Tode gedrückt werden sollte. Dementsprechend wurde das Urteil an ihm zwei Tage später auf dem öffentlichen Marktplatz von Kilkenny vollstreckt. Als sich die Gewichte auf dem unglücklichen Mann mehrten, flehte er ernstlich darum, aufgehängt zu werden. Aber da es nicht mehr in der Macht des Sheriffs lag, von der Art der Bestrafung, die das Urteil vorschrieb, abzuweichen, war sogar das ein Zugeständnis, das ihm nicht mehr gewährt werden konnte.*

Auf Anordnung des Rates

Der Gebrauch von anderen Folterinstrumenten, besonders der Streckbank, war im bürgerlichen Gesetz nicht zulässig. Sie war auch in keiner anderen Verordnung verzeichnet, sodass erst eine spezielle Erlaubnis von der Krone erwirkt werden musste. Gewöhnlich geschah das durch eine Anweisung im Staatsrat, oder später durch die berüchtigte Star Chamber.

1310 erging zum Beispiel eine königliche Vollmacht, um die Folter an den gefangenen Templern zu berechtigen (vgl. Kapitel 3). Überdies stellte der *Treason Act* von 1351 schon fast eine Garantie für das königliche Einverständnis dar, sodass jeder gefoltert werden durfte, der im Verdacht der Verschwörung gegen den König stand. 1468, während der Rosenkriege, wurde der Lord Mayor von London, Sir Thomas Coke, aufgrund der Aussage eines einzigen Zeugen, der auf der Folterbank gestanden hatte, des Hochverrats für schuldig befunden.

Ein angeblicher Mörder, offensichtlich von Geburt an stocktaub und stumm, war nicht in der Lage sich zu bekennen.

> *„Er wurde an diesem Tag gestreckt vor der eigentlichen Folter, während der Folter, zwischen den Folteranwendungen und nach der Folter."*

Man glaubt, dass die Streckbank um 1420 durch den Duke of Exeter in England eingeführt wurde, der in dieser Zeit die Wachmannschaften des Towers befehligte. Über ihre Opfer wurde gesagt, sie würden „mit der Tochter des Duke of Exeter verheiratet werden".

Die Star Chamber wurde nach einem Raum im Westminsterpalast benannt, dessen Decke mit Sternen bemalt war. Dies war eigentlich der Versammlungsort des königlichen Rates, der sich Beschwerden anhörte und sich mit Angelegenheiten befasste, die außerhalb der Rechtssprechung gewöhnlicher Gerichte lag. Doch schon bald nach der Machtübernahme Heinrichs VIII. im Jahr 1509 begann dessen Kanzler Thomas (der spätere Kardinal) Wolsey, die Gerichtsbarkeit der Star Chamber als sein eigenes Instrument der Rechtssprechung zu gebrauchen, und sein Sekretär und Nachfolger Thomas Cromwell festigte die weitreichende Macht dieses Gerichts. Mit zwei ranghohen Richtern und Mitgliedern des Staatsrates in ihren Reihen, erfuhr die Star Chamber ihre aktivste Phase während der Regentschaft von Elizabeth I. Sie wurde immer eigenmächtiger in ihren Entscheidungen und war Hauptbefürworterin der Folter; sie blieb im Amt bis ein überwältigender Proteststurm zu ihrer Ablösung im Jahr 1640 führte.

Viele Schriftstücke aus dieser Zeit zeugen von der Akzeptanz der Folter im Staatsrat, besonders bezüglich der Anwendung der Streckbank. Hier einige Beispiele: *Am 9. Juni 1555 wurden Briefe an Lord North und andere (das heißt, auf Befehl von Königin Elizabeth an den Staatsrat) geschrieben, man solle doch derartig hartnäckige Personen, welche nicht gestehen wollten, der Folter überantworten, und sie dorthin zu ihrem eigenen Besten schicken; und ein Brief mit demselben Anliegen wurde an den Leutnant des Towers geschrieben.*

Am 28. Dezember 1566 wurde vom Staatsrat ein Brief des Inhalts an den ersten Kronanwalt und andere adressiert, dass diesen hiermit vorgeschlagen werde, Clement Fisher, derzeitig Gefangener im Tower, in Furcht vor der Folter zu versetzen. Sie werden ersucht, dass es nicht schaden könne, den besagten Fisher Bekanntschaft mit der Streckbank machen zu lassen, wodurch seine Verdorbenheit und was es sonst noch an ihm zu entdecken gab, für jedermann besser sichtbar werden könne.

Elizabeth konnte leicht davon überzeugt werden, dass Verrat in der Luft lag; sie fürchtete Mordanschläge spanischer Intriganten, verdächtigte jeden, der einen Anspruch auf die Thronfolge – wie minimal auch immer – anmelden könnte und war verzweifelt bemüht, die Church of England frei von jedem Einfluss Roms zu halten. Nicht nur Jesuitenpriester, die ins Land geschmuggelt worden waren, begriffen schnell und fürchteten sich immer mehr vor der Streckbank, da ihnen vorgeworfen wurde, sie wären spanische Spione. Edward Peacham, der Pfarrer von Hinton St. George in Somerset, hielt eine Predigt, die als verräterisch empfunden wurde. Er wurde in den

Ein Opfer, das „mit der Tochter des Dukes von Exeter verheiratet wird", der Folterbank. Man behauptete, sie sei durch den Duke of Exeter nach England importiert worden, der um das Jahr 1420 Konnetabel des Towers war.

Tower gebracht, wo der Leutnant berichtete: „… er wurde heute vor der Folter gestreckt, während der Folter, zwischen der Folter und nach der Folter". Sogar gewöhnliche Räuber sollten „zur Streckbank gebracht und des Schmerzes dort gewahr werden, wenn ihnen ihre Fragesteller dank ihrer Klugheit wohlgesonnen waren, damit die Wahrheit in der Angelegenheit besser zutage trete".

1571 unterschrieb die Königin eine Vollmacht an Sir Thomas Smith und Dr. Wilson, wodurch sie es ermöglichte, zwei Diener des Duke of Norfolk, Bannister und Baker, „auf die Streckbank legen zu lassen, um dort die richtige Sprache zu finden". Der Herzog selbst stand wegen seiner Intrige mit Maria Stuart, die einen rechtmäßigen Anspruch auf den englischen Thron hatte, vor Gericht. Sir Thomas Smith berichtete: *Ich denke, wir haben dieses Mal soviel als möglich herausbekommen; dennoch haben wir vor, morgen ein paar von ihnen zur Streckbank zu führen; nicht, weil wir hoffen, noch irgend etwas*

Eine Form von Folter, die im Gefängnis von Ely, Cambridgeshire, angewandt wurde. Der Gefangene wurde über eine Reihe von Eisenstangen gelegt und angekettet. Eine eiserne Halskette, die etwa 3 kg wog, und mit Nägeln von 30 cm Länge gespickt war, hielt ihn davon ab, seinen Kopf niederzulegen. Eine schwere Eisenstange wurde dann über seine Beine gelegt und an einem davon befestigt, sodass er sich nicht bewegen konnte.

von Wert, außer Schmerz oder Angst, zu erfahren, sondern weil es uns ernstlich befohlen wurde.

Später gab er bekannt, dass „mit Bannister auf der Streckbank und Barker in fürchterlicher Angst vor derselben, man sagen könne, alles herausbekommen zu haben".

Der offizielle Folterknecht in dieser Zeit hieß Thomas Norton, er rühmte sich damit, den Jesuiten Alexander Briant „einen guten Fuß länger, als Gott ihn geschaffen hatte" gestreckt zu haben. Am 27. März 1582 schrieb er folgendes an den Staatssekretär, Sir Thomas Walsingham: *Niemand wurde je zur Streckbank geführt, der nicht zuerst wegen eines gesicherten Beweises dem Rat als des Verrats schuldig bekannt war, sodass bereits von vorneherein ausgeschlossen werden konnte, dass kein Unschuldiger gefoltert wurde. Ebensowenig wurde jemand gefoltert um zu erfahren, ob er schuldig war oder nicht, außer zur Sicherheit der Königin, damit man die Art und Weise des Verrats erkannte und die Konplizen erfuhr.*

In der Tat wendete der Staatsrat die Folter aus ziemlich denselben Gründen und in gleicher Weise an wie die Inquisition. Und in den Aussagen von Lord Burghley (dem obersten Minister der Königin) im Jahr 1583 spiegeln sich die Schriften der Inquisitionsrichter nahezu identisch wider. *Die Diener der Königin, die Wachen [des Towers], deren Aufgabe und Obliegenschaft die Bedienung der Streckbank ist, wurden immer von denjenigen, die*

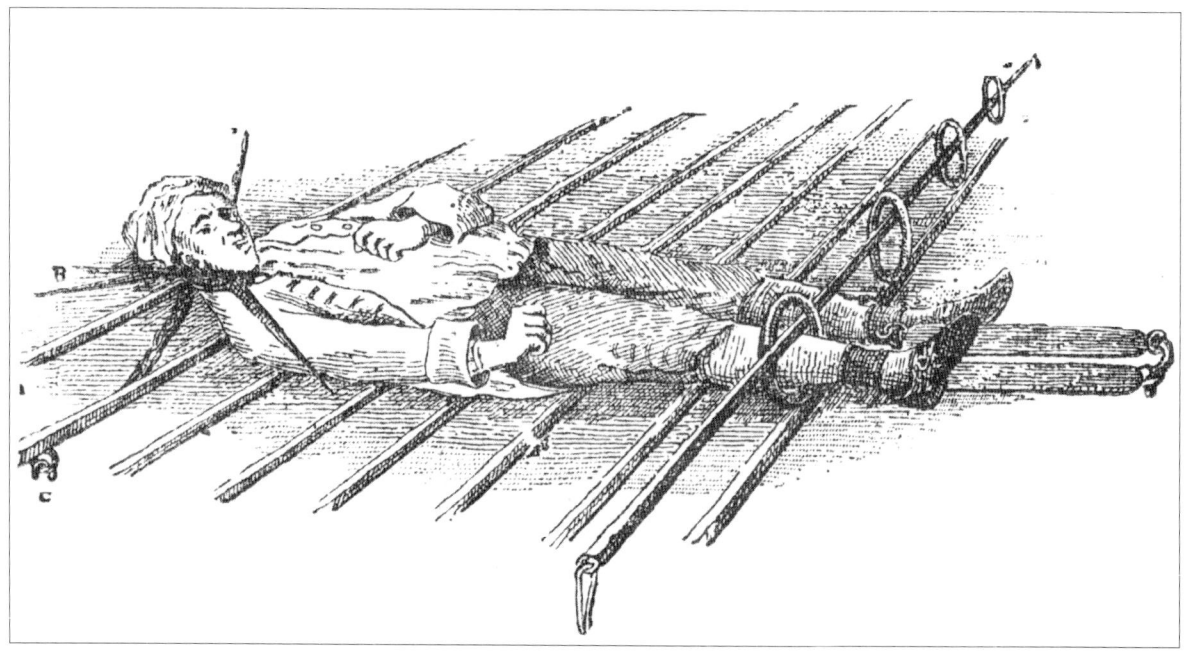

den Befragungen beiwohnten, eingehend belehrt, ihre Arbeit auf so wohltätige Weise zu verrichten, wie es dem Gerät entspräche.

Aber diejenigen, die auf der Streckbank gequält wurden, werden ihre Folterer wohl kaum als wohltätig in Erinnerung behalten haben. Einer von ihnen war Francis Throckmorton, ein Katholik, der 1583 in einen geheimen Plan zur Besetzung Englands und Befreiung Maria Stuarts verwickelt war. In seiner *History of England* stellte sich der Historiker J. A. Froude die Vorgänge im Tower von London vor: *Er wurde in einer düsteren Zelle, in der noch die Schreie der Jesuiten in der Luft lagen, befragt; ihm zur Seite nur die schrecklichen Instrumente und wortlosen Folterknechte, die nur darauf warteten, seine Glieder zu strecken, bis sie aus den Gelenken sprangen; seine Vorstellungskraft war vor Angst gelähmt und sein Geist verweigerte den Dienst. Er verstrickte sich in Widersprüche, änderte seine Geschichte und widersprach sich selbst in jedem seiner Sätze. Es wurde ihm Gnade versprochen, wenn er ein freies Geständnis ablegen würde. Er blieb nach wie vor standhaft, konnte aber nicht verbergen, dass er viel zu erzählen hatte, und diese Zeiten erlaubten keine Menschlichkeit für Verräter, die die Sicherheit des Königreichs gefährdeten.*

Die Königin gab die notwendige Erlaubnis, mit „den Schmerzen" fortzufahren. Ihre Majestät hielt dies für eine gute Strategie, die mit der Sicherheit ihrer eigenen Person und der des Throns vereinbar sei, die Sache den Händen ihres ergebenen Rates anzuvertrauen und mit Hilfe der Folter zu untersuchen, ob man ihm die Wahrheit entlocken könne. Wieder wurde ihm Pardon angeboten, und wieder verweigerte er sich und wurde „denen, die üblicherweise im Tower damit beauftragt werden, die Streckbank zu bedienen" überantwortet. Seine Ehre litt mit seinem Körper. Bei der ersten Streckung gestand er nichts, aber eine zweite Behandlung konnte er nicht aushalten ... Während er gebrochen neben der furchterregenden Maschine saß und das matte Licht des Novembers durch die Fenster hereindrang, brach er sein Ehrenwort und ebenso sein Herz mit ihm.

Nachdem er seine Schuld mit eigenen Worten bestätigt hatte, wurde Throckmorton am 10. Juli 1584 nach Tyburn gebracht, gehängt und geviertteilt.

In Schottland war die Folter sogar noch weiter verbreitet als in England, vor allem während der Hexenprozesse des 17. Jahrhunderts (vgl. Kapitel 7). Als damals Guy Fawkes und seine Mitverschwörer nach ihrem misslungenen Plan, das Parlament in die Luft zu sprengen, gefangen genommen wurden, zögerte der neue König James VI. von Schottland und I. von England nicht, auf der Folter zu bestehen. In einem Brief, den er am 6. November 1605 unterschrieben hatte, äußerte er, dass für „derart verzweifelte Landsmänner" wie Fawkes „die gemäßigte Folter als erstes anzuwenden sei *et sic per gradus ad ima tenditur*" – und daraufhin schrittweise bis zur schlimmsten weiterzufahren – „und Gott möge so deine gute Arbeit belohnen".

„Im Elend sitzend, neben der Höllenmaschine, brach er sein Versprechen – und ebenso sein Herz."

Nach anhaltenden Todeskämpfen auf der Folterbank wurden die des Hochverrates für schuldig Befundenen öffentlich enthauptet. Dann war es die Pflicht des Henkers, den Kopf hochzuhalten und dabei auszurufen: „Schaut euch den Kopf eines Verräters an! So enden alle Verräter!"

Bei dieser „gemäßigten Folter" handelte es sich zweifellos um die Handfesseln, die schon unter Elizabeths Regierung häufig in Gebrauch waren. Der Angeklagte, der eiserne Handschellen trug, die bei Bedarf enger gemacht werden konnten, wurde auf einem Hocker stehend mit den Handgelenken an eine Mauer gehängt; dann wurde der Hocker weggezogen und der Angeklagte für mehrere Stunden hängen gelassen. Der sadistische Richard Topcliffe, der den Jesuitenpater Edmund Campion mehr als zehn Mal folterte, bemerkte dazu: „Es sieht so aus, als ob er einen obskuren Tanz darböte." Als 1581 über Campion in Westminster Hall verhandelt wurde, war dieser unfähig, seine Hand zu heben um sich zu Wort zu melden, und zwei seiner Ordenskollegen mussten sie für ihn hochhalten.

Die Historiker streiten sich, ob Guy Fawkes die Handfesseln und die Streckbank ertragen musste. Laut Pater John Gerard, einen der wenigen Jesuiten, der Topcliffes Behandlung überlebte und schließlich auf das Festland entkommen konnte, „war die allgemeine Meinung die, dass er in den ersten paar Tagen in höchstem Maße gestreckt worden war"; aber Sir Edward Hoby, ein Mitglied des königlichen Haushalts, schrieb, dass lediglich die Handfesseln Anwendung gefunden hätten. Sicher ist, dass Fawkes am 8. November zu reden begann, Einzelheiten des Planes enthüllte und Namen nannte. Alle anderen Verschwörer, die aus London geflohen waren, wurden zusammengetrieben, und vier wurden getötet als sie sich der Verhaftung widersetzten. Fawkes wurde drei Tage lang befragt und unterschrieb jede Nacht ein Geständnis. Seine Unterschriften, die immer mehr zu bloßem Gekrakel verkamen, geben einen Eindruck von seiner physischen Verfassung und sind stumme Beweise der Qualen, die er auszuhalten hatte.

Bei den Verhafteten handelte es sich nicht nur um die Verschwörer,

Folter in England und in den Kolonien

sondern auch um Priester, die sie begleitet hatten. Lord Salisbury, der oberste Minister des Königs, empfahl, dass „die Gefangenen einzeln im Dunkeln eingesperrt, und bei Kerzenlicht verhört werden sollten, und dass die Folter langsam und in Abständen erfolgen sollte, da dies am wirksamsten sei"; drei Wochen später protestierte er bei der Weigerung der Verschwörer, die Priester zu belasten: „sie leugnen, welcher Folter sie auch ausgesetzt waren".

Der Prozess der acht überlebenden Verschwörer begann am 27. Januar in Westminster Hall. Das Resultat war unvermeidlich und sie wurden drei Tage später gehängt, gestreckt und geviertelt. Aber immer noch gab es mehrere Gefangene, und der Staatsrat erließ den Befehl für ihre Folterung am 19. Februar.

Der wichtigste dieses „minderwertigen Gesindels" war Nicholas Owen – bekannt als Little John –, ein Zimmermann, der unzählige „Priesterschlupfwinkel" in den Häusern von Katholiken gebaut hatte. Er war sehr klein, mit einem verkrüppelten Bein und einem Leistenbruch, und sollte wegen seines Zustandes laut Gesetz – und entsprechend dem allgemeinem Moralempfinden – von der Folter ausgenommen werden. Aber er verfügte über wertvolle Informationen über die Verstecke, in denen Priester gefunden werden konnten. An ihm wurden die Handfesseln angewendet, und seine Qualen waren so schrecklich, dass sein

Die Hauptverschwörer des Komplotts zum Meuchelmord von König James am 5. November 1605. Fawkes wurde drei Tage lang gefoltert, ehe er gestand. Historiker widersprechen in Bezug auf die Frage, ob er auf der Folterbank gestreckt wurde oder nicht, doch mit Gewissheit erlitt er die Handfesseln. Die Verschlechterung seines Zustands ist aus der Änderung seiner Unterschrift zu ersehen (oben).

Bauch mit einer eisernen Platte fixiert werden musste. Obwohl er zugab, die Verschwörer gekannt zu haben, was nicht mehr von Bedeutung war, da diese schon tot waren, weigerte er sich standhaft, auch nur das kleinste Detail über seine Priesterschlupfwinkel preiszugeben. Er starb unter großen Schmerzen am frühen Morgen des 2. März. Die Regierung behauptete, Owen hätte Selbstmord begangen indem er seinen Bauch mit einem Messer, das ihm mit dem Essen zugesteckt worden sei, aufgeschlitzt hätte; aber sein Gefängniswärter erzählte einem Verwandten, dass infolge der Folter seine Hände so verkrüppelt waren, dass er nicht mehr selbst essen konnte.

Die letzte Folter

Die schrecklichste Folter, der langsame Tod des Verbrennens auf dem Scheiterhaufen, wurde in England und Schottland mehrere Jahrhunderte lang praktiziert, nicht nur im Falle von Ketzerei oder Hexerei, sondern auch bei einem „minder schweren Delikt": der Ermordung des Ehegatten. Manchmal wurde in gewissem Maße Gnade gewährt: dabei erdrosselte man das Opfer während es von den Flammen umschlossen wurde.

1722 wurde Eleanor Elsom in Lincoln des Mordes an ihrem Ehemann überführt und zum Tode durch Verbrennen verurteilt. Ihre Kleider und Gliedmaßen wurden mit Pech bestrichen, und sie wurde auf einem Brett zur Hinrichtungsstätte gezerrt.

Sie musste sich auf ein Fass voll Pech, das von Reisigbündeln umgeben war, stellen und wurde an den Pfahl gekettet. Eine Schlinge wurde ihr um den Hals gelegt, das Seil verlief über einen Flaschenzug an der Spitze des Pfahls in die Hände des Henkers. Das Feuer wurde entzündet und das Seil straff gezogen; aber ob Eleanor tot war, bevor die Flammen ihren Körper schließlich eine halbe Stunde später verzehrt hatten, weiß keiner genau.

Catherine Hayes wurde auf dem Scheiterhaufen verbrannt wegen „petty treason" – Gattenmordes. Ihre Exekutoren versuchten, sie zu strangulieren, doch die Flammen und der Rauch zwangen sie, sie loszulassen.

Einige Male versagte der Gebrauch des Seiles auch ganz offensichtlich. Joseph Strutt beschreibt in seinem Buch *Manners and Customs of the Inhabitants of England* (1775) die Hinrichtung von Catherine Hayes 1726 in Tyburn: *Der Wortlaut des Gesetzes, so glaube ich, verdammt eine Frau, die ihren Gatten ermordet, bis zum heutigen Tage dazu, lebendig verbrannt zu werden ... Im Fall der Catherine Hayes (die vor einigen Jahren wegen des Mordes an ihrem Ehemann verurteilt wurde, den Tod auf dem Scheiterhaufen zu erleiden) hatte man zunächst vor, sie zu erdrosseln; aber da man in jener Zeit üblicherweise an einem Seil zog, das um den Hals der Verurteilten gelegt worden war und das über eine Rolle am Pfahl geführt wurde, und im selben Moment das aufgeschichtete Holz in Brand gesteckt wurde, erreichten die Flammen manchmal die Verbrecher bevor sie ganz erdrosselt waren – und genau das passierte bei ihr. Denn das Feuer leckte schnell am Holz empor, und der Wind blies streng und trug den Rauch und die Flammen direkt in die Gesichter der Henkersknechte, die an dem Seil zogen, dass diese gezwungen waren, es loszulassen, noch bevor sie ganz erwürgt worden war. Wie mir einige der dort Anwesenden mitteilten, erlitt sie lange Qualen bevor sie starb. Heutzutage werden sie erst am Pfahl aufgehängt bis sie so gut wie tot sind, und dann erst wird das Feuer rundum entfacht.*

Die letzte Frau, die auf diese Art hingerichtet wurde, war Christian Murphy, alias Bowman. Sie wurde des Betrugs überführt und im März 1789 verbrannt. Ein Jahr später änderte man das Gesetz, und Frauen wurden dazu verurteilt, für ihre Verbrechen gehängt zu werden.

Anderen Opfern wurde erlaubt, sich kleine Säckchen mit Schießpulver um Hals und Hüfte zu hängen, aber sogar diese Methode war nicht immer erfolgreich. Die *Complete Protestant Martyrologie* (1809) von Henry Moore enthält eine erschreckend detaillierte Schilderung des Todes von Dr. John Hooper, dem Lordbischof von Gloucester, der 1555 während der Amtsperiode der katholischen Mary I. wegen Ketzerei verbrannt wurde: *Als er nun in seinem Hemd dastand, band er es zwischen seinen Beinen zusammen, wo er ein Pfund Schießpulver in einer Blase mit sich trug; unter jedem Arm hatte er dieselbe Menge. Er ging nun zum Pfahl hinauf, wohin drei eiserne Reifen geschafft wurden ... Der Eisenring wurde ihm dann um die Hüfte gelegt, jedoch war er zu kurz gemacht worden, sodass er den Bauch einziehen und mit der Hand festhalten musste; aber als sie ihm anboten, seinen Hals und die Beine festzubinden, lehnte er dies ab mit der Begründung: „ich bin mir ziemlich sicher, euch keine Probleme zu bereiten" ... Dann wurde das Schilf hinaufgeworfen und er bekam zwei Bündel in seine eigenen Hände, die er unter je einen Arm nahm.*

Nun erfolgte der Befehl, dass das Feuer angezündet werden sollte; aber es dauerte einige Zeit, bis die Flammen das Schilf entzündeten, was wohl am Anteil der grünen Reisigbündel lag. Der Wind blies in die andere Richtung, der Morgen war sehr kalt und die Flammen wurden von ihm weggeblasen, sodass er kaum mit

---

Anderen Opfern erlaubte man, kleine Taschen mit Schießpulver um den Hals zu tragen.

---

dem Feuer in Berührung kam. Bald wurde ein heftigeres Feuer gelegt. Nun explodierten die Blasen mit dem Schießpulver, sie erwiesen dem leidenden Prälat jedoch nicht den erwünschten Dienst. Da betete er mit lauter Stimme: „Herr Jesus, erbarme Dich meiner, Herr Jesus, erbarme Dich meiner, Herr Jesus, empfange meinen Geist." Und dies waren die letzten Worte, die man ihn ausstoßen hörte.

Aber selbst als sein Gesicht von Feuer vollkommen schwarz war und seine Zunge anschwoll, sodass er nicht mehr sprechen konnte, bewegten sich seine Lippen weiter, bis sie weggebrannt waren. Er klopfte sich mit den Händen solange auf die Brust, bis einer seiner Arme abfiel; dann fuhr er fort wie zuvor, während Fett, Wasser und Blut aus seinen Fingerspitzen tropfte. Eine Weile später, nachdem das Feuer nochmals geschürt worden war, war seine Kraft verbraucht und seine Hand blieb in dem Eisenring, der ihn umgab, stecken. Kurz nachdem seine gesamte untere Körperhälfte verbrannt war, fiel er über das Eisen, das ihn gefesselt hatte, ins Feuer ... Dieses heilige Martyrium dauerte länger als eine Dreiviertelstunde.

Auspeitschen in der Armee und in der Marine

Als Großbritannien Ende des 17. Jahrhunderts endlich ein stehendes Heer besaß, wurde die Erhaltung der Disziplin unter den Soldaten zur Notwendigkeit. Der *Mutiny Act* von 1689 legte fest, dass die Auspeitschung mit der „neunschwänzigen Katze" die Standardmethode der Bestrafung in der Armee sein sollte.

Die „Katze" bestand aus neun Peitschenschnüren von unterschiedlicher Länge; in jede Schnur wurden, über ihre Länge unregelmäßig verteilt, drei Knoten gemacht. Der Delinquent wurde an ein hölzernes Dreieck gebunden und geschlagen, nicht selten durch den Regimentstrommler. Die dünnen Schnüre durchdrangen die Haut des Opfers bei jedem Schlag, während die Knoten Fleischstücke herausrissen. Man sagte, es sah genauso aus, „als ob die Krallen eines Falken das Fleisch von den Knochen rissen".

Während des 18. Jahrhunderts konnte man auch für relativ harmlose Vergehen ausgepeitscht werden: In Gibraltar wurde ein Soldat verurteilt, weil er ungewaschen zur Parade erschienen war, und so hart geschlagen, dass er wenige Tage später starb. Ein Kriegsgericht verfügte über die Macht, bis zu 1000 Schläge zu verhängen, und Verurteilungen zu 500 bis 800 Schlägen waren keine Seltenheit. Diese Art der Bestrafung wurde bis ins 19. Jahrhundert fortgeführt, wie in *Tait's Edinburgh Magazine* 1833 berichtet wird: *Ein Soldat des ersten Grenadierregiments, dessen Oberst der Duke of Wellington war, wurde überführt, ungehorsam und während des Dienstes betrunken gewesen zu sein; außerdem weigerte er sich seine Waffen abzugeben, als dies durch seinen Offizier befohlen wurde; er wurde zu 500 Peitschenschlägen verurteilt. Nachdem er 200 Schläge erhalten hatte, schritt der Regimentsarzt ein und beendete die grausame Bestrafung mit der Begründung, dass das Leben des Soldaten in Gefahr*

Das Gefühl wurde beschrieben „als ob die Krallen eines Habichts das Fleisch von den Knochen rissen".

sei. Der Soldat wurde darauf mit fürchterlich zerschundenem Rücken mit Hilfe einer Kutsche zum Militärkrankenhaus gebracht. Als eine Art Verfeinerung der Grausamkeit und um die Härte einer Bestrafung, die ohnehin bei gründlichster Ausführung das Leben des unglücklichen Opfers fordern musste, noch zu erhöhen, wechselten sich die Vollstrecker nach jeweils 20 Schlägen ab.

In einigen Regimentern richtete sich der Rhythmus der Schläge mit der Katze nach dem Takt einer Trommel. Der Trommler wurde vorher instruiert, wie schnell er zu schlagen hatte. Je länger der Abstand zwischen den Schlägen war, um so schmerzhafter war die Tortur für das Opfer. Viele hatten nicht das Glück des Soldaten aus dem vorangegangenen Bericht. Wurde ein Soldat zum Beispiel für unfähig erklärt, alle 500 Schläge auf einmal zu empfangen, konnte er in seine Zelle zurückgebracht werden bis seine Wunden teilweise verheilt waren. Dann wurde er wieder herausgeführt, um den Rest seiner Strafe zu erhalten. Lautete das Urteil auf 800 oder 1000 Schläge, fand die Vollstreckung oft an drei oder vier verschiedenen Tagen statt.

Ein Soldat, der 1832 ausgepeitscht wurde, beschrieb seine Qualen: *Ich fühlte einen unerwarteten Schmerz zwischen den Schultern unterhalb meines Halses, der in die eine Richtung bis zu den Zehennägeln verlief und in die andere bis zu meinen Fingerspitzen; dann einen Stich im Herzen, als ob ein Messer meinen Körper durchdrungen hätte ... das zweite Mal trat dieser Schmerz wenige Zentimeter darunter auf, und es kam mir vor, als wäre der vorangegangene Schlag sanft und angenehm im Vergleich zu diesem gewesen ... Jeder Nerv, von der Kopfhaut bis zu den Zehennägeln, erbebte in meinem Körper. Die Zeit zwischen jedem Schlag schien so lang, dass es schmerzhaft war; und doch kam der nächste Hieb zu früh. Ich empfand die Schmerzen in der Lunge sogar noch schlimmer als die an meinem Rücken. Es fühlte sich an, als ob die inneren Organe in meinem Körper explodierten ... Ich schob meine Zunge zwischen die Zähne, hielt sie dort fest und biss sie fast auseinander. Fast erstickte ich an dem Blut aus der Zunge, den zerbissenen Lippen und aus der Lunge oder einem anderen Organ, durch die*

Ein britischer Soldat wird für ein geringeres Vergehen ausgepeitscht. Die Schläge der „Katze" wurden vom Rhythmus der Trommelschläge zeitlich bestimmt. Je langsamer die Trommelschläge, desto intensiver der Schmerz der Bestrafung.

unmenschliche Tortur zerrissen, und wurde schwarz im Gesicht ... Bis jetzt waren es erst fünfzig Schläge, doch die Zeit seit dem ersten kam mir wie ein langes Leben vor; ich fühlte mich, als hätte ich mein bisheriges Leben in Schmerzen und Qualen verbracht und glaubte, dass die Zeit, in der es noch Freude im Leben gegeben hat, ein längst vergangener Traum war.

Die königliche Marine war bis zum 17. Jahrhundert nicht fest in Betrieb, dennoch hatten Auspeitschungen auf königlichen Kriegs- oder bewaffneten Handelsschiffen bereits eine lange Tradition. Die „Katze" der Marine war ein Stück Tau, das etwa eineinhalb Meter lang und so dick wie der Unterarm eines Mannes war. Der letzte halbe Meter war in Stränge aufgetrennt und jeder Strang war fest aufgedreht und an mehreren Stellen geknotet. Der Delinquent wurde an eines der Gitter, die normalerweise die Luken abdecken und das an einer Schiffsseite aufgestellt wurde, angebunden. Ein Schriftsteller des 19. Jahrhunderts berichtete: *In der Armee steht der die Bestrafung ausführende Trommler an einer Stelle und führt die Hiebe aus, ohne seine Position zu verändern. Allein die Kraft seines Armes bestimmt dort die Härte der Schläge. In der Marine jedoch steht der Bootsmaat, dem diese Aufgabe obliegt, ganze zwei Schritte von dem Delinquenten entfernt; er „kämmt die Katze", wie es genannt wird, indem er mit seinen Fingern durch die Stränge fährt und sie so nach jedem Schlag neu entwirrt. Dann schwingt er sie über seinen Kopf, tritt einen Schritt nach vorne und erfüllt seine Pflicht mit einer weit ausholenden Bewegung des Armes und den Körper vorbeugend, wodurch seine ganze Kraft in der Ausführung des Schlages liegt. Es ist eine harte Bestrafung; und ich glaube nicht, dass ein Mann neun Dutzend Hiebe aushalten kann, wie in dem mir bekannten Fall. Eine höllische Quälerei – so furchtbar wie die Streckbank vergangener Zeiten; das Hängen wäre für einen Mann, der auf diese Weise bestraft wird, eine humanere Erlösung.*

Auspeitschen in der königlichen Marine im 18. Jahrhundert. Der Missetäter wurde an eine der Grätinge, welche die Schiffsluken verdeckten, festgebunden und mit einer „Katzenrute" von etwa 1,5 m Länge geprügelt. Das letzte Drittel der Rute war in Bündel geteilt, geknüpft und geknotet.

Folter in den Kolonien

Als die ersten englischen Kolonien während des frühen 17. Jahrhunderts in Amerika entstanden, trat zunächst das allgemeine Gesetz und das geschriebene Recht in Kraft. Aber der

Staatsrat und die Star Chamber befanden sich auf der anderen Seite des Atlantiks, und so gibt es keinen Beweis dafür, dass dort die Streckbank oder ähnliche Folterinstrumente je benutzt wurden. In Neuengland kam niemals eine Hexe auf den Scheiterhaufen, aber Sklaven, die ihren Herrn ermordeten, also Verrat begingen, wurden lebendig verbrannt.

Am häufigsten kam die Folter an freien Bürgern 1692 zur Anwendung, als mehrere Personen in Salem wegen Hexerei vor Gericht standen. Die *peine forte et dure* war in Massachussetts 1641 durch das Body of Liberties-Gesetz abgeschafft worden – „Wir erlauben unter uns keine Strafen, die unmenschlich, barbarisch oder grausam sind" – aber sie wurde dennoch an dem achtzigjährigen Giles Cory vollzogen, der sich nicht schuldig bekennen wollte. Er starb langsam innerhalb von zwei Tagen und „als seine Zunge während der Beladung mit Gewichten aus dem Mund gedrückt wurde, schob sie der Sheriff mit seinem Schlagstock wieder hinein". Im Fall der Hexerei wurden Geständnisse durch eine brutale Foltermethode erlangt: *Hier sind fünf Personen, die sich gerade der Hexerei schuldig bekannt haben und die einige von uns anklagen, mit ihnen gemeinsame Sache gemacht zu haben ... Zwei der fünf sind Söhne der [Martha] Carrier, junge Männer, die niemals irgendetwas gestanden hätten, hätte man ihnen nicht die Hälse und Füße solange abgeschnürt, bis ihnen Blut aus der Nase lief.* Und „es wurde glaubhaft angenommen und berichtet, dass dies das richtige Mittel war, um ihr Unschuldsgeständnis zu erzwingen

Zitat aus Robert Calefs More Wonders of the Invisible World (1700)

Abgesehen von Giles Cory wurden 19 Angeklagte gehängt, darunter Reverend George Burroughs, und zwei weitere starben im Gefängnis. Die Gerichte ordneten damals selten den Gebrauch von Folter in den Kolonien an. Andererseits wurden die brutalen und sadistischen Praktiken im Namen der Disziplin, die in privatem Rahmen Anwendung fanden, kaum missbilligt. Afrikanische Sklaven wie auch verurteilte Verbrecher aus England, die verbannt und versklavt worden waren, peitschte man bis weit in das 19. Jahrhundert regelmäßig aus, auch für kleinere Vergehen. Die Opfer waren sowohl Frauen als auch Männer. 1829 wurde in Jamaika Reverend G. W. Bridges angeklagt, ein junges Mädchen misshandelt zu haben: Er hatte sie ausgezogen, mit den Händen an einen Haken an der Decke gehängt und gepeitscht, bis sie „eine Masse aus zerschlagenem Fleisch und Blut war". Er wurde bei seiner Anhörung freigesprochen. 1830, ebenfalls in Jamaika, wurde das Dienstmädchen Eleanor Mead geschlagen. Der *Anti-Slavery Monthly Reporter* (1829) schrieb: *Ihre Herrin, Mrs. Earnshaw ... eine Dame voll Menschlichkeit und Feingefühl, fühlte sich durch irgendetwas, was diese Sklavin gesagt oder getan hatte, beleidigt ... sie befahl, das Mädchen nackt auszuziehen, auf dem Boden auszustrecken und veranlasste ihren Fahrer, ihm in ihrer Gegenwart 58 Schläge mit der Reitpeitsche auf den entblößten Körper zu geben ...*

„sie fesselten ihnen Hals und Füße, bis ihnen das Blut aus der Nase kam"

Wie in griechischer und römischer Zeit, hatten Sklaven in den englischen Kolonien keine Rechte bis ins 19. Jahrhundert hinein. Sie wurden von ihren Besitzern regelmäßig gepeitscht – keineswegs immer nur als Bestrafung. Viele Plantagenbesitzer gewannen sadistischen Gefallen, indem sie das Auspeitschen ihrer Sklaven beobachteten, oder sie sogar selbst verprügelten.

Als Mrs. Earnshaw der Meinung war, die eine Gesäßhälfte ausreichend malträtiert zu haben, hieß sie den Fahrer auf die andere Seite gehen und die andere Hälfte zu bearbeiten.

Die jamaikanische Reitpeitsche war in der Tat ein fürchterliches Folterinstrument. Sie war dreieinhalb bis viereinhalb Meter lang und lief von ihrem fünf Zentimeter breiten und einen halben Meter langen Griff bis zu einer dicken Schnur am Ende schmal zu. In einer Rede an die Inselversammlung im Jahr 1826 erklärte einer der Repräsentanten: „Ich bin davon überzeugt, dass 39 Schläge mit diesem schrecklichen Instrument verheerender sein können als 500 Hiebe mit der ‚Katze'".

Das Benutzen der Reitpeitsche war jedoch legal. Ebenfalls 1826 verabschiedete die Regierung von Jamaika ein Gesetz, das es jedem Sklavenaufseher untersagte, mehr als zehn Schläge – für welches Vergehen auch immer – zu verabreichen. Für Sklavenhalter, Vorarbeiter oder Gefängnisaufseher lag die Grenze bei 39 Schlägen. Eine übliche Praxis war auch, dass ein Opfer nach den 39 Hieben mit der Reitpeitsche noch kräftig mit

einer Gerte geschlagen wurde – das, so sagte man, „brachte das angestaute Blut erst richtig zum Spritzen". Bei dieser Gerte handelte es sich um einen dünnen Schlagstock aus dem Holz der Tamarinde. Sie war sehr biegsam und hart wie ein Stück Draht. Geschlagen wurde außerdem noch mit Ruten aus dornigen Ebenholzästen.

In den Gefängnissen wurden Sklaven zur Auspeitschung „aufgespannt" (ein Begriff aus der Seefahrt, der bedeutete, „mit Seilwinde und Tauwerk gestreckt zu werden"). Eine Beschreibung im *Jamaica Christian Record* des Jahres 1830 schildert geschmacklose Einzelheiten: *Eine Frau ... von etwa 22 Jahren wurde dann mit dem Gesicht nach unten hingelegt; ihre Handgelenke waren mit Seilschlingen zusammengehalten; ihre Fußknöchel wurden zusammengedrückt und mit einer weiteren Schlinge gefesselt; ein Strick, der an die zweite Schlinge geknüpft war, lief durch einen Flaschenzug, der wiederum an einem Pfahl befestigt war. Dann zog man an dem Strick und streckte die junge Frau in ihrer ganzen Länge. Als nächstes trat eine Frau vor und zog ihr die Kleider bis zum Kopf herunter, sodass sie auf schamlose Weise entblößt war. Der Vorsteher des Zuchthauses, ein großer, kräftiger Mann, schwang seine Peitsche vier- oder fünfmal über seinen Kopf und begann mit der Bestrafung. Das Werkzeug, das er gebrauchte, war eine Katze aus geknoteten Schnüren. Das Blut schoss aus den zugefügten Wunden und das arme Wesen schrie gellend vor Schmerzen.*

Die Behandlung von Sklaven in den Vereinigten Staaten war keinesfalls besser. Harriet Beecher Stowe, Autorin von *Onkel Toms Hütte* (1852), führte eine Beschreibung der Strafmaßnahmen im Gefängnis von New Orleans an: *Als ich auf den langen, gepflasterten Hof trat, von dem kreisförmig Gänge voller Sklaven jeden Alters, Geschlechts und jeder Hautfarbe wegführten, hörte ich das Schnalzen einer Peitsche. Jeder Schlag hörte sich an wie das Knallen einer Pistole. Ich schaute mich um und wurde eines Anblicks gewahr, der mir das Mark in den Knochen gefrieren ließ. Zum ersten Mal in meinem Leben hatte ich das Gefühl, dass mir die Haare zu Berge standen.*

Auf einem Brett lag dort ein Mädchen flach auf dem Gesicht; ihre beiden Daumen waren zusammengebunden und an der Kopfseite befestigt, und ihre Füße waren ebenfalls gefesselt und fest an das andere Ende gezogen. Ein Riemen führte über ihren schmalen Rücken um das Brett herum und drückte sie fest daran. Unterhalb des Riemens war sie vollkommen nackt.

An ihrer Seite, sechs Fuß [zwei Meter] entfernt, stand ein riesiger Neger mit einer langen Peitsche, die er mit fürchterlicher Kraft und perfekter Präzision zu gebrauchen wusste. Jeder Schlag kostete sie einen Streifen ihrer Haut, der an der Peitsche hängenblieb oder auf den Gehweg flatterte, und sofort schoss das Blut heraus. Die arme Kreatur wand sich und schrie und rief ihrem Herrn, der auf Höhe ihres Kopfes stand, mit von Todesangst und schrecklichen Schmerzen gezeichneter Stimme zu: „Oh verschone mein Leben! Reiße mir nicht die Seele aus

> *„Sie legen ein nacktes schwarzes Mädchen flach auf ihr Gesicht, auf ein Brett."*

dem Leib!" Aber immer noch fielen die furchtbaren Schläge auf sie nieder, immer noch löste sich Hautfetzen um Hautfetzen ab; eine klaffende Wunde nach der anderen schnitt sich in ihr lebendes Fleisch, bis es zu einer grauen und blutigen Masse aus bloßliegenden, zuckenden Muskeln wurde.

Die Eingeborenen der westindischen Inseln hatten erst unter den spanischen Siedlern und später unter den Briten genauso zu leiden, wenn nicht gar noch mehr. In seinem Buch *The History of the British Colonies in the West Indies* (1793) zitiert Bryan Edwards einen Augenzeugenbericht: *Ich war einmal Zeuge, als drei oder vier Indianerhäuptlinge auf niedriger Flamme langsam geröstet wurden. Da sich der kommandierende Offizier durch die unaufhörlichen Schmerzensschreie der unglücklichen Opfer in seinem Nachmittagsschläfchen gestört fühlte, gab er den Befehl, diese zu strangulieren; aber der wachhabende Offizier ... ließ dies nicht zu. Stattdessen ließ er sie knebeln, damit ihre Schreie nicht gehört werden konnten, schürte eigenhändig das Feuer und röstete sie gewissenhaft, bis keiner mehr am Leben war ...*

Es war ein Zeitalter der Gewalt, und die ersten amerikanischen Siedler begingen Grausamkeiten, die das Gesetz oder die Moral in Europa höchstwahrscheinlich verhindert hätten. Als Sir Henry Morgan und seine Piraten 1671 in das spanisch besiedelte Panama einfielen, nahmen sie eine große Anzahl Gefangene, wie John Esquemeling in seinem Werk *Buccaneers of America* (1684) schildert: *Sie fanden einen armen, erbärmlichen Kerl im Haus eines ehrenwerten Edelmannes; er hatte sich eine vornehme Kniehose seines Herrn angezogen, an deren Kordel ein kleiner silberner Schlüssel hing. Als die Piraten den Schlüssel entdeckten, fragten sie ihn sofort, wo sich die dazugehörige Truhe befände. Er antwortete folgendes: er wüsste nicht, was aus ihr geworden sei, nur, dass er es gewagt hätte, diese Hosen zu tragen, die er im Haus seines Herrn gefunden hatte. Da sie ihm keine weitere Aussage abringen konnten, wurde er auf die Streckbank gebracht, wo man ihm auf brutalste Art die Arme auskugelte. Danach wickelten sie ein Seil um seinen Kopf und drehten es so eng zusammen, dass seine Augen so groß wie Eier wurden und fast aus seinem Schädel fielen. Aber mit keiner dieser Quälereien konnten sie ihm die gewünschte Antwort auf ihre Fragen entlocken. Daraufhin hängten sie ihn an den Hoden auf und gaben ihm unzählige Stöße und Schläge, während er in dieser Haltung unerträgliche Schmerzen litt. Danach schnitten sie ihm Nase und Ohren ab und versengten sein Gesicht mit brennendem Stroh, bis er weder mehr sprechen noch erbärmlich jammern konnte. Dann, nachdem sie alle Hoffnungen auf ein Geständnis aus seinem Mund fahrengelassen hatten, befahlen sie einem Neger, ihn mit einer Lanze zu durchbohren. So kam er um sein Leben und die Geschichte zu grausamen und unmenschlichen Foltermethoden.*

Zweifellos geschahen auf dem amerikanischen Kontinent noch viele andere Grausamkeiten von ähnlicher Brutalität im Kampf um die Herrschaft

---

„bald danach hängten sie ihn an den Hoden auf, wobei sie ihm unzählige Hiebe versetzten"

Folter in England und in den Kolonien

in der Neuen Welt. Aber das Zeitalter der Aufklärung dämmerte bereits, und in England und überall in Europa wurden erste Forderungen zur Abschaffung der Folter laut.

Die Seeräuber aus Henry Morgans Bande folterten viele ihrer Gefangenen, als sie Panama im Jahr 1671 überfielen.

Kapitel 7

Hexenverfolgung in Europa

Während des 20. Jahrhunderts wurden immer mehr Stimmen laut, dass die Hexerei mehrere tausend Jahre lang als Fortführung einer frühzeitigen Religion überlebt hätte: der Anbetung von Mutter Natur. Es existieren jedoch weder stichhaltige Beweise noch gibt es irgendeinen Grund, anzunehmen, dass die sogenannte Hexerei in Europa während des Mittelalters etwas anderes war als primitiver Aberglaube des Volkes, kombiniert mit oberflächlichen Kenntnissen der Kräuterheilkunde. Die „weise Frau", die Warzen „wegzaubern", unfruchtbare Ehefrauen empfängnisbereit machen und Geburtsschmerzen erleichtern konnte, war ein hoch angesehenes Mitglied der bäuerlichen Gemeinde – sogar obwohl man ihre „übernatürlichen Mächte" fürchtete.

Aber um die Jahrtausendwende nahm diese Entwicklung immer unheimlichere Formen an. Im 11. Jahrhundert breitete sich plötzlich eine Vielfalt verschiedenster Religionen aus. Obwohl viele Gelehrte diese Vorstellung verwarfen, ist man doch geneigt zu glauben, dass der Grund dafür – zumindest teilweise – in der Enttäuschung darüber liegt, dass 1000 Jahre vergangen waren ohne das erwartete Ende der Welt, die Wiedergeburt des Messias, die Auferstehung der Toten oder das Jüngste Gericht zu bringen. Möglicherweise war Gott mit der Frömmigkeit der Menschen unzufrieden und hatte sein Gesicht von ihnen abgewandt.

Diese Ära hat erlebt, wie die katholische Kirche Roms durch die Manifestierung fundamentaler klösterlicher Verordnungen, den Bau von Kathedralen, die Förderung von Pilgerreisen und die Kreuzzüge gegen die Ungläubigen versuchte, den Glauben zu stärken. Doch auf dem Land, weit weg von den Kathedralen und Klöstern in den Städten, wandten sich einige Menschen gegen die Kirche. Für sie gab es kaum etwas anderes als den christlichen Glauben, in dem sie wie auch ihre Vorfahren erzogen wurden; und so fragten sie sich, ob nicht vielleicht der große Gegenspieler Gottes, der Teufel, sie besser beschützen könnte. Andererseits sind sie wahrscheinlich nur zu primitiven heidnischen Ritualen zurückgekehrt, die die Jahrhunderte in dieser Form überdauert hatten.

Jetzt, eintausend Jahre später, können wir kaum noch nachvollziehen, was damals passierte. Die einzigen Aufzeichnungen aus dieser Zeit stammen

LINKE SEITE: Matthew Hopkins, der selbsternannte „Hexen-Finder-General", suchte nach Hexerei in Ost-Anglia in den Jahren 1645 und 1646. Gezwungen, auf das „Schwimmen" der Hexen zu verzichten, griff er vorzugsweise zu desorientierenden Praktiken, indem er seine Opfer tagelang wachhielt, bis sie alles und jedes gestehen würden.

von Kirchenmännern, die sich natürlich von allem bedroht fühlten, was Zweifel an den bestehenden Ansichten aufwarf, und die ihre Berichte zweifellos stark übertrieben und aufsehenerregend gestalteten. Laut ihnen gab es Hexen, die sich zu Festen oder Sabbats trafen; sie konnten durch die Luft fliegen und die Form von Tieren oder anderen Lebewesen annehmen.

Einige Jahrhunderte lang beharrten die Theologen darauf, dass diese Fähigkeiten nur Illusionen oder Fantastereien wären, dass die Hexen nur davon geträumt oder sie sich eingebildet hätten – was womöglich an der Wirkung ihrer Kräutertränke lag.

Jedenfalls, glaubte eine Hexe selbst an ihre Fähigkeiten, war sie genauso der Ketzerei schuldig, als ob sie diese wirklich besitzen würde. Diese Erkenntnis erschien erstmals in einem Dokument, das als *Canon Episcopi* bekannt war; es wurde im 10. Jahrhundert veröffentlicht und im 12. Jahrhundert zu einem Teil des Kirchengesetzes gemacht. Es beginnt folgendermaßen: *Bischöfe und ihre Mitarbeiter müssen mit aller Kraft daran arbeiten, dass die schändliche Kunst der Hexerei und übler Praktiken, die teuflischen Ursprungs sind, in den Pfarreien gründlich ausgerottet werden; sollten sie einen männlichen oder weiblichen Anhänger dieser Lehre des Bösen finden, muss derjenige in Schande aus seiner Pfarrei verstoßen werden.*

Außer der angedeuteten Exkommunikation, die nach ketzerischen Handlungen selbstverständlich erfolgte, wird hier keine andere Form der Bestrafung erwähnt. Obwohl der Teufel hinter dieser Art von Ketzerei stecken könnte, fand man damals noch keine konkreten Anhaltspunkte dafür, dass auch seine Anbetung damit verbunden war. Die Päpste begannen nicht vor dem 13. Jahrhundert, ein ernsthaftes Interesse an der Hexerei zu entwickeln, und erst 1484 veröffentlichte Papst Innocenz VIII. jene Bulle, die als *Summis desiderantes affectibus* (Wünsche aus tiefstem Herzen) bekannt wurde, und die großen Hexenverfolgungen des 16. und 17. Jahrhunderts auslöste. Darin steht geschrieben: *Es ist uns zu Gehör gekommen ... dass in einigen Teilen Nordgermaniens ... viele Personen ... üblen Umgang mit Teufeln haben, aktiv und passiv, und durch ihre Beschwörungen, durch magische Riten, Zauberformeln und anderen verfluchten Aberglauben und schrecklichen Zauber ... die Nachkommen von Frauen und junges Vieh töten, die Früchte der Erde, die Weinstöcke und das Obst der Bäume vernichten und ausrotten ... Des Weiteren suchen diese Geschöpfe Männer und Frauen, Lastentiere, Herdentiere und jede andere Art von Vieh mit Schmerz und Krankheit, sowohl innerlich als auch äußerlich, heim, und quälen sie; sie halten die Männer von der Fortpflanzung und die Frauen von der Empfängnis ab ... Aber vor allem entsagen sie auf blasphemische Weise dem Glauben, der ihnen durch das Sakrament der Taufe geschenkt wurde, und sie schrecken nicht davor zurück, auf Anstiftung des Menschenfeindes hin die schändlichsten Greuel zu begehen und sich den wildesten*

„Fraglos das wichtigste und unheilvollste Werk über Dämonologie, das je zu Papier gebracht wurde."

Ausschweifungen hinzugeben, und so ihre Seele in Gefahr zu bringen. Dadurch beleidigen sie Ihre göttliche Majestät und sind ein skandalöses Vorbild und gefährliches Beispiel für sehr viele ...

Da wir begierig sind, jegliche Art von Widrigkeiten und Hindernissen, durch welche die Arbeit der Inquisitoren – nämlich wirkungsvolle Heilmittel gegen die Seuche der Ketzerei sowie gegen andere Plagen, die ihr Gift zur Vernichtung anderer unschuldiger Seelen verspritzen, zu finden – behindert werden könnte ... erlassen und bestimmen wir, dass die eingangs erwähnten Inquisitoren befugt sind, mit der Läuterung, Einkerkerung und Bestrafung jeder Person, für die die besagten Abscheulichkeiten und Greuel zutreffen, zu beginnen.

Die „vorher erwähnten Inquisitoren", die in Wirklichkeit die Bulle für Innocenz zur Unterschrift bereits vorgefasst hatten, waren Heinrich Kramer und Jakob Sprenger, zwei dominikanische Professoren der Theologie. Die Erfindung des Buchdrucks machte es ihnen möglich, den Text der Bulle in ihr Handbuch für Hexenjäger, *Malleus Maleficarum*, dem Hexenhammer, aufzunehmen. Es wurde 1486 veröffentlicht und in der *Encyclopedia of Witchcraft & Demonology* von Rossell Hope Robbins folgendermaßen beschrieben: Es ist zweifellos das wichtigste und unheimlichste Werk, das je zum Thema Teufelsanbetung geschrieben wurde. Es bringt einen unerbittlich strengen Kodex, der den Volksglauben vergangener Tage über schwarze Magie mit dem Dogma der Kirche bezüglich der Ketzerei zusammen in eine feste Form; und es öffnet der Hysterie um die Inquisition Tür und Tor, falls man das von einem Buch behaupten kann. Es versucht, den biblischen Befehl in Exodus xxii.18 in die Tat umzusetzen: „Du sollst keine Hexe am Leben lassen."

Ein Handbuch für Hexentreiber, das Malleus Maleficarum, wurde erstmals im Jahr 1486 veröffentlicht und während der beiden folgenden Jahrhunderte mehrmals nachgedruckt.

Als die Hexen von North Berwick im Jahr 1590 vor Gericht gestellt wurden, brachte man sie zuvor zum König, James VI. (später James I. von England), der sie in seinem Palast in Holyrood persönlich verhörte.

Der Zweck des Buches, von dem bis 1520 mindestens 13 neue Ausgaben erschienen, und das zwischen 1574 und 1669 noch sechzehnmal nachgedruckt wurde, war, genaue Richtlinien für die weltliche Obrigkeit zu schaffen, sodass sie die Inquisition der Hexen von den kirchlichen Gerichten übernehmen und auf direktem Wege zum Urteilsspruch und der Hinrichtung des Verurteilten gelangen konnten.

Es besteht aus drei Teilen. Der erste handelt von der Notwendigkeit für die Inquisitoren, das Ausmaß der Ketzerei bei Hexenprozessen vollkommen zu erfassen; der zweite befasst sich mit den Praktiken von Hexen, wie man sie durchschauen und ihnen entgegenwirken kann. Aber erst der dritte Teil hatte wirklich verheerenden Einfluss. Er wurde wahrscheinlich von Kramer verfasst, der in dieser Sache über beträchtliche praktische Erfahrung verfügte. Dieser Teil enthält Regeln, wie gemäß dem Gesetz mit Hexen zu verfahren sei, um ihre Verurteilung zu garantieren. Er beschreibt die Überprüfung von Zeugen, den Arrest, die Haft, die Befragung und Folter des Angeklagten.

Die Folter war nötig, weil es allgemein anerkannt war, dass eine Hexe nicht verurteilt werden konnte, solange sie ihre (oder er seine) Schuld nicht selbst gesteht. Und ein freiwilliges Geständnis wurde als ungenügend erachtet: man war der Meinung, dass nur ein Geständnis unter Schmerzen und Folter wirklich von Herzen kommen konnte.

Nur wenige Kirchenmänner empfanden die Logik dieser Situation, nämlich dass die Folter ausnahmslos solange fortgeführt wurde, bis man zu einem Geständnis kam, als von Grund auf falsch. Eine unglückliche Frau erzählte ihrem Pfarrer kurz vor ihrer Hinrichtung, dass ihr Geständnis wie auch die Namen ihrer vermeintlichen Komplizen, die sie preisgegeben hatte, falsch waren. Er flehte sie an, ihre Aussage zu widerrufen und dadurch, wenn auch nicht sich selbst, wenigstens die Leben der Unschuldigen zu retten. Aber sie antwortete: *Sehen Sie, Vater, sehen Sie sich meine Beine an: sie brennen wie Feuer und sind kurz vor dem Verglühen, so quälend ist der Schmerz. Ich könnte nicht mehr als eine darauf sitzende Fliege aushalten, geschweige denn, mich noch einmal der Folter zu unterwerfen. Ich würde hundertmal lieber sterben,*

Hexenverfolgung in Europa

als solch fürchterliche Qualen noch einmal zu ertragen. Ich kann keinem Menschen beschreiben, wie schrecklich die Schmerzen wirklich sind.

Die Folter sollte in mehreren Schritten vollzogen werden, von Mal zu Mal schmerzvoller. Im *Malleus Maleficarum* gibt Kramer exakte Anweisungen für den ersten Schritt, die „vorbereitende Befragung": Zuerst legen die Gefängniswärter die Werkzeuge bereit, dann ziehen sie den Gefangenen aus (sollte dies eine Frau sein, wurde sie vorher von einer ehrbaren Frau entkleidet). Das Ausziehen dient dazu, einige Zeichen der Hexerei zu entdecken, die in die Kleidung genäht sein konnten. Diese rauben sie oft auf Geheiß des Teufels von den Körpern ungetaufter Kinder, um deren Seele zu stehlen. Wenn dann die Folterinstrumente vorbereitet sind, versucht der Richter mit seinen Gehilfen die Gefangene zu überzeugen, die Wahrheit freiwillig zu gestehen; will diese jedoch nicht gestehen, bittet er die Gehilfen, die Gefangene für die Streckgurte oder ein anderes Gerät vorzubereiten. Die Gehilfen gehorchen unverzüglich; dann wird von der Gefangenen auf Ersuchen einiger Anwesender wieder abgelassen; sie wird beiseite genommen und noch einmal gebeten, zu gestehen, wobei man sie in dem Glauben wiegt, dass sie dadurch ihr Leben retten könnte ... Aber wenn die Hexe weder durch Drohungen noch durch derartige Versprechen dazu gebracht werden kann, die Wahrheit zu sagen, dann müssen die Wachen das Urteil vollstrecken und die Gefangene mit der ihrem Verbrechen entsprechenden Härte gemäß den gängigen Methoden foltern.

Das Gesetz erlaubte die Wiederholung der Folter jedoch nur, wenn neue und bisher verheimlichte Anzeichen von Schuld zu erwarten waren, weshalb diese vorbereitende Stufe oft überhaupt nicht als Folter angesehen wurde. Viele Gerichtsprotokolle beinhalten den Satz: „Die Gefangene gestand ohne Folter." Jedenfalls prägen die Anwälte die Ausrede, dass die erneute Folter keine Wiederholung, sondern nur die Fortsetzung der Befragung sei, mit dem Zweck, der überführten Hexe die Namen von Mittätern zu entlocken. Ein Beispiel war die 69-jährige Witwe Clara Geissler aus Gelnhausen in Deutschland, die 1597 zwar die Folter mit den Daumenschrauben ertrug, aber: ... *als ihre Füße zerschmettert waren und ihr Körper immer länger gestreckt wurde, schrie sie erbärmlich und bejahte alles, was sie von ihr wissen wollten: sie hatte das Blut von Kindern, die sie bei ihren nächtlichen Flügen entführt hatte, getrunken und etwa 60 Säuglinge ermordet.*

Sie nannte 20 andere Frauen, die mit ihr an den Sabbats teilnahmen und sagte, dass die Frau eines früheren Bürgermeisters den Vorsitz über die Flüge und Festgelage innehatte.

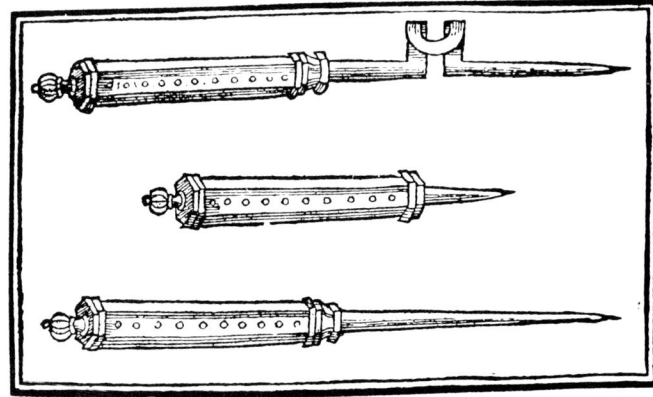

Dieser Holzschnitt aus Reginald Scots Die Entdeckung der Hexerei *(1584) zeigt ein echtes Stilett (oben) und zwei falsche. Sie hatten eine Sprungklinge, die in einen hohlen Griff mündete. Sobald sie gegen das Fleisch des Opfers gepresst wurde, zog sich die Klinge wieder in den Griff zurück. Die „Hexe" schrie deswegen nicht auf vor Schmerz und es blutete auch nicht.*

Hexen wurden angeklagt, der obligaten Walpurgisnacht beizuwohnen, von der behauptet wurde, sie stünde unter dem Vorsitz des Teufels persönlich. Man glaubte, sie flögen durch die Luft hin zu der Feier, bei der alle denkbaren Perversionen praktiziert wurden.

Als man sie von der Streckbank befreite, zog Clara ihr Geständnis zurück und sagte, sie hätte nur Gerüchte wiederholt, die von anderen Leuten verbreitet worden waren. Trotzdem verhafteten die Richter diejenigen, die sie genannt hatte, und folterten sie ordnungsgemäß. Eine Frau gestand sogar noch schlimmere Verbrechen als die ihr von Clara angelasteten, und so wurde die Witwe noch einmal der Folter unterzogen um sie zu zwingen, die Wahrheit zuzugeben. Aber nach ihrer Entlassung widerrief sie ihre Geständnisse erneut und wurde wieder auf die Streckbank gespannt. Sie wurde „mit größtmöglicher Härte" gefoltert und starb an den Qualen. Die Untersuchung wurde mit den Worten „der Teufel ließ sie nicht mehr enthüllen und brach ihr daher das Genick" beendet.

Der „vorbereitenden Befragung" folgte die „entscheidende Befragung" und die „außerordentliche Befragung". Das *Malleus Maleficarum* empfahl, dass ein Notar während der Folter folgendes niederschreiben sollte: ... *alles aus dem Gerichtsprotokoll, wie der Gefangene gefoltert wird, wann er befragt wird und wie er antwortet ... Falls der Gefangene die Wahrheit nicht zur Zufriedenheit gesteht, müssen andere Folterwerkzeuge vor ihm aufgebaut werden, mit der Bemerkung, dass er diese ebenso ertragen müsse, sollte er nicht die Wahrheit bekennen.*

In einer gerichtlichen Befragung die Antwort zu verweigern – sei es wegen Hexerei oder irgendeines anderen Vergehens – war selbst schon ein Verbrechen, das mit dem Tode bestraft werden konnte. In Hexenprozessen wurde das Schweigen des Angeklagten nicht als Hartnäckigkeit oder Zeichen starken Charakters gedeutet, sondern als Ergebnis teuflischer Besessenheit. Francesco-Maria Guazzo berichtet in seinem *Compendium Maleficarum* (1608) folgendes: *Für Hexen ist es ein Leichtes, der Folter auf der Streckbank zu entgehen, weil sie alle Schmerzen durch Gelächter, Schlaf oder Schweigen überwinden ... Eine 50-jährige Frau ertrug kochendes Fett, das über ihren ganzen Körper gegossen wurde, und heftiges Strecken all ihrer Glieder, ohne irgendetwas zu fühlen; denn sie wurde ohne ein Gefühl des Schmerzes, ganz und unversehrt von der Streckbank entlassen. Nur ihr großer Zeh, der während ihrer Befragung abgerissen worden war, wuchs nicht wieder an, aber behinderte sie überhaupt nicht und tat ihr nicht im Geringsten weh. Nachdem sie jede Folter hinter sich gebracht und hartnäckig alle ihre Verbrechen geleugnet hatte, schnitt sie sich im Gefängnis die Kehle durch. So hat sie schließlich der Teufel, der sie durch den Mund einer besessenen Frau der Hexerei angeklagt hatte, umgebracht.*

Das *Malleus Maleficarum* befasst sich auch mit der Frage, ob ein Richter der Gefangenen Vergünstigungen oder sogar Immunität versprechen sollte um ihr Geständnis zu garantieren, und ob er sein Versprechen halten sollte. Es schlägt drei Vorgehensweisen vor: man darf versprechen, das Leben der Gefangenen zu schonen, ohne zu erwähnen, dass diese dann alternativ zu lebenslangem Zuchthaus verurteilt werden würde; oder „man hält das der verurteilten Hexe gegebene Versprechen für eine Weile und verbrennt sie eben später". Die dritte Möglichkeit für den betroffenen Richter ist, sich vom Prozess zu entschuldigen und es einem anderen zu überlassen, das Todesurteil auszusprechen.

Darf eine kranke Person gefoltert werden? Die Antwort lautete, dass erst die Gesundheit des Gefangenen wieder herzustellen sei. Am schnellsten ging dies, indem man kochendes Wasser in seine Achselhöhlen goss. Alternativ dazu konnten auch die Füße in ein Feuer gehalten werden, sodass der Gefangene in Schweißströme ausbrach; der Schweiß, der aus jeder Pore des Körpers floss, reinigte diesen von der Krankheit und bewirkte, dass der Gefangene die Wahrheit sagen konnte. Schwangeren Frauen wurde die Folter und Hinrichtung erspart, aber nur solange, bis ein Monat nach der Geburt des Kindes vergangen war. Das *Malleus Maleficarum* warnte auch vor dem möglichen Selbstmord eines Gefangenen. Da Selbstmord allein schon ein Verbrechen war, konnte dies natürlich nur unter dem Einfluss oder persönlichem Einschreiten des Teufels geschehen, da er der Hexe versprochen hatte, sie würde nicht auf dem Scheiterhaufen sterben, und bemüht war, dieses Versprechen auch zu halten.

„Eine 50-jährige Frau ertrug kochendes Fett, das über ihren ganzen Körper gegossen wurde und all ihre Glieder…"

Wie in der Einleitung der Bulle von Innocenz VIII. zu lesen ist, war der ursprüngliche Grund für die Veröffentlichung des *Malleus Maleficarum* die kaum zu unterbindenden Hexenaktivitäten im Norden Deutschlands. Dort und in der Schweiz gab es während des 15. Jahrhunderts unzählige Hexenprozesse, aber was die spätere Begeisterung an Hexenverfolgungen wirklich auslöste, war der sich verbreitende Glaube an den Sabbat – einem Gelage, an dem Hexen angeblich zusammenkommen und dem Teufel huldigen. Daraus resultiert auch das Bestehen der Inquisitoren auf die Anwendung der Folter, nicht nur um zu Geständnissen zu kommen, sondern auch um den Opfern die Namen anderer Hexen zu entlocken.

Inmitten des Heiligen Römischen Reiches bestand Deutschland damals aus etwa 300 autonomen oder halbautonomen Staaten. Theoretisch unterstanden sie alle dem karolingischen Gesetzeskodex, der 1532 von Kaiser Karl V. eingeführt worden war. Nach diesen Gesetzen, die sich von einem früheren, 1502 in Bamberg veröffentlichten Edikt ableiten, wurden die meisten Hexenprozesse geführt. Der Kodex unterschied zwischen „denjenigen, die Wahrsagerei mit Hilfe von Zauberkräften betreiben" und Hexen: Er bestimmte ausdrücklich, dass diese nicht auf bloße Anschuldigungen hin eingesperrt oder gefoltert werden durften. Andererseits: *Wenn jemand eine andere Person in der Hexerei unterweist oder sie dazu verleitet, sich verhexen zu lassen und obendrein erfolgreich bezüglich der verderblichen Wirkung an der verführten Person ist; auch, wenn sich eine Person mit anderen Hexen, ob männlich oder weiblich, befasst; oder mit verdächtigen Dingen, Handlungen, Worten und sonstigem, das dem Einfluss der Hexerei zu Grunde liegen könnte; und vor allem, wenn sie von denselben Hexen verleugnet wird: Alle diese Anzeichen reichen als Beweise für die Hexerei aus und sind eine ausreichende Rechtfertigung für die Folter ...*

Wenn jemand einer anderen Person durch Hexerei Verletzungen oder Schaden zugefügt hat, muss er mit dem Tode bestraft werden, und diese Bestrafung muss durch Verbrennen erfolgen.

Zeitgleich mit der Bekanntmachung des karolingischen Kodex kam der Protestantismus in den deutschen Staaten auf, sodass die zunehmenden Hexenverfolgungen zumindest teilweise der Angst der katholischen Kirche vor Angriffen aus den eigenen Reihen zugeschrieben werden können. Dennoch ist es bemerkenswert, dass die Hysterie auch nicht abflaute, als der Protestantismus in verschiedenen Staaten zur offiziellen Religion wurde; und viele protestantische Staaten waren in ihren Versuchen, die Hexerei auszurotten, sogar noch resoluter als die katholischen.

Innerhalb von zwei Jahrhunderten wurden in Deutschland mindestens 100 000 Menschen als Hexen verbrannt. 1589 waren es im sächsischen Quedlinburg allein 133 an einem einzigen Tag. 1590 beschrieb ein zeitge-

Im Laufe zweier Jahrhunderte wurden in Deutschland mindestens 100 000 Personen als Hexen verbrannt.

nössischer Chronist die Stadt Wolfenbüttel in Braunschweig: „Die Hinrichtungsstätte sah wegen der großen Anzahl der Scheiterhaufen wie ein kleiner Wald aus." Vierzig Jahre später kam Kardinal Albizzi zu einem Besuch nach Köln und berichtete: „Vor unseren Augen spielte sich ein fürchterliches Schauspiel ab. Außerhalb der Mauern vieler Städte und Dörfer sahen wir zahllose Scheiterhaufen, auf denen arme, unglückliche Frauen gefesselt und als Hexen verbrannt wurden."

In den Jahren zwischen der Gegenreformation 1570 und dem Ende des Dreißigjährigen Krieges im Jahr 1648 wechselten viele Regionen ihre offizielle Religion mehr als einmal. 1573 gab es im elsässischen Hagenau protestantische Richter, was einer der Hexerei beschuldigten Frau die Folter ersparte und zur Freiheit verhalf. Vier Jahre später wurde sie wieder angeklagt, und dieses Mal stand sie vor einem katholischen Gericht. Der Prozess zog sich über ein Jahr hin und sie wurde siebenmal gefoltert, bevor sie letztendlich gestand und verbrannt wurde.

Der Leitartikel eines Nachrichtenblattes, in dem die Hexenverbrennung dreier Frauen in Derneburg im Harz im Oktober 1555 beschrieben wird.

Der Wahn der Hexenverfolgung griff schnell auf andere europäische Länder über. In Frankreich gab es schon um das Jahr 1245 vereinzelte Fälle, und die Verbrennung von Angèle de la Barthe durch den Inquisitor im Jahr 1275 in Toulouse wurde als die erste Hinrichtung speziell wegen Hexerei bekannt. Mit der Anklage von Jehenne de Brigue im Oktober 1390 in Paris konnte Frankreich ebenfalls von sich behaupten, auch den ersten weltlichen Gerichtsprozess durchgeführt zu haben.

Ihr Prozess zog sich fast ein Jahr hin; er wurde vertagt, als man dachte, dass sie schwanger sei, und so begann man mit der Folter erst im August 1391. Sie wurde nackt ausgezogen und an eine Leiter gebunden. Sofort gestand sie, dass sie in Zusammenarbeit mit dessen Ehefrau Macette versucht hatte, ihren Ankläger Jehan de Ruilly zu vergiften. Nachdem man sie gestreckt hatte, gab Macette die Richtigkeit der Anschuldigung zu. Dann folgten zwei Wochen juristischen Gezänks, bevor das Parlament in Paris entschied, dass es sich hierbei um eine staatsrechtliche Angelegenheit handelte und die beiden Frauen als Hexen bei lebendigem Leibe verbrannt werden durften. Das Urteil wurde am 19. August 1391 vollstreckt.

Die meisten Hexen im Frankreich des 15. und 16. Jahrhunderts fielen jedoch den Säuberungsaktionen der Inquisition zum Opfer. Die weltliche Justiz begann erst nach 1580, ein Interesse an den Massenverfolgungen zu entwickeln. Zwischen 1581 und 1591 verurteilte Nicholas Rémy, der Generalstaatsanwalt von Lothringen, persönlich 900 Hexen; viele wurden im normannischen Rouen zwischen 1589 und 1645 verbrannt; und in Burgund wurden auf Befehl von Henri Boguet, dem obersten Richter von St. Claude, etwa 600 hingerichtet.

Ein Edikt Ludwigs XIV. im Jahr 1682, in dem er seine Meinung zu zwei sehr unterschiedlichen juristischen Fällen zum Ausdruck brachte, leitete das eigentliche Ende der Hexenprozesse in Frankreich ein. 1670 wurden in Rouen 525 Personen der Hexerei beschuldigt, 12 hatte man schon zum Tode auf dem Scheiterhaufen verurteilt und weitere 34 warteten noch auf die Bestätigung ihres Urteils – da wandten sich deren Angehörige an den König. Dieser hob die Schuldsprüche trotz starker Proteste seitens des normannischen Parlaments auf.

1678 wurde dann die Wahrsagerin Catherine Deshayes – bekannt als „La Voisin" – wegen Giftmischerei vor der Chambre ardente in Paris angeklagt. Der Polizeikommissar Reynie unterzog sie der Folter, indem er erst den *sellette* (den Folterstuhl) anwandte und dann die *brodequins* – eiserne Stiefel, in die Keile geschlagen wurden um die Beine zu zerschmettern. Trotz ihrer qualvollen Schmerzen wies La Voisin alle Vorwürfe der Giftmischerei von sich. Der Generalstaatsanwalt forderte, dass ihr die Zunge herausgeschnitten und die Hände abgehackt werden sollten, aber das Gericht schickte sie auf den Scheiterhaufen. Am 22. Februar 1680 wurde sie „in Eisen gelegt. Während sie die ganze Zeit fluchte, bedeckte man sie mit Stroh, das sie fünf oder sechs Mal von sich abschütteln konnte, bis letzten Endes die Flammen höher schlugen und sie vollständig verdeckten".

Juristische Nachforschungen ergaben, dass im Haus der La Voisin tatsächlich schwarze Messen abgehalten worden waren, und dass eine stattliche Anzahl höchst ehrenwerter Personen aus königlichen Kreisen, darunter die Geliebte des Königs, Madame de Montespan, darin verwickelt waren. Reynie fuhr mit seinen Befragungen noch zwei Jahre lang fort und folterte und verbrannte viele aus den unteren Schichten, aber nicht einen aus der adligen

---

Nicholas Rémy, der Generalstaatsanwalt von Lothringen, verurteilte persönlich 900 Hexen.

Hexenverfolgung in Europa 115

Verbrennung einer Frau, die der Hexerei für schuldig befunden wurde, in Amsterdam. Sie ist nicht an eine vertikale Stange gebunden, wie üblich. Stattdessen wird sie, an einer Leiter festgeschnürt, nach vorne in ein bereits entzündetes Feuer gekippt.

Obrigkeit. Einige Jahre später ließ Ludwig alle Aufzeichnungen vernichten. Wegen dieses peinlichen Vorfalls und um ein Ende der Hexenprozesse herbeizuführen, verfasste der König sein historisches Edikt. Es war ursprünglich dazu gedacht, die Wahrsagerei zu unterbinden und verband mit der Hexerei nichts anderes als „Aberglauben, vermeintliche Magie, Vortäuschung" – nach wie vor ein Verbrechen, das jedoch nicht länger die Folter und den Tod verdiente. Die meisten Provinzparlamente unterwarfen sich dem königlichen Willen, obwohl die letzte Hexe erst 1718 in Bordeaux verbrannt wurde.

In England begannen die Hexenverfolgungen später und dauerten nicht annähernd so lange wie auf dem Festland. Bis weit in das 16. Jahrhundert wurde Hexerei relativ leicht bestraft, manchmal nur durch ein oder zwei Stunden am Pranger, verbunden mit dem Versprechen, nicht noch einmal zu sündigen. 1542, gegen Ende der Herrschaft Heinrichs VIII., wurde das erste Gesetz zur Bekämpfung der Hexerei verabschiedet, aber unter Edward VI. fünf Jahre später wieder aufgehoben. Nachdem Elizabeth 1558 den Thron bestieg, wuchs die Sorge um die Gefahren der Hexerei. Die Königin reagierte äußerst empfindlich auf alle Arten von Bedrohung, hauptsächlich auf die aus dem katholischen Spanien, und in jeder Art von Zauberei sah sie eine Gefahr für ihr Leben.

Es ist gut möglich, dass die Hysterie bei der Hexenverfolgung von 472 Protestanten, die aus dem Exil nach England zurückgekehrt waren, ausgelöst wurde. Diese hatten Hexenverbrennungen in Straßburg, Frankfurt, Zürich, Genf oder Bern mit eigenen Augen gesehen. 1560 hielt Bischof John Jewel folgende Ansprache vor Elizabeth: *... diese Art von Menschen (ich spreche von Hexen und Zauberern) hat sich im Laufe der letzten Jahre unglaublich im Reich Eurer Hoheit verbreitet. Diese Augen haben eindeutige und unumstößliche Zeichen ihrer Verdorbenheit gesehen. Die Untertanen ihrer Hoheit sehnen sich sogar nach dem Tode, ihre Hautfarbe wird bleich, ihr Fleisch verrottet, ihre Sprache ist benommen und sie sind ihrer Sinne beraubt. Daher ist es die demütigste Bitte Eurer armen Untertanen an Eure Hoheit, dass das Gesetz für derartige Übeltäter die Hinrichtung vorsehen möge.*

Das Ergebnis war das Gesetz von 1563, „gegen schwarze Magie, Zauberei und Hexerei". Die durch dieses Gesetz bestimmten Strafen waren relativ mild – Mord durch Zauberei wurde selbstverständlich mit dem Tode bestraft, aber praktizierende Hexen wurden nur an den Pranger gestellt und zu einem Jahr Gefängnis verurteilt; ihr Besitz wurde erst beim zweiten Vergehen konfisziert und man war nicht berechtigt, die Folter anzuwenden. Trotzdem leitete dieses Gesetz ein Jahrhundert der Hexenverfolgungen in England ein.

Im Prinzip untersagte das englische Gesetz den Gebrauch der Folter auch weiterhin, obwohl im Falle des Hochverrats vom Monarchen oder dem Staatsrat eine Genehmigung erwirkt werden konnte. Doch es gab keine Regeln hinsichtlich der Bedingungen, unter denen Gefangene ihre Haft zu verbüßen hatten. Sie konnten in ein stinkendes, von Ratten verseuchtes Loch gesperrt werden; man konnte ihnen Essen und Wasser verweigern und sie vom Schlafen abhalten. Und da es ja Folterinstrumente gab, konnte

Das Hexenhaus von Bamberg war ein berüchtigtes Gefängnis während der Hexenverfolgung. Hier ist eine ältere Frau im Begriffe verhört zu werden, in eiserne Fesseln gelegt und an die Wand gekettet.

man sie ihnen zeigen und ihren Gebrauch androhen. Diese Methoden reichten normalerweise aus, um ein brauchbares Geständnis zu erzielen. Nach all diesen brutalen Maßnahmen wurde dem Opfer wenigstens ein kleines bisschen Gnade gewährt: In England wurden Hexen nicht bei lebendigem Leibe verbrannt, sondern gehängt.

Das, was der Folter von Hexen in England am nächsten kam, geschah in den Jahren 1645 und 1646, als der selbsternannte „General der Hexenentlarvung", Matthew Hopkins, seine Nachforschungen in East Anglia anstellte. Hopkins bevorzugte Methode, eine Hexe geständig zu machen, war, sie „schwimmen" zu lassen. Die Rechtfertigung dafür bezog er aus der *Demonology* (1597) von James VI. von Schottland (dem späteren James I. von England): *So scheint es, dass Gott als übernatürliches Zeichen für die ungeheuerliche Respektlosigkeit der Hexen bestimmt hat, dass das Wasser sich weigern solle, diese in seine Fluten aufzunehmen, weil sie das heilige Wasser der Taufe von sich abgeschüttelt haben und bewusst das Heil, welches darin liegt, verschmähen.*

Die Prozedur verlief so, dass man einer Hexe den rechten Daumen an den linken großen Zeh band und sie dann in Wasser tauchte. Schwamm sie, war sie schuldig. Ging sie unter, war sie unschuldig – aber ertrank mit großer Wahrscheinlichkeit. Im Sommer 1645 untersagte ein Ausschuss des englischen Parlaments diese Prüfung und Hopkins war gezwungen, sich neue Methoden einfallen zu lassen. Er fand eine Ersatzlösung und zwang seine Gefangenen, stundenlang mit gekreuzten Beinen auf einem Hocker zu sitzen oder ließ sie vier oder fünf Tage lang pausenlos und ohne zu schlafen in ihren Zellen umhergehen. Eines seiner Opfer war ein 70-jähriger Pfarrer, Reverend John Lowes. Hopkins Gehilfen: *... hielten ihn nacheinander mehrere Nächte lang wach und ließen ihn rückwärts wie vorwärts im Zimmer umherlaufen, bis er außer Atem war. Dann gönnten sie ihm eine kleine Pause und ließen ihn erneut laufen. Das taten sie mehrere Tage und Nächte lang, bis er seines Lebens müde war und kaum noch Sinnvolles sagte oder tat.*

Es ist nicht verwunderlich, dass Lowes in diesem Zustand bekannte, einen Pakt mit dem Teufel gemacht, Vieh verhext und ein Schiff vor Harwich versenkt zu haben. Hopkins war besonders von der Idee mit dem Teufelsmal fasziniert und „entlarvte" viele Hexen, indem er mit einem Stilett in ihre Leberflecke, Muttermale oder Narben stach, um zu sehen, ob sie bluteten oder vor Schmerz aufschrien.

Während der 18 Monate, in denen Hopkins als Hexensucher gearbeitet hatte, war die Nachfrage an seiner Stechkunst so groß, dass er und sein Partner John Stearns vier Gehilfen einstellten, die von Dorf zu Dorf gehen und mögliche Opfer ausfindig machen sollten. Es ist wahrscheinlich, dass sie falsche Stilette benutzten, die einen Hohlraum im Griff hatten, in den die Klinge zurückglitt, während sie augenscheinlich in das Fleisch einer angebli-

---

Es gab eine Art von Nächstenliebe: Hexen wurden in England nicht lebendig auf dem Scheiterhaufen verbrannt, sondern aufgehängt.

chen Hexe getrieben wurde. Hopkins war gezwungen, im Sommer 1646 zurückzutreten, und starb noch im selben Jahr an Tuberkulose.

1563, im gleichen Jahr wie in England, veranlasste Maria Stuart, dass das Verbrechen der Hexerei auch nach dem schottischen Gesetz bestraft wurde. Es folgte eine Reihe von Prozessen, und überführte Hexen wurden verbrannt; aber Hexenverfolgungen kamen erst richtig in Mode, als Marias Sohn James (der VI. von Schottland und später auch der I. von England) die Macht übernahm. Alles begann mit dem Fall der Hexen von North Berwick.

1590 wurde David Seaton, der stellvertretende Verwalter von Tranent – eine kleine Stadt 16 Kilometer von Edinburgh entfernt – misstrauisch gegenüber den Tätigkeiten seines jungen Dienstmädchens Gilly Duncan. Er folterte sie mit den „*pilliwinks* (einer Art Daumenschraube), was wahrhaft schmerzvoll ist, und er umwickelte ihren Kopf mit einer Kordel oder einem Seil und verrenkte ihn, was ebenso eine höchst grausame Folter ist". Aber Gilly wollte nichts gestehen, bis Seaton das Teufelsmal an ihrem Körper suchte und glaubte, es an ihrem Hals gefunden zu haben; da gestand sie „die üblen Verführungen und Verlockungen des Teufels".

Als sie im Gefängnis saß, nannte sie schon bald mehrere Komplizen, die angeblich nicht nur in die Hexerei, sondern auch in eine teuflische Verschwörung gegen König James verwickelt waren. Unter den Verschwörern, die sie aufzählte, befanden sich auch Agnes Sampson, eine angesehene Hebamme, John Fian, ein Lehrer, und zwei Frauen „von solch ehrlicher Aufrichtigkeit, wie es dem Ruf jedes Bürgers von Edinburgh entsprach" – Euphemia Maclean, die Tochter von Lord Cliftonhall, und Barbara Napier. Und als Anführer der Verschwörung bezichtigte sie Francis Hepburn, den Grafen von Bothwell und Cousin des Königs, der einen gewissen Anspruch auf den Thron hätte, falls James ohne einen Erben sterben würde.

James verhörte Agnes Sampson in Holyrood selbst. Nachdem sie alle 53 Vorwürfe gegen sie geleugnet hatte, rasierte man sie und untersuchte jeden Teil ihres Körpers bis das Teufelsmal entdeckt wurde. Sie wurde mit dem „Hexenzaumzeug", einer Art eiserner Maske mit vier Zacken, die in ihren Mund ragten und von denen jeweils zwei auf ihre Zunge und Wan-

Eine alte Frau „schwimmen lassen", um nachzuweisen, dass sie eine Hexe ist. Opfer dieser Praktik überlebten selten. Schwammen sie obenauf, hielt man sie für schuldig und hängte sie auf. Sanken sie jedoch, was bedeutete, sie waren unschuldig, ertranken sie für gewöhnlich.

gen drückten, an eine Mauer ihrer Zelle gekettet. Unfähig zu schlafen wurde sie auch noch mit einem Seil um ihren Kopf gequält, bis sie gestand.

Die meisten Anschuldigungen bezogen sich auf einfachen Aberglauben wie das Kurieren von Krankheiten durch Zauberei, aber Agnes brach schließlich zusammen und erzählte, wie sie, eine Schar Frauen und sechs Männer an Allerheiligen des Jahres 1589 in einem Sieb zu einem ausgelassenen Gelage von Leith nach North Berwick gesegelt waren. Dort hatten sie einen Zauberspruch aufgesagt, der für einen großen Sturm sorgen sollte, um das Schiff des Königs nach dessen Heirat mit Anne von Dänemark bei seiner Rückkehr nach Schottland zu versenken.

Das Aufhängen von vier der Hexerei für schuldig befundenen Frauen in Chelmsford, Essex, im Jahr 1645. Die Figur rechts, die mit „D" gekennzeichnet ist, ist Matthew Hopkins, der Geld für seine Aktivitäten erhält.

Barbara Napier und Euphemia Maclean erzählten später eine ähnliche Geschichte und gaben an, John Fian sei der Empfänger der teuflischen Anweisungen gewesen. Dieser wiederum bezog Bothwell in sein Geständnis mit ein, widerrief aber später alles (nachdem er in seiner Zelle, so nimmt man an, von Bothwell persönlich besucht worden war) und verweigerte trotz weiterer Folter jegliche Aussage.

Fian und Agnes Sampson wurden erwürgt und dann verbrannt. Euphemia Maclean wurde diese Gnade nicht zuteil und sie „wurde bei lebendigem Leib zu Asche verbrannt". Barbara Napier nahm das Recht einer Schwangeren in Anspruch und wurde nach einer Weile „in die Freiheit entlassen". Nach mehreren Versuchen, James zu entführen, musste Bothwell schließlich aus Schottland fliehen und fand Zuflucht in Italien.

Die Entdeckung dieses Komplotts überzeugte James von der Existenz der Hexerei und 1597 veröffentlichte er sein Buch *Demonology*. Als er nach Elizabeths Tod im Jahr 1603 zum König von England gekrönt wurde, brachte er in London eine neue Ausgabe seines Buches heraus. Und 1604 befahl er den Erlass eines neuen Gesetzes in England, welches besagt, dass die Hexerei wie in anderen europäischen Ländern einem Pakt mit dem Teufel gleichzusetzen sei. Doch seine Meinung änderte sich langsam, als er kurz nach Inkrafttreten dieses Gesetzes persönlich einige Fälle mit Interesse verfolgte, und gegen Ende seiner Regierungszeit hatte sich Skepsis in ihm breitgemacht.

Nichtsdestoweniger hielten die Hexenverfolgungen in Schottland an, und zwar so, dass das Land bezüglich der Anzahl der Hinrichtungen und Grausamkeiten in den Folterkammern beinahe Deutschland den Rang abgelaufen hätte. Im Juni 1596 wurde Alison Balfour aus Orkney, „eine allseits bekannte Hexe", für zwei Tage in die *cashielaws* (einer Art eisernen Schraubstock) gespannt. Während sie dies ertrug, musste sie mitansehen, wie ihr 81-jähriger Ehemann unter 318 Kilogramm Eisen erdrückt wurde und man ihrem Sohn die „Spanischen Stiefel" anlegte, um anschließend fast 60 Mal auf die Keile zu schlagen und dadurch seine Beine in Brei zu verwandeln; ihre kleine Tochter bekam die *pilliwinks* zu spüren. Ihr Diener Thomas Palpa „wurde 11 Tage und Nächte lang mit den *cashielaws* und 14 Tage lang zweimal täglich mit den Spanischen Stiefeln gefoltert, wobei er nackt war; außerdem wurde er vor Gericht mit der Peitsche geschlagen, sodass kein heiles Stückchen Fleisch oder Haut mehr an ihm war".

1618 beschuldigte man in dem Ort Irvine in Ayrshire Margaret Barclay, die Frau eines freien Bürgers der Stadt, durch Hexerei ein Schiff zum Sinken gebracht zu haben; und John Stewart, einem Landstreicher, wurde vorgeworfen, von dieser Tat im Voraus gewusst zu haben. Dieser wiederum beschuldigte eine Komplizin, Isobel Insh, und deren achtjährige Tochter. Isobel wurde gefoltert bis sie gestand, aber es gelang ihr, aus dem

Ein Druck einer zeitgenössischen Flugschrift, der die Verhandlung der Hexen von North Berwick wegen der Heraufbeschwörung des Untergangs jenes Schiffes, auf dem sich James VI. von Schottland (der spätere James I. von England) befand, beschreibt. Zur Linken sitzt John Fian an einem Pult und bringt die Anweisungen des Teufels zu Papier.

Glockenturm der Kirche, wo sie gefangen gehalten wurde, zu entkommen, und sie stürzte vom Dach in den Tod. John Stewart schaffte es, sich mit den Schnüren seiner Haube selbst zu erwürgen, aber Margaret wurde dem unterzogen, was der Graf von Eglinton „die sicherste und angenehmste Folter" nannte, nämlich ihre beiden Beine in einen Schraubstock zu stecken und dann bestimmte Eisenstangen darauf zu legen. Als sie es nicht mehr aushalten konnte, schrie sie: „Nehmt sie weg! Nehmt sie weg! Und ich werde bei Gott alles erzählen." Doch in ihrem Prozess widerrief sie mit den Worten: „Ich habe alles nur wegen den Qualen der Folter gestanden, und, bei Gott, alles was ich gesagt habe ist falsch und entspricht nicht der Wahrheit." Aber sie wurde trotzdem verurteilt, erdrosselt und verbrannt.

Unter der Folter hatte Margaret eine vierte Person, Isobel Crawford, in die Angelegenheit verwickelt. Auch sie ertrug „erstaunlicherweise ohne den geringsten Laut oder Aufschrei 30 Stück (190 kg) Eisen auf ihren Beinen, die sich nie in irgendeiner Art verformten, sondern so gerade blieben, wie sie waren". Letztendlich gestand sie, was ihr vorgeworfen wurde, leugnete aber nach ihrer Entlassung ebenfalls alles und starb ohne ein Schuldbekenntnis.

1652 berichteten zwei Flüchtlinge aus Schottland einer englischen Kommission, wie sie zusammen mit vier anderen Angeklagten – die unter der Folter verstorben sind – an den Daumen aufgehängt, ausgepeitscht und zwischen den Zehen, im Mund und am Kopf verbrannt worden waren.

Der Glaube an die Hexerei hielt sich in Schottland bis zum 18. Jahrhundert. Im Jahr 1705 klagte der 16-jährige Patrick Morton in Pittenweem, Grafschaft Fifeshire, Beatrix Laing, Isobel Adam, Janet Cornfoot und andere an, ihn verhext zu haben. Beatrix Laing wurde gefoltert und dann fünf Monate lang in ein dunkles Verlies gesperrt; sie wurde zwar schließlich nach Zahlung einer Geldstrafe freigelassen, aber aus der Stadt gejagt und starb an ihren Verletzungen. Isobel Adam kam ebenfalls mit einer Geldstrafe davon, aber Janet Cornfoot geriet in die Hände des Mobs und wurde an einem Seil zum Hafen geschleift. Dort spannte man sie zwischen das Ufer und ein Boot, schwang sie hin und her und bewarf sie mit Steinen. Schließlich wurde sie unter einer Tür, die mit Steinen beladen war, erdrückt – „und um sicherzugehen, dass dem so war, rief man einen Mann mit einem Pferdeschlitten und ließ ihn mehrere Male vorwärts und rückwärts über die Leiche fahren".

Die letzte bekannte Hinrichtung wegen Hexerei fand in Schottland 1727 statt. Die endgültige Zahl der getöteten Hexen wurde von den verschiedensten Schriftstellern heftig umstritten. Einer berichtete, dass die schottische Kirche etwa 4000 Verbrennungen zuließ und ein Bericht in der *Scottish Review* von 1891 macht genaue Angaben über 3400 Exekutionen zwischen 1590 und 1680. Im Jahr 1938 führte George Black 1800 bekannte Fälle an und äußerte die Vermutung, dass die genaue Zahl bei 4400 liege.

„Sie riefen einen Mann mit Pferd und Schlitten herbei und veranlassten ihn, über die Leichname zu fahren."

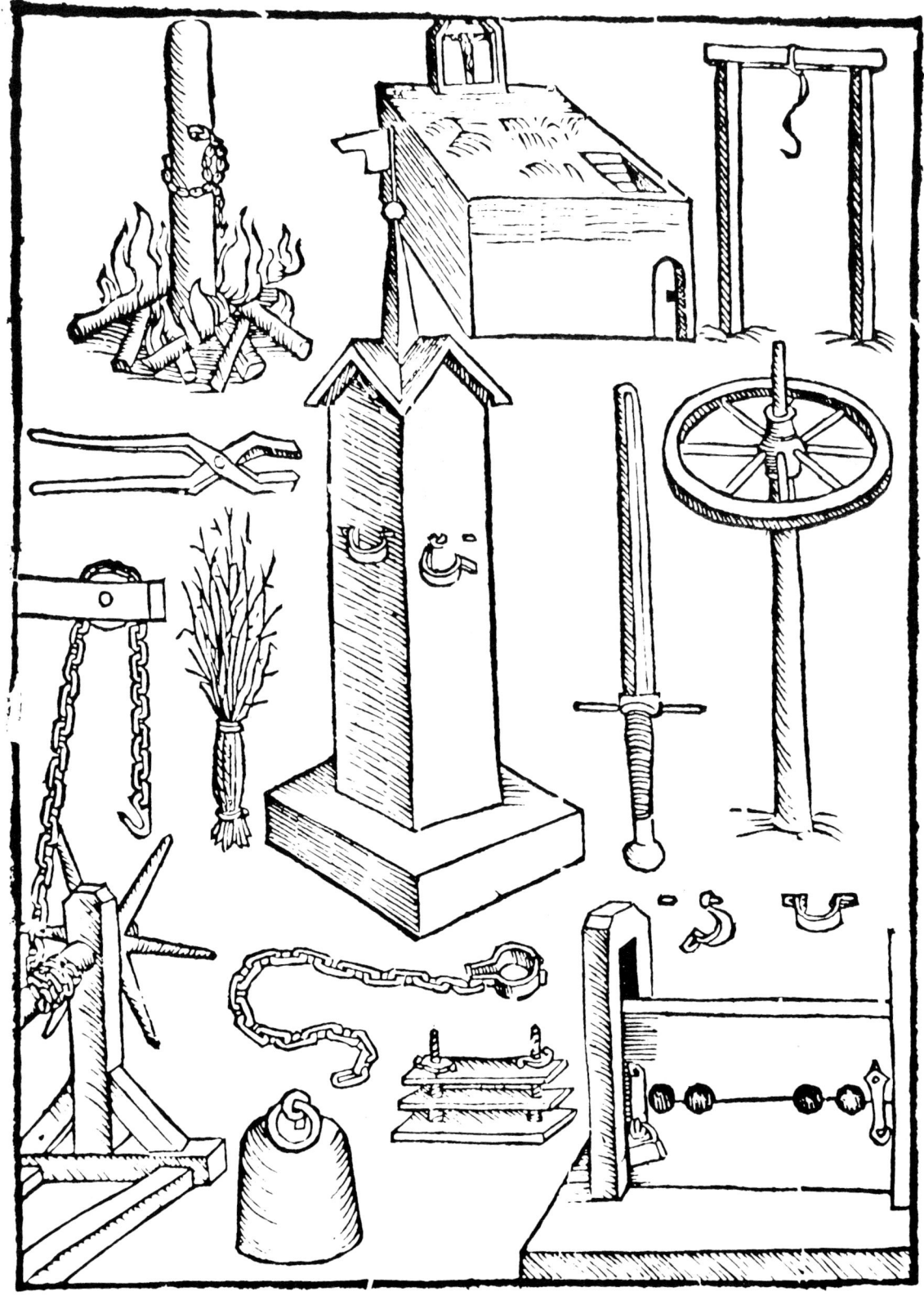

Kapitel 8

Folterinstrumente

Die rein körperliche Folter, durch Schlagen oder Auspeitschen, durch Feuer oder Wasser, war den sadistischeren Richtern nicht genug; daher verlangten sie nach raffinierteren Instrumenten, die besonders heftige Schmerzen hervorrufen sollten – Schmerzen, die gleichzeitig noch langsam gesteigert werden konnten, um noch mehr Geständnisse zu erpressen.

Die Streckbank

Das möglicherweise berüchtigtste und am häufigsten eingesetzte Folterinstrument war die Streckbank. Ihr Gebrauch reicht zurück bis in die Antike. Im alten Griechenland gibt es die Legende des Räubers Prokrustes, der eine der Straßen nach Athen heimsuchte. Er besaß ein Bett ganz aus Eisen, und jeder der Unglücklichen, die ihm in die Hände gefallen waren, wurde darauf gelegt. Wenn sie länger als das Bett waren, schnitt Prokrustes die überhängenden Teile einfach ab – egal ob den Kopf oder die Füße – und warf sie über die Klippen einer riesigen Schildkröte zu, die darunter lebte. Sollte jedoch einmal einer zu kurz geraten sein, streckte er ihn bis er dem Maß entsprach. Der legendäre Held Theseus tötete ihn schließlich.

Wie wir aus einem Abschnitt in Aristophanes Werk *Der Frosch* (406 v. Chr.) wissen, wurde die Streckbank von der griechischen Gerichtsbarkeit als legales Mittel der Wahrheitsfindung bei Verhören verwendet (vgl. Kapitel 1). Auch die römischen Kaiser, besonders Tiberius (vgl. Kapitel 1) benutzten sie, aber Einzelheiten über ihre damalige Bauart sind nicht bekannt.

Obwohl jedoch viele verschiedene Arten der Streckbank während der Jahrhunderte in Gebrauch waren, blieb das Grundprinzip immer das gleiche. Die Hände der Opfer werden mit Seilen am einen Ende eines Balken festgebunden und ihre Körper nach und nach mit Hilfe von Seilen um die Füße gestreckt. Erst halten sie gegen die Spannung, nicht nur mit ihren Arm- und Beinmuskeln, sondern auch mit den Bauchmuskeln. Dann lässt die Kraft in ihren Gliedmaßen plötzlich nach, zuerst in den Armen und dann in den Beinen: erst reißen die Bänder und dann die Muskelfasern selbst. Weiteres Strecken zerreißt die Bauchmuskeln und bei fortgesetzter Folter werden die Glieder ausgerenkt und schließlich aus den Gelenken gerissen.

Im *Book of Martyrs* von John Foxe wird die Folterung des christlichen Märtyrers Quintinus beschrieben: *Dann befahl der vor Wut schäumende Präfekt, den heiligen Quintinus so grausam an den Seilwinden zu strecken, dass ihm durch pure Gewalteinwirkung die Glieder aus den Gelenken gerissen wurden.*

LINKE SEITE: Ein früher Holzschnitt der viele der Folterinstrumente darstellt, die bei Verhören in Deutschland während des 15. Jahrhunderts angewandt wurden. Eine primitive Form der Daumenschrauben ist in der Mitte unten gezeigt.

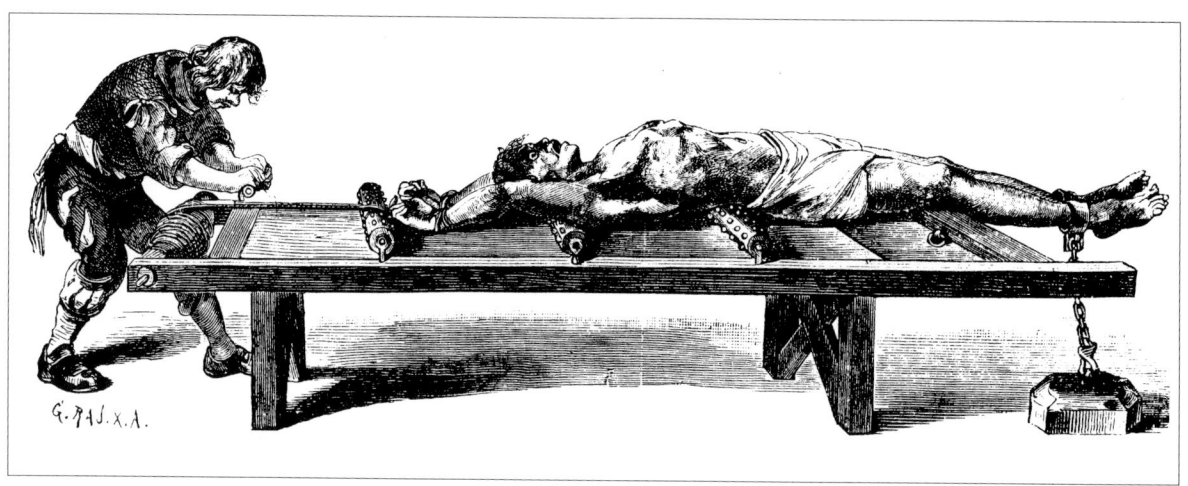

Eine Art Folterbank, wie sie besonders in Deutschland verbreitet war – bewirkte nicht nur, dass das Opfer gestreckt, sondern gleichzeitig über eine Reihe mit Nägeln gespickter Rollen gezogen wurde.

Überdies ordnete er an, ihn mit kurzen Stricken zu schlagen und kochendes Öl, Pech und geschmolzenes Fett über ihn zu gießen, aufdass keine Art der Bestrafung oder Folter es verfehlen möge, ihm körperliche Qual zuzufügen.

Vom alten Rom bis zum frühen Mittelalter gibt es nur wenige Aufzeichnungen über die Anwendung der Streckbank, aber seitdem die Inquisition eingeführt worden war, wurde ihr Dienst immer häufiger in Anspruch genommem – hauptsächlich von den Staatsbeamten (vgl. Kapitel 3). Sie war als *chevalet* (kleines Pferd) in Frankreich bekannt, in Spanien nannte man sie *escalera* (Leiter) und in Deutschland einfach nur die „Folter". In England soll sie durch John Holland, den Herzog von Exeter während seiner Zeit als Wachoffizier des Towers eingeführt worden sein.

In dieser Zeit gab es die Streckbank sowohl in vertikaler als auch in horizontaler Ausführung. Sie bestand aus einem offenen, rechteckigen, hölzernen oder eisernen Rahmen mit einer Länge von über zwei Metern. Bei der vertikalen Ausführung wurden die Handgelenke des Opfers an den oberen Balken gefesselt. An die Seile, die an dessen Füße gebunden waren, wurden dann immer schwerere Gewichte gehängt oder sie wurden wahlweise über eine Winde am anderen Ende des Rahmens geführt, die von zwei Folterknechten gedreht wurde.

Bei der horizontalen Variante ragte der Rahmen etwa einen Meter vom Boden auf. Die Opfer wurden daran gefesselt auf den Boden gelegt, und Seile führten von ihren Handgelenken und Fußknöcheln über einen Balken oder eine Winde an jedem Ende. (Andere Arten der Streckbank hatten Latten über dem Rahmen, auf denen die Opfer lagen: diese Ausführung war vielerorts als die „Leiter" bekannt.) Es war möglich, an alle vier Seile Gewichte zu hängen, aber die bevorzugte Methode war, die Seile mit zwei Winden aufzurollen. Dies erforderte die Kraft von vier Männern. Sie waren mit Stöcken ausgestattet, die sie in Löcher links und rechts von den Winden steckten. Ein Mann an jedem Ende hielt das Seil unter Spannung während sein Kollege seinen Stock in das nächste Loch an der Winde steckte und weiterdrehte. Zuerst hoben sich die Körper der Opfer vom Boden ab, bis sie unter völliger Streckung jedes Muskels horizontal zwischen den Seilwinden hingen; dann wurde die Folter fortgesetzt.

Die nächste Entwicklung war, dass man die Winden an jedem Ende der Streckbank mit einer Art Sperrmechanismus versah. Auf diese Weise blieb die Spannung der Seile nach jeder Drehung der Winden erhalten, und es bedurfte nur noch zweier Männer um die Streckbank zu bedienen. Später ließ man die Seile über ein hölzernes, in der Mitte angebrachtes Drehkreuz mit einem Sperrmechanismus in jede Richtung laufen, sodass die Folter auch von nur einem Mann ausgeführt werden konnte.

Manchmal wurden die Opfer auch an ihren Daumen und großen Zehen gefesselt auf die Streckbank gespannt. Ein französisches Protokoll beschreibt die Befragung eines gewissen Pierre Delluque, der des Pferdediebstahls beschuldigt wurde. Sogar als das Rad an der Streckbank um zwölf Zähne weitergedreht worden war, bestand er noch auf seiner Unschuld: *Daraufhin wurde befohlen ... noch drei Zähne weiterzudrehen und der befragte Angeklagte antwortete, dass der Teufel ihn samt Körper und Seele holen möge, sollte er an irgendeinem Diebstahl beteiligt gewesen sein. Und nachdem die Spannung auf Befehl um weitere drei Zähne erhöht worden war, wurde der Angeklagte noch einmal zu den obigen Vorwürfen befragt, aber er gab keine Antwort. Daraufhin wurden die Ärzte gerufen, die ... berichteten, dass die Atmung ausgesetzt hatte und sein Erstickungstod drohte, wenn man ihn nicht sofort losband.*

Aus diesem Grund wurde angeordnet, dass man dem Angeklagten die Seile lockerte, und er kam mit Hilfe eines von den Ärzten verabreichten Stärkungsmittels wieder zu sich. Man befragte ihn wieder, aber er leugnete immer noch, irgendeine Räuberei begangen zu haben. Daraufhin wurde befohlen, die Seile wieder bis zum vorherigen Punkt zu spannen, und der Angeklagte, noch einmal befragt, antwortete nur mit lautem Geschrei; und als der Henker angewiesen wurde, zwei Zähne weiterzudrehen, gab der Angeklagte immer noch keine Antwort. Die Ärzte, die abermals den Zustand des Angeklagten untersucht hatten, gaben bekannt, dass die Bewegungen seines Zwerchfells wegen der Verdrehung der Nerven aufgehört hatten und der Daumen seiner rechten Hand abgerissen war, und dass er in Gefahr war, sein Leben zu verlieren ... Daraufhin befahl der Henker, den Angeklagten ganz loszubinden und ließ ihn auf eine Matratze nahe einem Feuer legen. Dort erlangte er mit Hilfe der Ärzte und der Stärkungsmittel, die sie ihm verabreichten, das Bewusstsein wieder. Nachdem ihm der gegenwärtige Bericht vorgelesen und er noch einmal zu allen vorliegenden Anschuldigungen befragt worden war, antwortete er

Manchmal wurden die Opfer mit Daumen und Großzehen auf der Folterbank befestigt.

126 Folterinstrumente

abermals, dass er keinen Diebstahl begangen hätte, weder allein noch mit Komplizen.

Eine französische Variante der horizontalen Streckbank war das Rad. Die Opfer wurden an dessen Breitseite mit über dem Kopf gefesselten Händen und am Boden festgebundenen Füßen festgeschnallt. Ähnlich wie auf der Streckbank wurden sie gestreckt, indem man das Rad drehte.

Die von einigen deutschen Behörden angewandte Methode unterschied sich da schon eher. Die Opfer wurden gestreckt während ihre Arme und Beine mit dünnen Stricken an die Seiten des Rahmens gebunden wurden. Dann wickelte man die Stricke dreimal um ihre Gliedmaßen, und schob bei jedem Mal einen Stock zwischen die Seilschlinge und den Rahmen. Wenn man die Stöcke drehte, zogen sich die Seile immer enger zusammen, bis sie in das Fleisch des unglücklichen Opfers schnitten.

Den Engländer John Coustos, der 1743 in Lissabon in die Hände der Inquisition fiel, ereilte das gleiche Schicksal. Er wurde angeklagt, ein Freimaurer zu sein und man verlangte von ihm, die geheimen Pläne der Freimaurerloge zu verraten. Er wurde mit dem Rücken auf die Streckbank gelegt, sein Hals in einen Eisenring gesteckt und seine Füße mit Seilen, die

Eine andere Art von Folterbank, ähnlich jener, auf welcher John Coustos in den Händen der Inquisition im Jahr 1743 in Lissabon litt. Da die Stricke und Ketten über die Brust und um die Gelenke befestigt sind, erleidet das Opfer einen qualvollen Todeskampf.

straff durch zwei Eisenringe gezogen waren, gefesselt. Zwei Seile von der Dicke eines kleinen Fingers wurden um jeden Arm und jedes Bein gewickelt und dann durch Löcher an jeder Seite des Rahmens der Streckbank gefädelt. Der Henker zog die Seile viermal enger, bevor Coustos vor Schmerzen und aufgrund des Blutverlusts ohnmächtig wurde. Dann brachte man ihn in seinen Kerker zurück.

Sechs Wochen später, als seine Wunden teilweise verheilt waren, wurde Coustos in die Folterkammer zurückgebracht. Diesesmal band man ihn auf eine andere Art von Streckbank. Er wurde gezwungen, seine Arme waagrecht nach hinten auszustrecken und so gefesselt, dass seine Handflächen nach außen gedreht waren. Dann zog man ihm mit Hilfe der Streckbank die Arme langsam zusammen, bis sich seine Handrücken berührten. Beide Schultern wurden ausgerenkt und ein Blutschwall schoss aus seinem Mund. Er schwieg immer noch und wurde zurück in den Kerker getragen, wo die Ärzte seine Knochen wieder einrichteten.

Zwei Monate später wurde er wieder gefoltert. Er musste sich an eine dicke Holzwand stellen, die an jedem Ende Seilwinden aufwies. Dann wickelte man ihm eine Kette zweimal um den Körper und verband deren Enden mit Ringen, die seine Handgelenke umschlossen. An diese Ringe wurden nun Seile befestigt und mittels Winden zu einer Rolle geführt. Als man die Rolle drehte, wurden ihm die Arme erneut aus den Gelenken gerissen und gleichzeitig schnitt die Kette tief in sein nacktes Fleisch. Trotz dieser furchterregenden Folter weigerte sich Coustos immer noch, die Geheimpläne der Freimaurer preiszugeben. Dieser Vorfall rief in England einen Aufschrei der Entrüstung hervor und führte zur diplomatischen Intervention.

Eine der vielen Frauen, die von der Inquisition in Portugal gefoltert wurde, war Jane Bohorquia: *Man brachte dieses junge Wesen zur Folter fort, und als sie von dort in das Gefängnis zurückgebracht wurde, war sie so gebrochen und alle ihre Glieder durch die Streckbank so verrenkt, dass ihr das Liegen auf ihrem Bett aus Binsen mehr Qualen bereitete als linderte, denn sie konnte sich nicht ohne Schmerzen umdrehen.*

Kaum hatte sie angefangen, sich von der Folter zu erholen, wurde sie schon wieder zur selben Prozedur zurückgetragen und mit solch diabolischer Härte auf der Streckbank gequält, dass die Seile in ihre Arme, Oberschenkel und Beine eindrangen und diese bis zu den blanken Knochen zerschnitten. In diesem Zustand brachte man sie ins Gefängnis zurück, halbtot, und das Blut rann ihr in großer Menge aus dem Mund. Zweifellos hatte man ihr die Eingeweide zerrissen, und zwar so sehr, dass sie am achten Tag nach der Folter verstarb.

Eine in Deutschland gebrauchte Ausführung der Streckbank war als „Österreichische Leiter" bekannt. Sie bestand aus einem breiten, leiterähn-

Als die Walze umgedreht wurde, wurden seine Arme nach und nach erneut ausgekugelt.

lichen Rahmen, der in einem Winkel gegen eine Mauer der Folterkammer gelehnt wurde. Die Opfer stellte man etwa in halber Höhe mit dem Rücken zur Leiter auf eine Sprosse und fesselte ihre Handgelenke an die Sprosse hinter ihnen. An die Fußgelenke wurden Seile gebunden, die zu einer Winde am unteren Ende der Leiter führten. Durch das Drehen der Winde wurden den Opfern die Arme hinter dem Rücken nach oben gezogen, bis beide Schultern ausgekugelt waren.

Eine andere deutsche Variante bestand aus einer gewöhnlichen horizontalen Streckbank mit einer dornenbesetzten Rolle in der Mitte unter dem Rücken des Opfers; diese drehte sich, wenn das Opfer gestreckt wurde. Eine ähnliche Methode fand in Italien Anwendung: das Opfer wurde bis zur Waagrechten gestreckt und in dieser Haltung festgebunden; dann stellte man ein spitzes Instrument unter seinen Rücken. Diese Methode hatte den sehr passenden Namen *la veglia* (Wachsamkeit); man musste ständig die Muskeln anspannen um zu vermeiden, dass man sich auf die Spitze legt.

Skeffingtons Zange

Ein Gerät, das scheinbar in England entwickelt und nur dort benutzt wurde – obwohl es in Wirklichkeit die teuflische und raffinierte Weiterentwicklung einer indischen Foltermethode namens *anundal* war (vgl. Kapitel 9) – war unter dem Namen „Skeffingtons Zange" oder manchmal auch als „des Aasgeiers Tochter" bekannt. Ihre Erfindung wurde Sir Leonard Skeffington zugeschrieben, der während der Regierung von Heinrich VIII. Leutnant des Towers war.

Es handelte sich dabei um einen großen Eisenreifen, der aus zwei mit Scharnieren verbundenen Hälften bestand. Die Opfer wurden mit auf den Rücken gefesselten Händen gezwungen, sich auf die untere Hälfte zu knien. Dann stellte sich der Henker über sie, drückte deren Oberkörper nach unten und verschloss die obere Hälfte mit einer Schraube. Je fester man die Schraube anzog, desto mehr wurde der Körper zusammengedrückt – die Brust gegen die Knie, der Bauch gegen die Oberschenkel und die Oberschenkel gegen die Unterschenkel. So wurde langsam die Wirbelsäule ausgerenkt und das Brustbein wie auch die Rippen gebrochen.

Unter den Unglücklichen, die diese grausame Tortur unter der Herrschaft von Elizabeth I. erleiden mussten, waren die beiden Jesuiten Thomas Coteham und Lucas Kerbie. John Stowe, ein Chronist dieser Zeit, beschrieb, wie sie des Hochverrats angeklagt wurden: ... statt ihrem Heimatland mit Liebe und Pflichterfüllung zu dienen haben sie es verraten, um jenseits der Meere dem Papst ergeben zu leben ... diese Männer haben ihre Treue zum Papst geschworen und gelobt, jedem seiner Befehle zu gehorchen ... Und sie wurden mit dem Plan und Vorhaben hierher geschickt um die Herzen der

Stufenweise wurde sein Rückgrat verrenkt und Brustbein und Rippen gebrochen.

Untertanen Ihrer Majestät zu verführen und den Tod Ihrer Hoheit zu planen und auszuführen; genauso wie ihnen bekannt ist, an welchem Tage, der bereits bestimmt und festgesetzt ist, die große Zerstörung und Vernichtung über uns alle kommen soll ...

Coteham und Kerbie wurden am 5. Dezember 1580 in den Tower gebracht und der Folter mit Skeffingtons Zange unterzogen; Coteham, so wurde berichtet, „blutete heftig aus der Nase". Danach verbrachten sie fast ein Jahr im Gefängnis, bis man sie am 20. November 1581 vor das Gericht in Westminster brachte, wo sie „von den Geschworenen für schuldig erklärt und dazu verurteilt wurden, gehängt, entweidet und geviertelt zu werden".

Ein anderes Opfer war Thomas Miagh, der wegen verräterischer Kontakte zu den irischen Rebellen angeklagt wurde. Man brachte ihn am 10. März 1581 in den Tower; eine der Mauern des Towers trägt noch heute seine Inschrift: „Hier liegt Thomas Miagh ganz allein, mein feines Leben ist jetzt vorbei, durch strenge Folter man die Wahrheit erfuhr, und doch die Freiheit mir nicht schenkte."

Diese „strenge Folter" war die Zange und es steht folgendes geschrieben: „Wir unterzogen ihn der Folter durch Skeffingtons Eisen und taten dies mit solcher Härte wie wir es für angebracht hielten, dennoch entrangen wir ihm keine weiteren Dinge." Miagh wurde dann Thomas Norton, dem Meister der Streckbank, übergeben „damit er mit ihm auf der Streckbank mache, was als passend angesehen wurde". Aber es scheint, dass man aus Miagh keine wichtigen Informationen herausholen konnte, weil er am Ende des Jahres freigelassen wurde und als gebrochener Mann nach Irland zurückkehrte.

In der königlichen Marine bediente man sich während des 18. Jahrhunderts einer ähnlichen Methode zur Bestrafung. Sie wurde „die Hals- und Fersenzange" genannt. Ein Schuldiger musste sich auf das Deck setzen und bekam eine Muskete unter die Knie und eine zweite ins Genick gedrückt. Die beiden Musketen wurden dann so streng zusammengebunden, dass dem Opfer das Blut aus der Nase, dem Mund und den Ohren lief.

Eine Variante des Gerätes namens „Skeffingtons Zange". Seine Erfindung wird Sir Leonard Skeffington zugeschrieben, welcher Leutnant des Towers während der Regentschaft Heinrichs VIII. war.

Die Daumenschrauben

Ein schottisches Dokument aus den Jahr 1684 bezieht sich auf „eine neue Erfindung und Methode, die man *thumbekins* nannte", aber es gibt Hinweise, dass dieses Gerät bereits 1397 unter dem Namen *pyrowykes* existiert hatte. Angeblich hat Thomas Dalyell, der 1652 in den Tower gesperrt worden war und nach seiner Flucht General der russischen Armee wurde, dieses Gerät nach Schottland gebracht. Als 1660 Charles II. wieder als König eingesetzt wurde, kehrte er nach Schottland zurück und hatte wahrscheinlich einige russische Daumenschrauben mit im Gepäck.

In seiner ursprünglichen Form als *pyrowykes* war das Instrument nichts anderes als eine Art Nussknacker. In seiner weiterentwickelten Version bestand es dann aus zwei kurzen Eisenstangen, und von der einen führten senkrecht Verbindungsstücke weg, die genau in drei Löcher an der anderen Stange passten. Die Daumen- oder Fingerspitzen des Opfers wurden links und rechts von dem mittleren Verbindungsstück zwischen die Stangen gelegt, die dann immer enger zugeschraubt werden konnten.

Dalyell wandte das Gerät beim Verhör eines gewissen William Spence an: „Kleine Schrauben aus Stahl wurden benutzt, welche die Daumen unter so starken Schmerzen zusammenquetschten, dass er in sich zusammensank; und man sagte ihm, dass man jedes Glied seines gesamten Körpers, eins nach dem anderen, zerquetschen werde, bis er gestand."

Unter Charles II. fanden die Daumenschrauben Anwendung bei der Vernehmung mehrerer Männer, die wegen der Verschwörung zur Ermordung des Königs angeklagt waren. Einer von ihnen war William Carstares, ein bekannter schottischer Minister, der 1683 in Zusammenhang mit dem sogenannten „Rye House Plot" gefoltert wurde. Die *History of His Own Time* (1724–1734) von Bishop Burnet beschreibt: ... *als der Henker mit den Folterwerkzeugen zugegen war, befahl der Lordkanzler dem Gerichtsdiener, dass der Henker mit der Folter beginnen sollte, indem er ihm die Daumenschrauben anlegt. Das tat er, und nachdem er ihn bereits eine Stunde lang der qualvollen Tortur unterzogen hatte, drehte er die Schraube immer noch Stück für Stück weiter, bis der Gefangene die Besinnung zu verlieren schien; und während sie diese außerordentliche Folter an ihm vornahmen, schraubten sie das Gerät so stark zu, dass sie es nicht wieder aufschrauben konnten, bis der Schmied, der es hergestellt hatte, mit seinen Werkzeugen geholt wurde um es abzumachen.*

Carstares wurde wegen des Mangels an Beweisen nach 18 Monaten aus dem Gefängnis entlassen und führte die Daumenschrauben später William III. vor, der 1689 zum König wurde. William bestand darauf, sie an sich selbst auszuprobieren und gab zu, dass sie jede Art von Geständnis aus ihm herausbekommen hätten. Ohne Zweifel zögerte er nach dieser Erfahrung nicht, in einem Brief an den Staatsrat ihren Gebrauch an Henry Neville Payne anzuordnen: *Wir sind uns vollkommen sicher, unumstößliche Beweise für*

Eine Daumenschraube. Von Thomas Dalyell wird behauptet, er habe dieses Gerät in Schottland eingeführt, nachdem er dessen Anwendung als General in der russischen Armee kennengelernt hatte. Der schottische Minister William Carstares, der die Folter erfahren hatte, demonstrierte die Daumenschrauben später König William III., der sagte, diese würden ihn dazu bewogen haben, alles zu gestehen.

eine schreckliche Verschwörung und einen Anschlag auf unsere Regierung und die gesamte Ordnung unseres alten Königreiches zu haben, die darauf abzielen, den vormaligen König James und die Päpstlichkeit in diesem Reiche an die Macht zu bringen und eine völlig neue Form der Regierung einzuführen. Dafür gab es mehrere denkende und ausführende Organe und Neville Payne, derzeit Gefangener in der Burg zu Edinburgh, war möglicherweise ein Instrument dieser Verschwörung; daher bitten wir Sie, Neville Payne einem gestrengen Verhör zu unterziehen und, sollte er sich als hartnäckig oder unaufrichtig erweisen, mit aller Härte, die das Gesetz in diesen Fällen erlaubt, zu foltern; ohne den geringsten Zweifel an Ihrem bedingungslos energischen Einsatz zur Aufdeckung weiterer Verbrechen, welche die öffentliche Sicherheit so sehr betreffen, zu hegen, empfehlen wir uns mit den herzlichsten Grüßen.

Es heißt, dass Payne zwei Tage in den Daumenschrauben zubrachte und weitere Qualen zu ertragen hatte, er gestand jedoch nur wenig und wurde daraufhin zu zehn Jahren Gefängnis verurteilt.

Auch viele andere europäische Länder bedienten sich der Daumenschrauben. Die deutsche Variante war sogar noch furchterregender, denn sie war mit Stacheln besetzt, die sich durch die Fingernägel in das Fleisch des Opfers bohrten.

Die Stiefel

Das Foltern mit Stiefeln war laut Aussagen von Augenzeugen „die härteste und grausamste Strafe der Welt". Und folgt man den Aufzeichnungen von Bishop Burnet, so war sie das tatsächlich: „Wenn jemandem die Stiefel angelegt werden, geschieht das im Beisein des Rates; und während der Tortur hegen fast immer alle den Wunsch, den Raum zu verlassen. Der Anblick ist so fürchterlich, dass, würde man nicht eine gewisse Anzahl von Personen zur Anwesenheit verpflichten, die hölzernen Zangen ungenutzt blieben."

Obwohl diese Foltermethode den Namen der oder die „Stiefel" trug, beschreibt der Ausdruck „hölzerne Zangen" die gängigste Form dieses Instruments genauer. Das Opfer musste sich auf eine Bank setzen und bekam Holzbretter an die Innen- und Außenseite jedes Beines angelegt. Diese Bretter – die laut einer Beschreibung „ähnlich wie die kurzen Kästen, mit denen man junge Bäume vor den Kaninchen schützt" aussehen – wurden eng zusammengebunden. Dann treibt man mit Hilfe eines Holzhammers Keile aus Holz oder Metall zwischen die mittleren Bretter. Für die „gewöhnliche" Folter verwendete man vier Keile, für die „außerordentliche" Folter dagegen acht. Die Schmerzen waren entsetzlich und die Beinknochen des Opfers wurden häufig gesplittert oder gebrochen.

In Frankreich kannte man ein ähnliches Gerät unter der Bezeichnung *brodequin*. Der Name leitet sich von einem wadenhohen Schnürstiefel ab, der

Für die „gewöhnliche" Folter wurden vier Keile benutzt; acht kamen bei der „außergewöhnlichen" Folter zum Einsatz.

132 Folterinstrumente

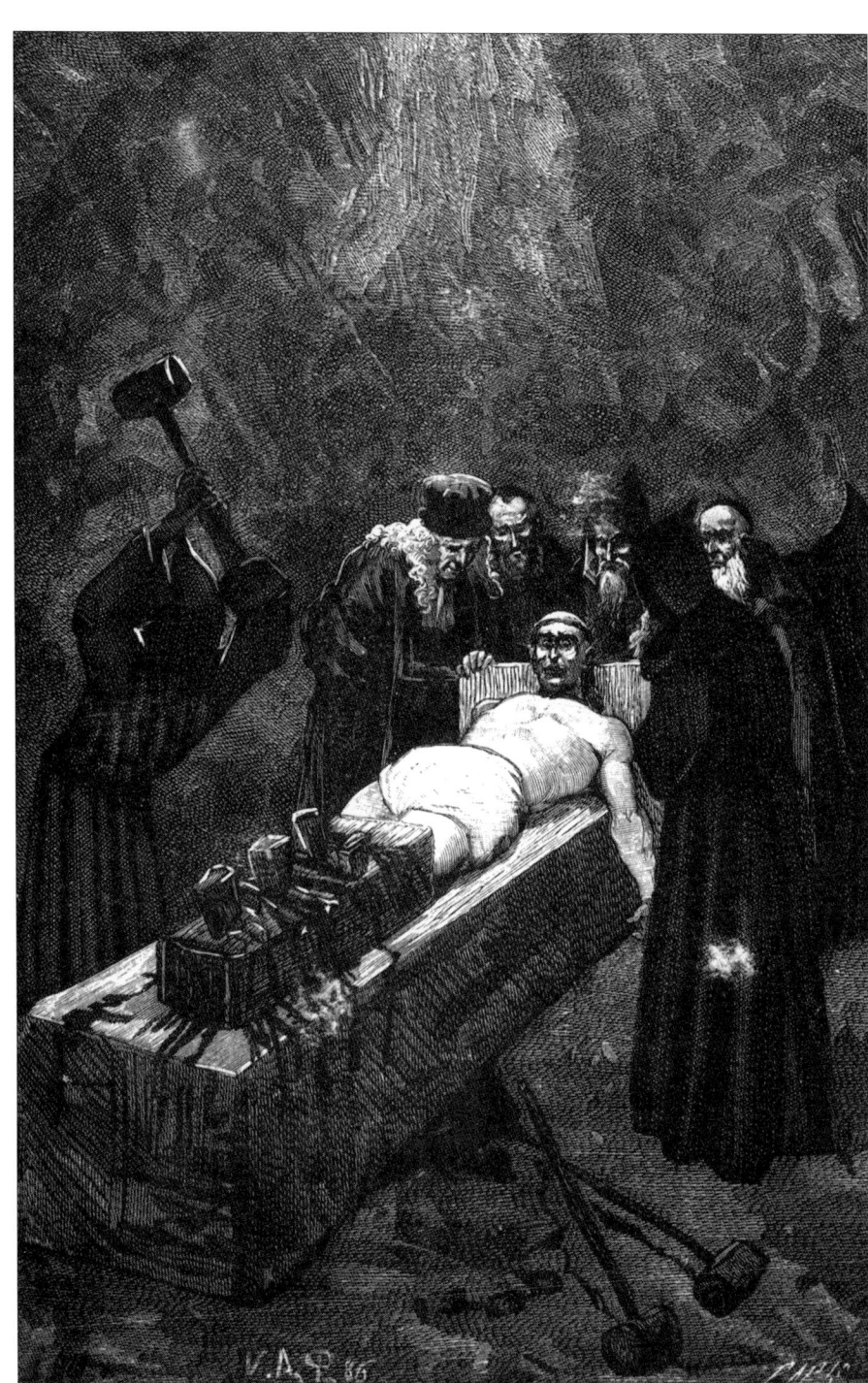

Pater Urbain Grandier wurde eines Pakts mit dem Teufel und dem Behexen einer Anzahl von Nonnen im Jahr 1633 in Loudon, Frankreich, beschuldigt. Er wurde mit den „Schnürstiefeln" gefoltert – „so streng, dass das Mark seiner gebrochenen Knochen aus seinen Gliedern sickerte".

von Schauspielern getragen wurde; die gleiche Art von Stiefeln war in England als *buskins* bekannt.

Als Folterinstrument war der *brodequin* eine stiefelförmige Holzkiste, die groß genug war, um beide Beine darin unterzubringen. Keile wurden zwischen die Schenkel oder Knie des Opfers getrieben. Das war die Art der Folter, welche bei der Befragung von Francis Ravaillac, der Henri IV. von Frankreich im Jahr 1589 ermordet hatte, angewandt wurde; dabei versuchte man herauszufinden, ob es noch Mitverschwörer gab. *Man befahl, Ravaillac der Folter des* brodequin *zu unterziehen und dieser schrie, nachdem der erste Keil eingeschlagen war, aus: „Gott, hab Erbarmen mit meiner Seele und vergib das Verbrechen, welches ich begangen habe; ich habe meine Absicht keinem anderen anvertraut …"*

Als der zweite Keil hineingetrieben wurde, sagte er unter lautem Geschrei und Gestöhne: „Ich bin ein Sünder, ich weiß nicht mehr, als ich angegeben habe, bei dem Schwur, den ich geleistet habe, und bei der Wahrheit, zu der ich gegenüber Gott und dem Gericht verpflichtet bin … Ich flehe das Gericht an, meine Seele nicht zur Verzweiflung zu treiben."

Und als der Henker fortfuhr, den zweiten Keil einzuschlagen, rief er aus: „Mein Gott, empfange diese Strafe als Sühne für die größeren Verbrechen, die ich in dieser Welt begangen habe; oh Gott, ich erkenne diese Qualen als Genugtuung für meine Sünden an …"

Der dritte Keil wurde nun weiter unten, nahe seiner Füße hineingetrieben … und er verlor das Bewusstsein. Der Henker flößte ihm ein wenig Wein ein, aber er konnte ihn nicht schlucken. Da er kaum sprechen konnte, entband man ihn von der Folter und schüttete Wasser in sein Gesicht und auf seine Hände. Als ihm noch zusätzlich Wein eingeflößt wurde, kehrte seine Sprache zurück und er wurde auf eine Matratze im gleichen Raum gelegt, wo er bis zum Mittag liegen blieb.

Nach neuerlicher Folter wurde Ravaillac schließlich von vier Pferden in Stücke gerissen.

In Schottland gab es offensichtlich ein ähnliches Gerät aus Eisen. Es kam zum Einsatz beim Verhör von James Spreull, der im Jahr 1681 in Edinburgh angeklagt war, den Tod des Herzogs von York (dem späteren James II. von England und VII. von Schottland) mittels einer Bombe geplant zu haben. James war selbst zusammen mit Thomas Dalyell und anderen bedeutenden Persönlichkeiten in der Folterkammer anwesend: *Der Henker zwang Spreulls Fuß in das Instrument, den sogenannten Stiefel, und schlug bei jeder Frage fünfmal oder öfter auf die Keile … Als man dadurch nichts erreichte, ließ man den alten Stiefel schicken, weil man fand, dass der vom Henker gebrauchte neue Stiefel nicht so gut sei wie der alte; dementsprechend wurde er, nachdem dieser gebracht worden war, ein zweites Mal der Folter unterzogen, doch er hielt an dem fest, was er bereits zuvor gesagt hatte. General Dalyell beschwerte sich bei der zweiten*

> *Als der erste Keil eingetrieben wurde, schrie er: „Gott sei meiner Seele gnädig und möge das Verbrechen, das ich beging, entschuldigen."*

Folter, dass der Henker nicht hart genug auf die Keile schlug; dieser gab an, mit all seiner Kraft zu schlagen und erbot dem General die Möglichkeit, es selbst zu versuchen.

History of the Sufferings of the Church of Scotland, *Robert Wodrow, 1828*

Auch Frauen wurden auf diese Weise gequält. Am 1. Februar 1631 ordnete der schottische Staatsrat an, dass „Margaret Wod die Folter durch die Stiefel zu erleiden habe, am Morgen, um zehn Uhr, im Gerichtsgebäude zu Edinburgh; und dass der gesamte Rat bei der Vollstreckung zugegen sein müsse".

Eine weitere sadistische Verfeinerung war der sogenannte „Spanische Stiefel", der in vielen Ländern, einschließlich Schottland, angewendet wurde. Dieser bestand ebenfalls aus Eisen, aber er war mit einem Schraubmechanismus ausgestattet, der den Unterschenkel zusammendrückte. Falls das Opfer diese Tortur aushielt, ohne zusammenzubrechen, wurde der Stiefel in einem Kohlenbecken erhitzt, bis die Schmerzen unerträglich wurden.

In Frankreich wandte man diese Methode in leicht abgewandelten Varianten an. Eine davon bestand in dem Gebrauch von hohen Stiefeln aus weichem, biegsamen Leder. Das Opfer, das diese Stiefel trug, wurde nahe an ein heißes Feuer geführt, dann goss man kochendes Wasser in die Stiefel. Bei einer anderen Methode musste das Opfer nasse Strümpfe aus Pergament tragen. Dann setzte man den Unglücklichen vor ein Feuer, wo das Pergament sofort trocknete, sich zusammenzog und außerordentliche Schmerzen verursachte, die sich über beide Beine erstreckten.

Die Eiserne Jungfrau

Es gibt keine teuflischere „Foltermaschine" als das Gerät, welches verschiedentlich als die „Eiserne Jungfrau", die „Unbefleckte" oder in Deutschland einfach nur als die „Jungfer" bekannt ist. Ein gewisser Oberst Lehmanowsky behauptete von sich, sie in Madrid gesehen zu haben, und er berichtete, dass sie „alle anderen Werkzeuge an teuflischer Genialität übertraf". Da offensichtlich kein Exemplar dieses Instruments erhalten blieb, gründet sich ihre Existenz nur auf Gerüchte, und im 18. Jahrhundert hielt man sie für einen Mythos. Doch 1832 bestätigte Dr. Mayer, der Verwalter des Archivs von Nürnberg, dass ein derartiger Apparat bis vor kurzem in der dortigen Burg in Gebrauch war. Schließlich fand sich auch in der Antiquitätensammlung des Baron Dietrich ein Musterexemplar, das nachträglich in der englischen Ausgabe der *Archaeologia* von 1838 beschrieben wurde:

Sie hatte einen kegelförmigen Körper aus massivem Eisen mit einem weiblichen Kopf, der eine Haube und eine Halskrause trug, und stand auf einem hölzernen Sockel. Die Vorderseite ließ sich an zwei Türen öffnen, durch die das Opfer rückwärts in das Innere der Jungfrau geschoben wurde.

> *Das Opfer wurde dicht an ein heißes Feuer gebracht, und kochendes Wasser wurde in die Stiefel gegossen.*

Von der Innenseite der einen Tür zeigten dreizehn quadratische Eisenspitzen in Richtung des Opfers, und von der anderen Tür nochmals acht. Sie waren so angeordnet, dass sie beim langsamen Schließen der Türen in die lebenswichtigen Organe des Opfers stachen; und zwei weitere befanden sich auf Gesichtshöhe, sodass sie in die Augen stachen.

Ein ähnlicher Apparat wie das von Oberst Lehmanowsky beschriebene Gerät könnte auch die von dem griechischen Tyrannen Nabis erfundene Maschine sein (vgl. Kapitel 1). Sie wird in *The Percy Anecdotes* (1820–1823) und später in Frederic Shoberls *Persecution of Popery* (1844) näher erläutert:

Beim Einfall der Franzosen in Toledo während des Spanischen Unabhängigkeitskrieges [1808] sah sich General Lasalle das Gebäude der Inquisition an. Die große Anzahl von Folterinstrumenten, besonders der Geräte zum Strecken der Glieder ... erschreckte sogar die auf den Schlachtfeldern abgehärteten Gemüter der Soldaten zutiefst. Eines dieser Instrumente verdient es, genauer beschrieben zu werden.

In einem unterirdischen Gewölbe, das an den geheimen Zuschauerraum angrenzte, stand ... eine von Mönchen gefertigte Holzstatue, welche die Jungfrau Maria darstellte. Ein goldener Schein umgab ihren Kopf und in ihrer rechten Hand hielt sie ein Banner. Auf den ersten Blick erschien es uns allen seltsam, dass sie trotz des seidenen Gewandes, das ihr in weiten Falten links und rechts von den Schultern fiel, eine Art Brustpanzer trug. Bei näherem Hinsehen zeigte sich, dass der vordere Teil ihres Körper übersät war mit äußerst spitzen Nägeln und schmalen Messerklingen, deren Spitzen zum Betrachter hin zeigten.

Die Arme und Hände waren miteinander verbunden und ein Mechanismus hinter den Zuschauern setzte die Figur in Bewegung. Einem der Diener der

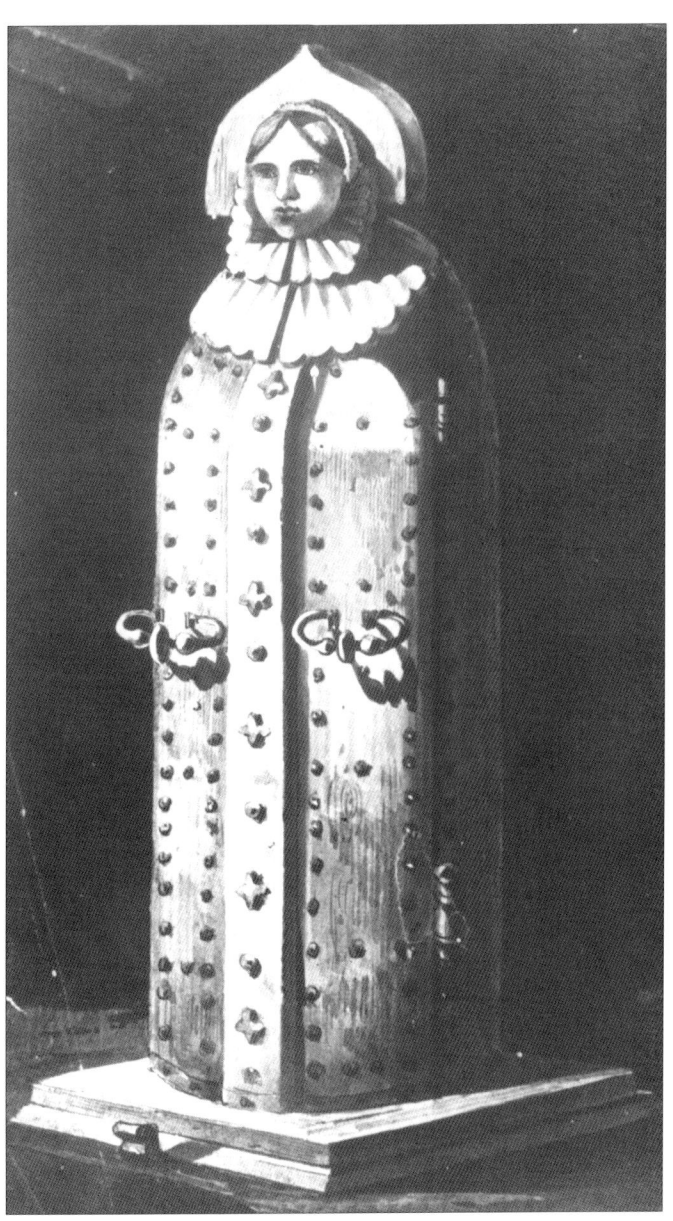

Die infame „Eiserne Jungfrau", oder „Jungfer von Nürnberg".

Inquisition wurde vom General aufgetragen, die Maschine zu bedienen, wie er es nannte. Als die Figur ihre Arme ausbreitete, so als ob sie jemanden liebevoll an ihr Herz drücken wollte, nahm der gutgefüllte Tornister eines polnischen Grenadiers die Stelle eines lebenden Opfers ein.

Die Statue drückte ihn mehr und mehr an sich, und als der zu Befehl stehende Gehilfe sie dazu brachte, die Arme wieder auseinander zu nehmen und in ihre ursprüngliche Position zurückzukehren, war der Tornister mit zwei bis drei Inches [fünf bis sechs Zentimeter] tiefen Löchern übersät und blieb an den Spitzen der Nägel und Messerklingen hängen.

Ein sogenanntes Familienmitglied der Inquisition gab uns eine Auflistung der traditionellen Vorgehensweise hinsichtlich der Anwendung dieser Maschine. Der Inhalt seines Berichts war folgender: „Personen, die der Ketzerei oder der Lästerung Gottes oder der Heiligen angeklagt sind und sich hartnäckig weigern, ihre Schuld zu gestehen, werden in diesen Keller geführt, bis zum hinteren Ende, wo mehrere in einer Nische verteilte Lampen den Heiligenschein, den Kopf der Figur, und das Banner in ihrer rechten Hand einzeln beleuchten. An einem kleinen Altar, der gegenüber der Figur steht und schwarz verhüllt ist, empfängt der Gefangene das Sakrament, und zwei Geistliche ermahnen ihn mit ernster Miene, in der Gegenwart der Mutter Gottes ein Geständnis zu machen. Sie sagen: ‚Sieh, wie liebevoll die gesegnete Jungfrau dir die Arme öffnet! An ihrer Brust wird sich dein steinernes Herz erweichen; dort wirst du gestehen wollen.' Auf einmal beginnt die Figur, ihre ausgebreiteten Arme zu heben: Der vor Staunen überwältigte Gefangene wird in ihre Arme geführt; sie zieht ihn immer näher an sich heran, drückt ihn fast unmerklich immer mehr an ihren Busen, bis die Nägel und Messer in seine Brust stechen."

> „sie zieht ihn näher und näher, bis die Nägel und Messer in seine Brust stechen"

Der Eiserne Stuhl

Die Anwendung des Eisenrostes wurde in Kapitel 4 und der Gebrauch des „Spanischen" oder „Eisernen" Stuhls in Kapitel 5 beschrieben. Letzterer wurde von den Römern häufig zur Folter von Christen benützt: *Es wurde befohlen, dass sieben Stühle aus Messing hereingebracht werden und die Frauen, sieben an der Zahl, die während der Folter des heiligen Blasius die geheiligten Tropfen seines Blutes aufgefangen hatten, mussten sich auf je einen setzen. Dann wurden die besagten Stühle so stark erhitzt, dass Funken von ihnen davonflogen wie von einem überheizten Ofen, und ihre Körper wurden so versengt, dass alle Menschen, die dabeistanden vom Geruch der Gebratenen umfangen wurden.*

Der Eiserne Stuhl hat eine lange Geschichte. Ferdinand VII., König von Neapel (1810–1859), kämpfte viele Schlachten, in denen er häufig Kriegsgefangene machte. Um diese zu verhören, ließ er sich einen speziellen tragbaren Stuhl bauen, der zusammengeklappt und auf dem Rücken eines Maultiers transportiert werden konnte. Die Beinenden des Stuhls waren angespitzt, damit man ihn am Boden befestigen konnte, und unter seinem Sitz befand sich eine Pfanne für glühende Kohlen.

Andere Instrumente zur Folter und Bestrafung

Eine große Vielzahl von unmenschlichen Geräten wurde weniger zum Erpressen von Geständnissen durch die Folter, als vielmehr zum Zwecke der Bestrafung gebraucht. Eines der berüchtigtsten davon war der „Tauchstuhl". Er bestand in seiner einfachsten Form aus einem Stuhl oder Hocker, der am einen Ende eines langen Balkens hing. Der Balken wurde entweder durch ein Gewicht oder durch die Kraft mehrerer Menschen bewegt. Manchmal war er auf einem Gestell mit Rädern befestigt, dann nannte man ihn *trebuchet*, oder „Baumschaukel", nach dem Katapult in der mittelalterlichen Kriegskunst. Eine Abänderung war der „Sünderkarren". Er hatte zwei Räder und zwei etwa viereinhalb Meter lange Deichseln, an denen er geschoben wurde. Einen dieser Sünderkarren, in dessen Holzrahmen die Jahreszahl 1686 eingeritzt war, gab es früher in Wootton Bassett in Wiltshire.

Der Tauchstuhl in Aktion. Das Opfer wurde in den Sitz am Ende einer langen Stange gefesselt und wiederholt ins Wasser getaucht.

Das Opfer wurde auf dem Sitz angebunden und dann langsam ins Wasser herabgelassen, normalerweise in irgendeinen schlammigen oder stinkenden Tümpel. Dieser Vorgang konnte einige Male wiederholt werden, bis das Opfer, heftig nach Atem ringend, halb ertrunken war – oder, wie in mindestens einem Fall, den Tod fand. Diese Strafe war zänkischen Weibern und Huren zugedacht, und in England und Schottland gleichermaßen beliebt.

Die Berichte über die Anwendung des Tauchstuhls in England ziehen sich durch mehr als zwei Jahrhunderte. 1534 wurden zwei Frauen aus Sandwich, Kent, wegen unzüchtiger Handlungen aus der Stadt gejagt. Man warnte sie, dass sie den Tauchstuhl oder den Stock zu spüren bekämen, falls sie zurückkehrten. In Wakefield, Yorkshire, geschah 1671 dies: *Es begab sich, dass Jane, die Frau des Schuhmachers William Farrett, für öffentliche Beschimpfungen, nämlich der schweren Beleidigung und Störung ihrer Nachbarn, angezeigt wurde. Daher wird angeordnet, dass sie öffentlich getaucht werden soll, und zwar dreimal bis über den Kopf und die Ohren durch die Gesetzesdiener von Selby, für die dieses Schreiben als offizielles Urteil dienen sollte.*

Im 18. Jahrhundert schrieb ein Besucher von Derby: „Es gibt hier eine seltsame und sehr nützliche Maschine, zur Läuterung zänkischer Frauen, genannt der Tauchstuhl. Ich werde einen Bauplan dieses Geräts beschaffen und zum Wohle meines Heimatlandes nach Berkshire bringen." Und 1718 sind in den Kirchenberichten von Southham in Warwickshire die exakten Kosten zum Bau dieser Maschine vermerkt. Einem Mann, der nach Daventry kommen musste, um die Zeichnung eines Stuhls anzufertigen, wurden dafür drei Schillinge und zwei Pence gezahlt; der Zimmermann, der Maler und der Schmied verlangten ebenfalls einen angemessenen Preis, und neun Schillinge und sechs Pence mussten ausgegeben werden, um den Dorfteich ausreichend tiefer zu machen. Am 27. April 1745 berichtete die London Evening Post, dass „die Besitzerin einer Bierstube namens ‚Queen's Head' in Kingston durch Gerichtsbeschluss wegen ungebührlichen Betragens getaucht werden sollte, und demzufolge wurde sie in den Stuhl gesetzt und im Beisein von zwei- oder dreitausend Menschen in der Themse getaucht".

John Howard schildert in der zweiten Ausgabe seines Werkes *The State of the Prisons in England and Wales* einen ungewöhnlichen Fall bezüglich der Anwendung des Tauchstuhles, der sich 1779 während eines Besuchs in Liverpool Bridewell ereignete: *Im Gerichtshof befindet sich eine Pumpe, an die weibliche Gefangene einmal wöchentlich gebunden werden um ihre Strafe zu empfangen. Dort gibt es auch einen Baderaum mit einer neuen und einzigartigen Erfindung. An einem Ende befand sich die Halterung für einen langen Balken, an dessen äußerstem Ende ein Stuhl befestigt war. In diesen wurden alle Frauen ... bei ihrem Eintritt, nach ein paar Fragen, gesetzt. Sie trugen ein Flanellhemd und wurden dreimal hintereinander gründlich getaucht. Ich möchte sagen, dass die*

Das Opfer wurde in den Sitz gefesselt, und dann ins Wasser gelassen, üblicherweise in einen modrigen oder stinkenden Tümpel.

Folterinstrumente

Gerichtsbarkeit wohl kaum an diese Art des Bades gedacht hatte, als sie das Baden von Gefangenen zum Zwecke der Reinlichkeit und Verhütung von Krankheiten anordnete, und keineswegs als eine Art von mutwilliger und gefährlicher Quälerei.

Es ist erwiesen, dass sich der Tauchstuhl auch auf die Reise von England nach Amerika machte. Aufzeichnungen belegen, dass eine Mary Davis 1818 wegen Zänkerei öffentlich getaucht wurde.

Eine andere gängige Strafe für Frauen war der „Dragonerzügel" (auch „Lästerzaumzeug"), oder „Maulkorb", der in A History of Torture (1940) von George Riley Scott beschrieben wird: *Dieser Maulkorb war aus Eisen und sah einem Helm ähnlich, außer dass er lediglich aus einem Gerüst bestand und weder an den Seiten geschlossen war, noch irgendeine andere Bewegung als die der Zunge zuließ. Diese wurde durch ein in den Mund ragendes Eisenstück, welches die Funktion eines Knebels hatte, wirksam zum Schweigen gebracht; und es soll festgehalten werden, dass dieses Modell einen besonders unangenehmen und grausamen Knebel besaß ... Die Exemplare, die noch in vielen Museen im ganzen Königreich erhalten sind, zeugen von den vielfältigen Modellen, die damals in Gebrauch waren und wovon einige zweifellos große Schmerzen und Verletzungen verursacht haben müssen, sodass das Tragen des Maulkorbs, wenn auch nur für*

Der „Dragonerzügel", auch „Maulkorb" genannt. Der herausragende eiserne Knebel ist in der rechten Abbildung deutlich erkennbar. Manchmal war dieser wie ein Reibholz geschärft oder mit kleinen Nägeln gespickt.

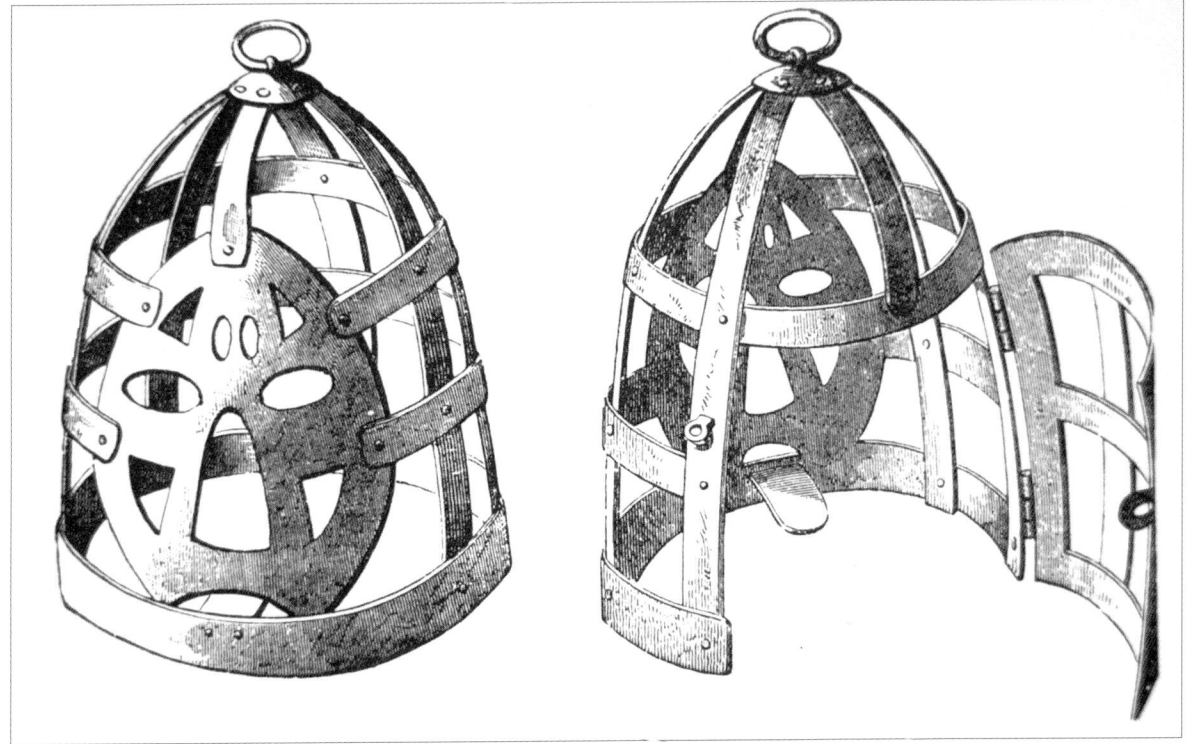

kurze Zeit, als eine Art von Folter angesehen werden muss. In einigen Fällen war der Teil, der in den Mund ragte, wie eine Spore mit scharfen Zacken geformt oder mit Nägeln besetzt.

Besonders in Schottland wurde der Maulkorb auch bei der Bestrafung von Hexen verwendet, wie im Fall von Agnes Sampson, einer der North Berwich Hexen (vgl. Kapitel 7). Man glaubte damals, dass sich Hexen selbst in Tiere verwandeln und nach Belieben durch die Lüfte fliegen konnten. Der Maulkorb sollte besonders das verhindern.

Eine weniger schwere Strafe, die in Schottland bei Vergehen, wie dem Versäumen des Gottesdienstes zur Anwendung kam, waren die *jougs*, oder auch *bregan* oder *bradyeane*. Dabei handelte es sich um einen Eisenreifen, der dem Opfer um den Hals gelegt und verschlossen wurde; daran hing eine Kette, die man am Portal der Kirche oder Kapelle, oder am Kreuz auf dem Marktplatz einer Stadt befestigen konnte. Henry Machyn schrieb in sein Tagebuch: *Am dreißigsten Tag im Juni des Jahres 1553 wurde in Cheap ein Pfahl nahe der Fahnenstange aufgestellt, und man band einen jungen Kerl mit einem Eisenring um seinen Hals, und einen anderen, mit einer Kette an den Pfahl; zwei Männer peitschten sie an dem Pfahl wegen falscher Hellseherei und ausfallender und aufrührerischer Worte aus.*

Obwohl als kurzzeitige Strafe gedacht, konnte die Verurteilung zu den *jougs* manchmal schlimme Folgen haben. 1541 wurde ein gewisser John Porter in London beschuldigt, die Bibel zu lesen. Man brachte ihn nach Newgate und schloss ihn in den Eisenreifen. Später wurde er tot aufgefunden; scheinbar hatte er das Bewusstsein verloren und war durch den Eisenring erwürgt worden.

Eine sehr ungewöhnliche Foltermethode, von der es nur noch diesen einen Bericht gibt, wurde an Juan van Halen durch die Spanische Inquisition in Murcia vollzogen. Im September 1817 klagte man ihn eines politischen Verbrechens an, das er standfest abstritt. Im Gefängnis wurden ihm dann zwei hohe Krücken unter die Achselhöhlen gestellt, sodass seine Füße den Boden nicht mehr berührten. Sein rechter Arm wurde an einer, und sein Körper und die Beine an beiden Krücken festgebunden; man steckte seine linke Hand in einen engen Handschuh aus Holz, von dem aus zwei Eisenstangen zu seiner Schulter führten um diese in einer waagrechten Position zu halten: *Der Handschuh,*

Ein Beispiel eines schottischen „Jochs", aus Forfar. Als relativ milde Strafform angewandt, konnte es in Einzelfällen tödlich wirken, wenn das Opfer kollabierte und von dem Kragen stranguliert wurde.

mit dem mein Arm geführt wurde und der scheinbar auf der Kante eines Rades lag, begann sich nun zu drehen und ich fühlte, wie mit der Bewegung der Schmerz, besonders vom Ellbogen bis zur Schulter, immer größer wurde, ein Krampf durch meinen ganzen Körper zuckte und kalter Schweiß mein Gesicht überzog. Die Befragung wurde fortgesetzt; aber die einzigen Worte, die mein Ohr während meiner fürchterlichen Qualen erreichten, war Zorillas ständige Frage: „Ist das so? Ist das so?"; dann wurden die Schmerzen so stark, dass ich ohnmächtig wurde und die Stimmen dieser Kannibalen nicht mehr hörte.

A History of the Inquisition, 1850

Die Tretmühle und die Kurbel

In England mag die Folter abgeschafft worden sein und solche Strafen wie der Tauchstuhl und das Lästerzaumzeug der Vergangenheit angehören, aber während des 19. Jahrhunderts ließen sich die Gefängnisdirektoren andere Qualen einfallen. Eine war zum Beispiel die Tretmühle, die von Henry Mayhew in *The Criminal Prisons of London* (1862) folgendermaßen beschrieben wird: *Die Maschine war die Erfindung von Mr. Cubitt, einem Ingenieur aus Lowestoft in Suffolk. Dieser Herr bemerkte bei einem Besuch des Bury St. Edwards Gefängnisses mit einigen Richtern angesichts der vielen Gefangenen, die in Gruppen faul herumsaßen, dass diese gegenwärtige Situation eine unverantwortliche Verschwendung von Zeit und Energie bedeute.*

„Ich bete zu Gott, Mr. Cubitt", sagte der Richter, „dass Sie uns eine Möglichkeit vorschlagen können, wie diese Burschen zu beschäftigen sind. Könnte man nicht so etwas wie ein Rad herstellen?"

Blitzartig schoss Mr. Cubitt eine Idee in den Kopf und er flüsterte leise „das verlängerte Rad" vor sich hin. Und er beantwortete die Frage mit den vagen Worten: „Mir ist etwas eingefallen, das es wert sein könnte, weiter durchdacht zu werden. Möglicherweise werden Sie von mir in dieser Angelegenheit hören", und verließ das Gefängnis. Nachdem er seine Erfindung reiflich durchdacht hatte, gelang es ihm, alle mechanischen Anforderungen in die Realität umzusetzen, und so erschuf er die Tretmühle. Es handelte sich dabei um die mit Sicherheit nutzloseste Maschine aller Zeiten, und doch wurde sie von Gefängnissen im ganzen Land übernommen, um die Häftlinge zu beschäftigen.

William Cubitt, der 1851 in den Ritterstand erhoben wurde, hatte schon zuvor eine Maschine zum automatischen Betrieb von Windmühlenflügeln erfunden; später baute er den Verbindungskanal zwischen Oxford und Liverpool, die Süd-Ost-Verbindung der Eisenbahn und die Berliner Wasserwerke, und er wurde Präsident der „Institution of Civil Engineers".

Cubitts Erfindung wurde erstmals 1817 im Brixton Gefängnis in London aufgebaut. Sie bestand aus einem großen Rad, ähnlich einem Wasserrad, aber sehr breit, mit Trittflächen, auf denen zehn bis vierzig Gefangene

John Porter wurde des Verbrechens bezichtigt, in der Bibel gelesen zu haben und deshalb in das Joch eingesperrt.

Die Tretmühle in der Besserungsanstalt von Clerkenwell, London, im Jahr 1874. Die vordere Reihe der Verurteilten ruht sich gegen Ende ihrer 15-Minuten-Schicht aus.

gleichzeitig Schulter an Schulter stehen konnten. Die Gefangenen konnten sich an einer Art Leiter über ihren Köpfen festhalten, während sie Trittbrett um Trittbrett hinaufstiegen. Da die Reihe der Gefangenen im Gleichschritt vorwärtsgehen musste, rotierte das Rad, und jeder, der aus dem Tritt kam oder versuchte, einen anderen Rhythmus einzuschlagen, wurde vom Rad mitgerissen und herumgewirbelt.

Die Wirkung war die gleiche, als ob man endlos viele Treppen stieg, und eine Viertelstunde Arbeit am Rad war genug, um sogar die sportlichsten Männer auszulaugen. Wenn diese fünfzehn Minuten vorbei waren, läutete eine Glocke und eine zweite Schicht Gefangener löste die erste ab. Aber nach der fünfzehnminütigen Pause war die erste Schicht wieder dazu verdammt, das Rad zu bewegen. Insgesamt hatte jede Schicht etwa 15 Einsätze pro Tag. Obwohl die Behörden vorschlugen, die Tretmühle als Energiequelle in der Industrie einzusetzen, fanden sich keine Abnehmer. Stattdessen verwendete man das Rad, um eine riesige Windmühle im Gefängnishof zu betreiben; diese verfügte über Segel, die so ausgerichtet werden konnten, dass sie den Widerstand der Maschine erhöhten. Nicht umsonst sprach man dabei von „den Wind mahlen".

Diese Form der harten Arbeit wurde überall in England ungefähr 25 Jahre lang betrieben. Dann folgte die „Kurbel". Bei einer Variante handelte es sich um eine eiserne Trommel, die auf Beinen stand und an einer Seite mit einer gebogenen Kurbel versehen war. Die Kurbel bewegte eine Achse im Inneren der Trommel, an der mehrere Schaufeln hintereinander befestigt waren; diese nahmen Sand vom Boden der Trommel auf und entleerten sich wieder, wenn sich die Achse um sich selbst drehte. Ein Zähler an der Vorderseite registrierte die Umdrehungen der Kurbel, und ein Gefangener war gezwungen, den Griff 10 000 Mal im Laufe des Tages herumzudrehen. Ein Komitee, das um das Jahr 1852/53 aufgestellt worden war, die Zustände in einem Gefängnis von Birmingham zu untersuchen, berichtete folgendes: *Wir sind davon überzeugt, dass ein junger Mann, um den Anforderungen dieser Aufgabe gerecht zu werden, notwendigerweise die Kraft aufbringen muss, welche einem Viertel der Kraft eines Zugpferdes bei normaler Arbeit entspricht; die durchschnittliche Arbeitskraft eines jungen Mannes bei einer gewöhnlichen Tätigkeit außerhalb des Gefängnisses wird auf etwa ein Zehntel desselben geschätzt; außerdem stimmen wir überein, dass in der Tat kein menschliches Wesen, ob Erwachsener oder Jugendlicher, in der Lage ist, derartig schwere Arbeit an sieben aufeinanderfolgenden Tagen zu verrichten, besonders in Anbetracht der Gefangenschaft, ohne unter großen Qualen viel Kraft einzubüßen.*

Dem Komitee wurde der Fall des 15-jährigen Edward Andrews vorgetragen, der zu drei Monaten Gefängnis verurteilt worden war, weil er vier Pfund Rindfleisch gestohlen hatte. Nachdem man ihn an die Kurbel geschickt hatte und er die geforderte Anzahl an Umdrehungen nicht schaffte, bekam er nur Wasser und Brot. Wenige Tage später gelang es ihm wieder nicht und er wurde auf dieselbe Weise bestraft.

Beim dritten Mal zerschlug er den Zähler der Maschine – ob mutwillig, versehentlich oder durch zu große Anstrengung, ist nicht bekannt – und man steckte ihn in die „Strafjacke". Das war eine Art Zwangsjacke mit einem hohen, steifen Lederkragen, so eng, dass ein junger Kerl „nicht das kleinste Stück Brot, das man ihm an den Mund hielt, abbeißen konnte"; in dieser Jacke wurde der Gefangene in stehender Haltung ohne Pause über mehrere Stunden an die Wand gebunden.

Einen Monat lang ertrug Andrews nacheinander diese Bestrafungen. Dann wurde er von einem Mann der Nachtwache gefunden: Er hing tot an einem Seil seiner Hängematte von einem Gitterstab seines Zellenfensters herab.

Elektrische Geräte

Die Anwendung von Strom ist der bemerkenswerte Beitrag des 20. Jahrhunderts zur Folter. Am Anfang reichte es völlig aus, das Opfer mit den Polen eines Morsegerätes der Armee zu verbinden – dem *gégéne*, der in Kapitel 11 näher beschrieben wird – oder sogar mit der öffentlichen Stromversorgung, was sowohl für das Opfer als auch den Folterer gefährlich werden konnte. Man glaubt, dass die Morsegeräte, die man in türkischen Polizeiwachen fand, speziell für diesen Zweck gebaut wurden.

Ein Opfer der Polizeibrutalität 1972 in der Türkei berichtet folgendes: *Sie befestigten Kabel an meinen Fingern und Zehen und schickten elektrischen Strom durch meinen Körper ... Nach einer Weile nahmen sie das Kabel an meinem Finger*

„Nachdem er sich dazu verpflichtet fühlte, erfand er die Tretmühle, die mit Sicherheit nutzloseste Maschine, die je erdacht wurde."

ab und verbanden es mit meinem Ohr. Sofort gaben sie mir einen starken Stromstoß. Mein ganzer Körper und der Kopf wurden schrecklich hin- und hergeworfen. Meine Vorderzähne begannen, abzubrechen. Gleichzeitig hielten mir meine Folterer einen Spiegel vor das Gesicht und sagten: „Schau dir an, was mit deinen wunderschönen grünen Augen passieren wird. Bald wirst du überhaupt nicht mehr sehen können. Du wirst den Verstand verlieren. Schau, du blutest ja schon im Mund."   A Glimpse of Hell, Amnesty International, 1996

Ein Gerät, das extra für die Folter mit Elektroschocks entwickelt wurde, ist die „Apollo-Maschine". Sie wurde von der Geheimpolizei des Schahs im Iran und von der Glaubenspolizei des anschließenden Regimes eingesetzt und bestand unter anderem aus einem Stahlhelm, der den Kopf des Opfers verdeckte und seine Schreie dämpfte, während empfindliche Körperteile mit Elektroschocks behandelt wurden.

Die Technologie hat neuerdings ein wirkungsvolleres Gerät hervorgebracht, das als „das vielseitigste moderne Werkzeug des Folterers" bekannt wurde: Den Elektroschocker, der aus einem einfachen landwirtschaftlichen Hilfsmittel, dem Stock zum Antreiben des Viehs, weiterentwickelt wurde. Man sagt, dass der moderne Elektrostock mit Wechselspannung bis zu hundertmal stärker ist. Laut Angabe des Herstellers bildeten „wissenschaftliche Versuche in der Biomedizin" den Grundstein für seine Entwicklung während der 80er Jahre.

Das britische Institut für forensische Wissenschaften wurde vom Innenministerium beauftragt, die Auswirkungen dieser Elektroschockgeräte zu untersuchen. Ihr Bericht besagt, dass ein typischer Stromstoß von bis zu einer halben Sekunde das Opfer zusammenfahren und zurückschrecken lässt; nach einem Kontakt von ein bis zwei Sekunden ist das Opfer unfähig sich auf den Beinen zu halten; drei oder vier Sekunden würden den vollständigen Verlust der Kontrolle über die Skelettmuskeln bewirken. Die Wirkung eines Elektroschocks kann zwischen fünf und fünfzehn Minuten anhalten.

Angeblich nur zur Kontrolle von Menschenmengen bestimmt, ist der Elektroschocker auch ein wirkungsvolles Folterinstrument. Er wird am häufigsten an den Genitalien, den Brustwarzen oder den Lippen (den empfindlichsten Körperstellen) angewendet, aber auch an Fingern, Zehen oder den Ohrläppchen. In China nennt man diese Methode *dian ji*. In Lhasa, Tibet, wurde 1987 ein 13-jähriger Junge mit Elektroschocks an seinem Oberkörper gequält und bekam dann einen elektrischen Stab in den Mund gesteckt. Er wurde später ohne Anklage freigelassen.

Tragbare Schutzschilde, die unter Strom stehen, sind ebenfalls zu haben. Sie werden aus durchsichtigem Polykarbonat, in das Metallstreifen eingearbeitet sind, hergestellt. Eine Induktionsspule am Griff lädt auf Knopfdruck einen Verteiler auf, der die Spannung dann entlädt, wobei grelle violette

> „Meinen ganzen Körper und meinen Kopf schüttelte es auf das schrecklichste. Meine Vorderzähne fingen an zu brechen."

Folterinstrumente

Funken und ein furchteinflößendes Knistern entstehen. Es ist möglich, zwischen 40 000 und 100 000 Volt zu erzeugen, und ein Verkaufsvideo des Herstellers zeigt, wie das Opfer sofort bei Kontakt auf den Boden geschleudert wird und unfähig ist, sich zu bewegen.

Eine weitere Entwicklung ist ein Gürtel, an dem Elektroschocks per Fernbedienung ausgelöst werden. Das Gerät trägt den Namen *„remote control electronically activated custody technology"* (REACT) und wird von der Firma Stuntech Inc. aus Cleveland, Ohio, hergestellt. Die Verkaufsbroschüre der Firma stellt folgende Frage: „Wenn Sie einen Gürtel um die Hüften tragen würden, der bewirkt, dass Sie jedesmal die Kontrolle über Ihre Blase und Ihren Darm verlieren, sobald eine andere Person auf einen Knopf drückt, wie würden sie sich dann vom psychologischen Standpunkt aus betrachtet fühlen?"

Obwohl dieses Gerät in erster Linie zur Kontrolle von Häftlingen in den Gefängnissen entwickelt wurde, entbehrt es nicht das Potential eines vorsätzlichen Folterinstrumentes. Und zweifellos wird man sich noch andere ebenso raffinierte Apparaturen ausdenken. „Die Grausamkeit des Menschen gegenüber dem Menschen" kennt keine Grenzen.

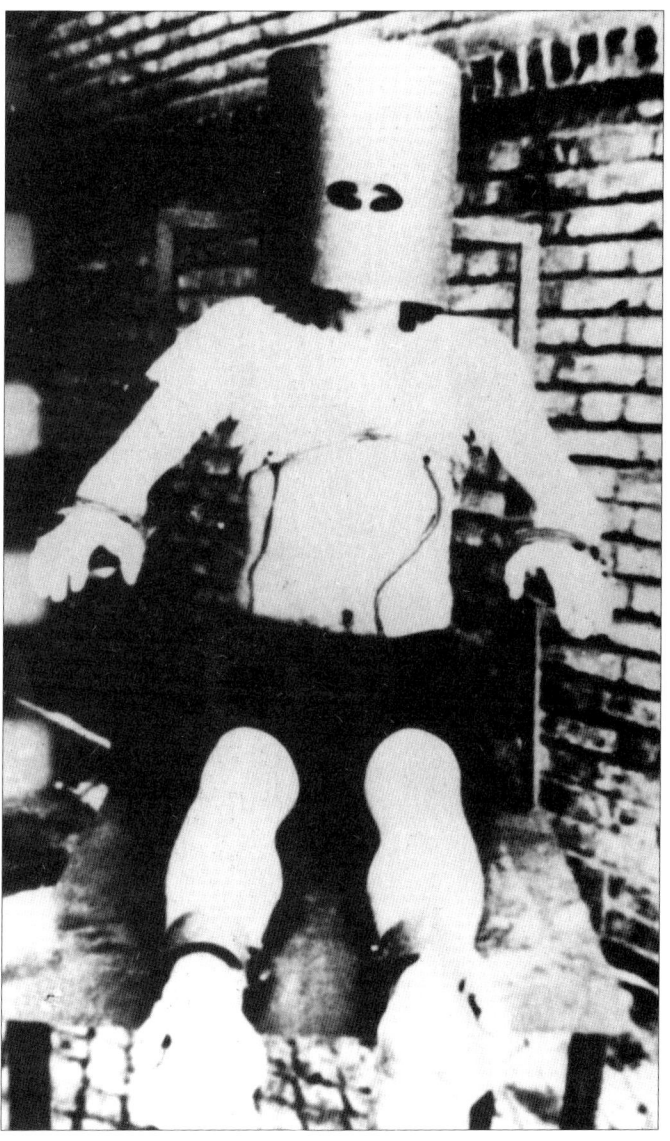

Vom Elektroschock der „Apollo-Maschine" wird berichtet, dass er im Iran nach wie vor angewendet wird. Der Helm verstärkt das Kreischen des Opfers.

Kapitel 9

China, Japan und Indien

Lange vor dem 20. Jahrhundert hatte China den Ruf, das Land zu sein, in dem die Folter bizarrere und raffiniertere Formen angenommen hatte und wo sie mit mehr Grausamkeit praktiziert wurde als irgendwo anders in der Welt. Jedenfalls schrieb George Riley Scott in seinem Buch *A History of Torture* (1940): *Viel von diesem Ruf basiert auf den Beschreibungen von Foltermethoden in Romanen, die größtenteils der regen Fantasie berühmter Schriftsteller entsprungen sind ... Was die von den chinesischen Behörden erlaubten Foltermethoden betrifft ... ist es stark anzuzweifeln, ob diese an Bizarrheit und Brutalität diejenigen Praktiken übertreffen, die von sogenannten zivilisierteren Ländern für ähnliche Zwecke eingeführt wurden.*

Die chinesischen Varianten des „Spanischen Stiefels" und der Daumenschrauben, die beim Verhör von widerspenstigen Zeugen oder zum Erpressen eines Geständnisses eingesetzt wurden, beschreibt der Portugiese F. Alvarez Semedo in seinem Werk *History of China,* das im Jahr 1655 in London veröffentlicht wurde: *Für die Füße benutzen sie ein Instrument, das kia quen heißt. Es besteht aus drei Holzstücken, die übereinander liegen; das mittlere ist befestigt und die beiden anderen sind beweglich; dazwischen werden die Füße gelegt und gequetscht und gedrückt, bis sich das Fersenbein in den Fuß verschiebt; für die Hände benutzen sie ebenfalls gewisse Holzstücke zwischen den Fingern, sie nennen es tean zu, dann drücken sie die Finger sehr stark zusammen und umwickeln sie mit Papier; und so werden sie für einige Zeit gelassen.*

Die Anwendung dieser Instrumente wurde auch 1810 von Sir George Staunton in seinem *Penal Code for China* geschildert. Staunton gibt darin an, dass die Folter besonders im Fall von Diebstahl oder Mord zum Einsatz kam, und wenn mit der ersten Marterung kein Geständnis erzielt werden konnte, war es legal, sie noch einmal zu wiederholen. Dennoch war es nicht erlaubt, verdächtigte Verbrecher, die jünger als 15 und älter als 70 Jahre waren, sowie Kranke oder Verkrüppelte zu foltern. Das *kia quen* war gewöhnlich für männliche und das *tean zu* für weibliche Verbrecher bestimmt.

Versagten diese Methoden beim Versuch, die notwendigen Informationen zu erhalten, griff der Peiniger zu einem Schlagstock aus Bambus. Das Opfer bekam rhythmisch relativ leichte Schläge auf die Fußsohlen. Diese augenscheinlich leichte Bestrafung konnte für beliebig lange Zeit fortgesetzt

LINKE SEITE: Der grauenhafte chinesische ling chi, der „Tod der tausend Schnitte". Das Opfer wurde an ein Kreuz aus rohem Holz gebunden, und der Vollstrecker schnitt allmählich Hände voll Fleisch aus Beinen und Brüsten, danach aus den Schenkeln. Als nächstes wurden Nase, Ohren, Zehen und Finger stufenweise abgeschnitten, gefolgt von den Gliedern. Zum Schluss wurde das Opfer ins Herz gestochen und enthauptet.

werden und trieb das Opfer ziemlich schnell in einen hysterischen Zustand. Manchmal schlug man allerdings nicht auf die Füße, sondern auf das blanke Hinterteil. Bei strengeren Verhören kam es auch vor, dass ein Stück zersplitterter Bambus verwendet wurde: Die Kanten der Fasern, die scharf wie ein Skalpell waren, rissen dann das Fleisch bei jedem Schlag auf. Semedo schreibt: „Sie sterben bei der Bestrafung mit dem Bambusstock viele Tode."

Während der Mandschu Dynastie, die in China vom 17. Jahrhundert an bis zum Jahr 1912 an der Macht war, übten die Folterknechte ihre Schläge an Säcken, die mit Sojaquark gefüllt waren, bis sie so perfekt im Umgang mit dem Bambusstock waren, dass sie einige hundert Mal zuschlagen konnten, ohne einen Tropfen Blut zu vergießen, oder, falls das gewünscht wurde, das Fleisch mit wenigen Schlägen grausam zurichteten.

Sir Henry Norman war Zeuge einer Bestrafung mit dem Bambusstock auf dem Hinterteil und beschreibt sie in seinem Buch *The People and Politics of the Far East* (1895): *Nach einigen weiteren Minuten des rhythmischen Rap-Tap-Tap, Rap-Tap-Tap, entrang sich ein tiefes Stöhnen den Lippen des Gefangenen. Ich ging hinüber und schaute ihn an, und sah, dass sein Gesicht blau war ... Dann schoss mit einem Male das Blut hinein und während er vorher ruhig sich selbst überlassen dagelegen hatte, hielten ihn nun ein Dutzend Männer mit starkem Griff fest.*

Ein Folterknecht benützt den Schlagstock. Er war aus Bambus gemacht und das Opfer wurde leicht, aber rhythmisch auf das bloße Fleisch der Fußsohlen oder die Hinterbacken geschlagen. Die Peiniger wurden so routiniert, dass sie hunderte von Schlägen verabreichen konnten, ohne dass Blut floss.

Sir Henry beschrieb auch noch eine andere Art von Folter, deren Namen er aus den Chinesischen mit „auf Ketten knien" übersetzte – und genau das war es auch. Die Opfer wurden an einem Seil, das an ihre Daumen und großen Zehen gebunden war, mit dem Gesicht nach unten gezogen, sodass ihr ganzes Gewicht auf zusammengeflochtenen Ketten lag, die rasiermesserscharfe Glieder hatten. Das reichte im Normalfall aus, um einem verdächtigten Verbrecher ein Schuldgeständnis zu entlocken.

Weniger schwere Vergehen wurden mit einer Form von Bestrafung geahndet, die dem Pranger in Europa sehr ähnlich und verschiedentlich als „das Brett", *tcha* oder *kea* bekannt war. Semedo spricht von „der Bestrafung durch *kian hao*": *Es ist ein großes, dickes Brett, vier oder fünf Handlängen im Quadrat, mit einem Loch in der*

Mitte, das etwa die Größe des Halses eines Mannes hat. Dieses befestigen sie um den Hals des Opfers und hängen zwei Papierrollen von etwa einer Handbreite daran, auf denen sein Vergehen und der Grund für diese Bestrafung zu lesen ist; sie stehen außerdem Wache, um zu zeigen, dass niemand das Brett geöffnet hat; und so werden diese armen Kerle mit den großen Brettern um ihre Hälse dem Spott auf den öffentlichen Straßen 15, 20 oder 30 Tage lang preisgegeben, je nachdem welche Zeitspanne bei ihrem Urteil festgesetzt wurde. Die eigentliche Härte der Strafe besteht darin, dass ihnen während der gesamten Zeit diese Bretter niemals abgenommen werden, weder bei Nacht noch am Tage.

Da es das Brett dem Gefangenen unmöglich machte, seine Hände zum Mund zu führen, konnte er ohne die Hilfe von Verwandten oder Freunden leicht verhungern oder verdursten.

Schlimmer als das Brett war die Strafe für einen Mönch, der nachweislich Unzucht betrieben hatte.

B. Picart schrieb in seinem Buch *Religious Ceremonies* (1737), dass dem Schuldigen mit einem heißen Eisen ein Loch durch den Hals gebrannt wurde, durch das man eine lange Kette zog. Dann wurde er, bis zum Unterhemd entkleidet oder sogar nackt, von einem anderen Mönch bettelnd durch die Straßen geführt. Jedesmal wenn er versuchte, die Kette mit den Händen anzuheben um den Schmerz durch deren Gewicht zu verringern, schlug ihn der andere Mönch mit der Peitsche. Diese Bestrafung dauerte so lange, bis der Schuldige genügend Almosen für sein Kloster gesammelt hatte um sich von seinen Sünden loszukaufen.

Lautete das Urteil auf Tod, dann wurde es von den Chinesen meistens durch Erhängen oder Enthauptung vollstreckt, aber die berühmteste – und zugleich gefürchtetste – Form der Todesstrafe in China war das *ling chi*, oder die „Zerstückelung in tausend Teile". Der Sadismus dieser schrecklich in die Länge gezogenen Hinrichtungsmethode wurde manchmal vom Zufall bestimmt. Der Henker brachte einen durch ein Tuch verhüllten Korb, der eine Auswahl an Messern enthielt. Jedes war mit dem Namen eines bestimmten Körperteils markiert. Der Henker nimmt wahllos ein Messer heraus und schneidet in das Körperteil, dessen Name auf dem Griff steht. Man sagt, dass die Verwandten des Verurteilten den Henker bestachen, damit er das Messer mit der Aufschrift „Herz" zieht um so die Qualen des Opfers so schnell als möglich zu beenden.

Oft benutzt der Henker jedoch nur ein einziges Messer, mit dem er sein Opfer nach und nach in Stücke schneidet. Sir Henry Norman schilderte einen derartigen Vorgang. Der Verbrecher wurde an ein grobes Holzkreuz gebunden und der Henker schneidet nach und nach Stücke „aus den fleischigen Teilen des Körper, wie den Oberschenkeln und der Brust" heraus. Dann werden „die Knoten und Anhängsel" nacheinander abgeschnitten, gefolgt

Dem Angeklagten war mit einem heißen Eisen ein Loch durch den Hals gebohrt worden.

150 China, Japan und Indien

Sogar noch im 20. Jahrhundert ertrugen chinesische Kriminelle die Strafe der Lumpenhunde, die darin bestand, dass ein dickes Brett um den Hals befestigt wurde. So wurden sie dann täglich in den Straßen zur Schau gestellt. Sie waren nicht in der Lage, sich selbst mit Nahrung zu versorgen und somit von der Zuneigung anderer abhängig.

von der Nase, den Ohren, den Zehen und den Fingern. „Als nächstes trennt man die Gliedmaßen Stück für Stück an den Handgelenken und Fußknöcheln, an den Ellbogen und den Knien und an den Schultern und der Hüfte ab. Schließlich sticht man dem Opfer ins Herz und schlägt ihm den Kopf ab".

Japan

Die Japaner sind ebenfalls berühmt für ihren Hang zur Grausamkeit. Jahrhundertelang wurde die Folter als legitimes Mittel zur Informationsbeschaffung bei verdächtigten Verbrechern wie auch bei Zeugen, welche die Aussage verweigerten, von den Gerichten gutgeheißen. 1926 brachte Joseph Longford die überarbeitete Version von James Murdochs Werk *History of Japan* heraus, in dem er vier verschiedene Foltermethoden beschrieb. Die weitverbreitetste davon war das Auspeitschen an den Schenkeln und am Gesäß. Dies geschah mit einem speziellen Schlagstock, der aus drei zusammengebundenen Bambusstreifen bestand und mit dem bis zu 150 Schläge verabreicht wurden. Die gerichtliche Folter war offiziell 1873 abgeschafft worden, aber Longford schrieb: *Der Verfasser hat allen Grund anzunehmen, dass Folter noch immer, und nicht zu knapp, in den örtlichen Polizeistellen angewendet wurde, während es bekannt ist, dass sie sowohl in Korea als auch in*

Formosa mit altbewährter Härte an angeblichen Rebellen und oft an Personen, die gänzlich unschuldig sind, in der Öffentlichkeit vollzogen wurde. Ich weiß aus vertrauenswürdiger Quelle von vielen Zwischenfällen in Formosa.

Und die unglücklichen alliierten Kriegsgefangenen der Japaner während des Zweiten Weltkriegs könnten mit Sicherheit noch weitere Beweise anfügen.

Die zweite Foltermethode nannte man „den Stein umarmen". Schwere Steine wurden auf die Oberschenkel eines Gefangenen gelegt, während dieser auf einem Haufen aus messerscharfen Feuersteinen kniete. Bei der dritten Variante band man den Opfern die Arme und Beine extrem eng zusammen und ließ sie so liegen, bis sie erste Anzeichen des bevorstehenden Todes zeigten. Und die vierte Methode bestand darin, die Arme des Gefangenen auf dem Rücken mit einem Seil an den Handgelenken zu fesseln und ihn an einen Haken zu hängen; wegen des Gewichts durchschnitt das Seil immer mehr das Fleisch an den Gelenken bis zum Knochen.

Im 17. Jahrhundert versuchte das Tokugawa-Regime mit allen Mitteln, das Christentum aus Japan zu vertreiben und wandte ähnliche Methoden wie die der Inquisition im Kampf gegen die Ketzerei an. Männer, Frauen und sogar die Kinder derer, die sich zum christlichen Glauben bekannten, wurden nackt in die Flüsse geworfen. Man trieb sie auf Pferderücken gefesselt durch die Straßen der Stadt, wo sie mit kochendem Wasser überschüttet wurden. Einige wurden in den heißen vulkanischen Quellen bei lebendigem Leibe gekocht. Im September 1622 wurden 50 Christen in Nagasaki lebend verbrannt. Andere band man mit ihren vier Gliedmaßen an die Beine von Ochsen und zerriss sie so in Stücke.

Die holländischen Schriftsteller Francis Caron und Joost Schorten verfassten einen furchterregenden Bericht, der 1671 unter dem Titel *A True Description of the Mighty Kingdoms of Japan and Siam* übersetzt wurde: *Sie zwangen die Frauen und zarteren Mädchen, auf ihren Händen und Füßen zu gehen, gebeugt, und sie trieben und zogen sie nackt in der Gegenwart von tausenden Menschen durch die Straßen; nachdem das geschehen war wurden sie von Russen und den Dorfbewohnern auf ihr Geheiß vergewaltigt und missbraucht, und dann warf man sie so gefesselt und geschändet in eine große Wanne voller Schlangen und Nattern, die durch verschiedene Öffnungen in ihre Körper krochen und ihnen bis zu ihrem Tode unaussprechliches, von Angst erfülltes Leid zufügten.*

Sie steckten Fackeln in die Geschlechtsteile der Mütter und, nachdem sie das gleiche brennbare Material an die Söhne gebunden hatten, stießen und zwangen sie diese, wie auch die Väter und Töchter, sich gegenseitig in Brand zu stecken, wodurch sie unerträgliche Qualen und Schmerzen erfuhren; einige bedeckten sie mit Grasnarben und gossen ständig kochendheißes Wasser über sie, folterten sie so grausam bis sie starben, was zwei oder drei Tage dauerte ... Hunderte wurden

> *„Die Glieder und Auswüchse des Körpers" wurden nach und nach weggeschnitten.*

nackt ausgezogen und an der Stirn verbrannt, auf dass man sie erkennen konnte, und dann in die Wälder getrieben; allen Männern wurde auf einen Befehl hin bei Todesstrafe untersagt, diese mit Essen, Trinken, Kleidung oder Unterkunft zu versorgen; viele weitere wurden in Käfige am Meeresufer gesteckt und dort einmal trocken und einmal nass gehalten, und bei jeder Flut vom Meer überspült; aber diesen gestattete man, zu essen und zu trinken, um sie in ihrem Elend länger am Leben zu halten; ihr Tod zog sich normalerweise zehn oder zwölf Tage hin ...

Zu guter Letzt fanden sie eine noch höllischere und ausgeklügeltere Foltermethode als zuvor:

Sie hängen diese gequälten Kreaturen an den Fersen auf, wobei der Kopf über einer Grube hängt, um Platz für das Blut zu schaffen, dann schneiden sie leicht quer über ihre Körper (das machen sie heute nicht mehr), und in dieser Haltung leben sie noch mehrere Tage, zehn oder zwölf, und sind bis zum letzten Atemzug bei vollem Bewusstsein ... Diese außerordentliche Maßnahme hat in der Tat (weil sie ständig angewendet wurde) viele gezwungen, ihren Glauben zu verleugnen; und einige derer, die dort zwei oder drei Tage hingen, versicherten mir, dass die Schmerzen, die sie erlitten, gänzlich unerträglich wären und kein Feuer oder andere Folter ihnen an Länge und Brutalität ebenbürtig sei.

Was die Exekution von Verbrechern betraf, waren die Japaner genauso erfinderisch wie die Chinesen. Es gab die „Hinrichtung durch 21 Schnitte" – was in gewisser Weise gnädiger war als die „tausend Schnitte", die in China

Die japanische Folter, die unter dem Namen „Umarmung des Steins" bekannt ist. Schwere Steinplatten wurden auf die Schenkel des Gefangenen geladen, während er auf einem mit scharfen Kieseln gespickten Brett kniete.

praktiziert wurden. Augenzeugen beschrieben den Tod eines Rebellenführers: *Mit übermenschlicher Selbstbeherrschung ertrug der unglückliche Mowung still die langsamen und mit Bedacht geführten Schnitte – erst an seinen Wangen, dann an seiner Brust, den Muskeln seiner Ober- und Unterarme, den Waden, usw. Mit großer Vorsicht wurde immer darauf geachtet, kein unmittelbar lebenswichtiges Teil zu verletzen. Nur einmal murmelte er die Bitte, man möge ihn doch sofort töten – eine Bitte freilich, die bei Männern, welchen es unverschämtes Vergnügen bereitet, ihr Opfer kunstvoll zu quälen, kein Gehör fand.*

Indien

In Indien gab es eine breite Palette an psychologischen wie auch körperlichen Foltermethoden. James Forbes schildert in seinen *Oriental Memoirs* (1813) einen typischen Fall, bei dem beide Möglichkeiten kombiniert waren: *Der Steuereintreiber war ein Hindu von Rang, Reichtum und Ansehen. Sich durch seine Beziehungen zum Gericht in Sicherheit wiegend und somit nichts Böses ahnend, wurde er durch einen Besuch des Wesirs in Begleitung von bewaffneten Männern überrascht, die sein Geld forderten; dieses war an einem geheimen Platz aufbewahrt und keine Drohung konnte dazu beitragen, dass es gefunden wurde. Eine Vielzahl von Folterungen wurde angewendet, um ein Geständnis zu erwirken; eine bestand aus einem Sofa, dessen Liegefläche aus einem engen Netz von Seilen bestand, und das mit einer Decke aus Chintz bedeckt war, die ein Bett aus Dornen darunter verbarg: man zog dem Steuereintreiber, einem korpulenten Hünen von einem Mann, dann sein Musselingewand aus und befahl ihm, sich auf die Ruhebank zu legen: die Seile bogen sich unter seinem Gewicht und er sank auf das Dornenbett; diese langen und spitzen Dornen der Baubul- oder Waldakazie, die zweckmäßig mit den Spitzen nach oben angeordnet waren, zerstachen den unglücklichen Mann sowohl wenn er sich bewegte, als auch wenn er ruhig dalag. Er ertrug die Folter zwei Tage und Nächte lang, ohne das Geheimnis zu verraten; seine Folterer, die fürchteten, dass er sterben würde, bevor sie ihr Ziel erreicht hatten, griffen auf eine andere Erpressungsmethode zurück: Als sie mit ihren Möglichkeiten fast am Ende waren, hoben sie ihn vom Bett herunter und legten ihn auf den Boden, bis sein kleiner Sohn, sein einziges Kind in das Zimmer gebracht wurde, und mit ihm ein Sack, in dem sich eine wilde Katze befand; in diesen Sack steckten sie das Kind und banden ihn oben zu. Die Folterknechte standen mit Bambusstöcken darüber und warteten auf ein Zeichen, um auf den Sack einzuschlagen und die Katze so wild zu machen, bis das Kind tot war: Das war zuviel für das Herz eines Vaters! Er gab seinen Schatz preis.*

In diesem Fall wurde ein Täter zum Opfer, weil Steuerbeamte sich oft der Folter bedienten um selbst geringfügige Summen zu erpressen. Eine bevorzugte Methode war dabei das sogenannte *anundal*. Man brauchte dazu nichts anderes als ein langes Seil, mit dem der Folterknecht seiner Kreativität freien

Einmal murmelte er nur die dringende Bitte, dass man ihn auf der Stelle töten möge.

Der Haupthenker und Vollstrecker eines indischen Distrikts, fotografiert in den Neunzigerjahren des vorigen Jahrhunderts.

Lauf lassen konnte, um sein Opfer in den unnatürlichsten Haltungen zu fesseln: *Der Kopf eines Gefangenen konnte niedergezwungen und mit Hilfe eines Seils oder Gürtels, der um seinen Hals und unterhalb der Zehen verlief, an die Füße gefesselt werden. Oder man konnte ein Bein bis zur vollkommenen Streckung hochziehen und es an den Hals fesseln, wobei das Opfer gezwungen wurde, in dieser schmerzhaften Haltung stehen zu bleiben. Oder man dehnte die Arme und Beine, bis sie fast ausgerenkt wurden, und band sie so zusammen, dass sie bewegungsunfähig waren. In anderen Fällen wurden schwere Steine an den Rücken des Opfers, das oft entblößt war, gebunden und die scharfen Kanten schnitten in sein Fleisch ... und in fast allen Fällen wurde die Folter unter den mächtigen Strahlen der indischen Sonne durchgeführt.*

A History of Torture, *George Riley Scott, 1940*

Ein Bericht von 1855 über die Nachforschungen hinsichtlich der Folter in Madras enthält eine Beschreibung von dem, was Vencatachela Rajaulee und seinem Vater zugestoßen ist. Um sie zu zwingen, eine Summe von zehn Rupien zu zahlen, „unterwarf man sie dem *anundal*; ihre Beine wurden zusammengeschnürt und ihre Köpfe in gebückter Haltung an die Füße gefesselt; ihre Hände wurden nach hinten zusammengebunden und Steine auf ihre Rücken gelegt; in dieser Haltung mussten sie von sechs Uhr morgens bis Mittag stehenbleiben. Es überrascht kaum, dass der Vater im darauffolgenden Monat gestorben ist".

Die Folterer nützten oft das heiße indische Klima für ihre Zwecke aus. Einige Verbrecher ließ man stundenlang im Gefängnishof hin- und herlaufen, oder sie wurden an einen Wagen gekettet und gezwungen, diesem über eine lange Strecke zu folgen. Oder sie wurden in die Haut eines kürzlich gehäuteten Büffels oder Schafes eingenäht und dann der Sonne ausgesetzt; sobald die Haut trocknete, zog sie sich zusammen und drückte immer mehr auf das Fleisch der unglücklichen Opfer, bis sie unter großen Schmerzen starben.

Andere Foltermethoden waren, einen Gefangenen an einen Baum zu binden und sein Gesicht mit Honig zu bestreichen, um rote Ameisen anzuziehen; oder man setzte ein bissiges Insekt, wie etwa den Hirschkäfer, in einen kleinen Käfig, der dann an ein empfindliches Körperteil gebunden wurde.

Da sich der menschliche Geist in seiner Genialität jederzeit solch einfache Methoden wie die oben beschriebenen ausdenken konnte, waren keine speziellen Folterwerkzeuge nötig. Eine Ausnahme war jedoch das *kittee*, das aus zwei miteinander verbundenen Holzplatten bestand und ziemlich ähnlich wie die Daumenschrauben in Europa oder das chinesische *kia quen* funktionierte. Es konnte an verschiedene kleine und empfindliche Körperteile angelegt werden, aber es gab auch eine größere Version, mit der Hände und Füße gequetscht werden konnten.

Bei einer Variante des *kittee* wurden die Opfer mit dem Rücken quer über eine dicke Bambusstange gelegt, dann wurde ihnen eine zweite Stange über die Brust gelegt; zwei starke Männer drückten nun mit aller Kraft auf die Enden der oberen Stange.

Ein gewisser Subapatha Pillay wurde das Opfer einer für Indien typischen Methode. Er wurde nämlich an seinen gefesselten Beinen mit dem Kopf nach unten aufgehängt und bekam Chilipulver in die Nase geschüttet. Ein fester Gürtel um seine Hüften wurde immer mehr zugezogen, und laut dem Bericht dieses Falles war das Ergebnis „viel zu Ekel erregend um hier angeführt zu werden".

Es gab auch eine Hinrichtungsmethode, die spezifisch für Indien war: gefoltert und von einem Elefanten zu Tode getrampelt zu werden. Eine Schilderung wurde in *The Percy Anecdotes* im Jahr 1823 veröffentlicht: *Der Verbrecher wurde drei Yards [zweieinhalb Meter] hinter dem Elefant auf den Boden gesetzt; seine Beine wurden von drei Seilen festgehalten, die an einen Ring am Hinterbein des Tieres angebunden waren. Bei jedem Schritt, den der Elefant machte, riss es ihn ruckartig vorwärts, und nach acht oder zehn Schritten musste jedes Glied ausgerenkt worden sein, da man sah, wie sie lose und gebrochen am Körper hingen, als der Elefant 500 Yards [450 Meter] zurückgelegt hatte. Obwohl der Mann mit Schlamm bedeckt war, zeigte er jedes Zeichen von Leben und schien die fürchterlichsten Qualen zu durchleiden. Nach ... ungefähr einer Stunde wurde er aus der Stadt hinausgezogen, als der Elefant, der für solche Aufgaben trainiert war, umgedreht wird und seinen Fuß auf den Kopf des Verbrechers stellt.*

Andere Folterungen beinhalteten das Festbinden der Gefangenen an Bäume, wobei ihre Gesichter mit Honig beschmiert wurden, um rote Ameisen anzulocken.

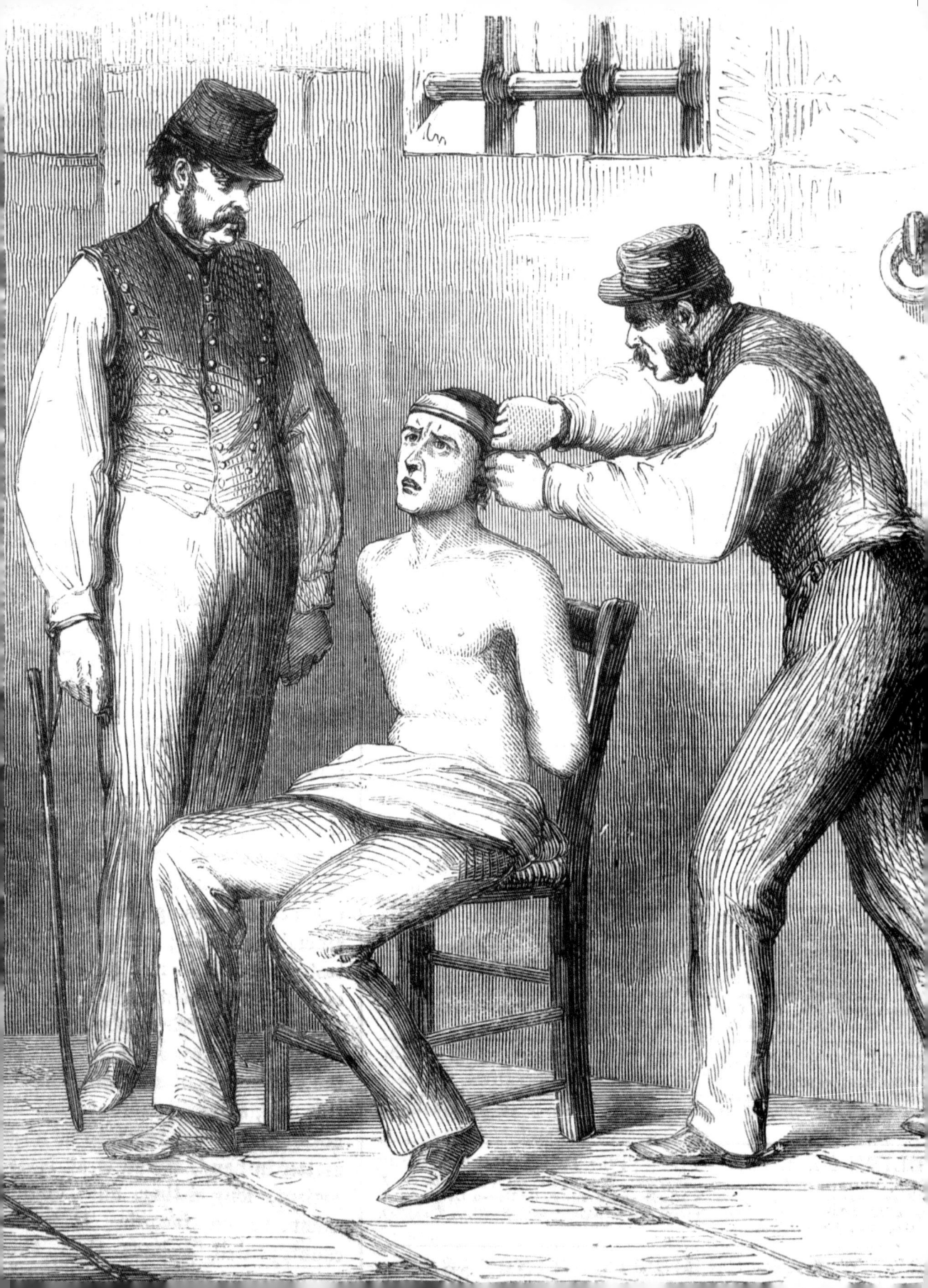

Kapitel 10

Unterdrückung des Widerstands

Trotz aller schönen Worte der Menschenrechtler, und obgleich sie von den meisten sogenannten zivilisierten Ländern gegen Ende des 18. Jahrhunderts aus den Gesetzbüchern verbannt wurde, wird Folter nach wie vor in vielen Teilen der Erde auf verschiedenste Arten praktiziert. Und nirgendwo war die Brutalität weiter verbreitet und mehr gefürchtet als im britischen Indien.

Die sadistischen Vorgehensweisen der indischen Steuereintreiber wurden bereits geschildert (vgl. Kapitel 9), aber unter der Verwaltung der Ostindiengesellschaft regierte die Folter in allen Schichten der indischen Bevölkerung. 1846 wurde einem gewissen Mr. Theobald – „ein englischer Gentleman von hohem Ansehen bei der Anwaltskammer von Kalkutta" – ein Beutel mit 400 Rupien gestohlen, während er nach Barrackpore in Bengalen reiste. Der Dieb war innerhalb einer Stunde gefasst und, zu Theobalds Schrecken, bot der örtliche *darogah* (Polizeichef) an, diesen zu foltern.

Theobald pflegte Kontakte in London, insbesondere zu den Mitgliedern der Gesellschaft zur Reformierung Indiens, welche die Ostindiengesellschaft als alleiniges Kontrollorgan in Indien strikt ablehnten. Der Gouverneur von Bengalen erlaubte zwar keinerlei Nachforschungen hinsichtlich der Anwendung von Folter, aber 1854 gelang es der Gesellschaft dennoch, ein Komitee in Madras zu gründen.

Dieses Komitee tagte sieben Monate lang und hörte während dieser Zeit die Zeugenaussagen von Menschen aus ganz Madras. Ein Zeuge war sogar so versessen darauf, vor dem Komitee zu sprechen, dass er tatsächlich 1600 Kilometer zu Fuß zurücklegte. Man fand heraus, dass der Gebrauch der Folter weit verbreitet war, nicht nur beim Eintreiben der Steuern oder beim Abringen eines Geständnisses von einem Verbrecher; auch die *darogahs* wendeten sie an, um sich selbst durch Erpressungen zu bereichern.

Die gängigsten Foltermethoden waren *kittee* oder *anundal* (vgl. Kapitel 9), aber weitere Möglichkeiten waren: ... *ein Seil um den Arm zu wickeln um das Blut abzuschnüren; am Bart in die Höhe ziehen; an den auf den Rücken gefesselten Armen aufgehängt werden; mit glühenden Eisen verbrannt werden; kratzende Insekten, wie den Hirschkäfer, in den Bauchnabel, auf die Hoden oder andere empfindliche Teile gesetzt bekommen; das Untertauchen in Brunnen oder Flüssen bis das Opfer halb ertrunken ist; mit einem Stock geschlagen werden; Schlafentzug;*

LINKE SEITE: Folter eines politisch Gefangenen in Sizilien im Jahr 1860. Ein Strick um die Stirn des Opfers wird durch Drehen unablässig enger gezogen und erzeugt starken Schmerz.

mit Zangen in das Fleisch kneifen; Pfeffer und rote Chilis in die Augen streuen oder in die geheimen Körperöffnungen von Männern und Frauen einführen ...

Die Bemühungen der Reformer hätten möglicherweise schon früher Früchte getragen, wäre ihnen nicht der Indische Aufstand (der der Herrschaft der Ostindiengesellschaft ein Ende setzte) im Jahr 1857 zuvorgekommen. Doch erst 1871 traten mit dem „Indian Evidence Act" bestimmte Regeln in Kraft, die verhindern sollten, dass Geständnisse unter Zwang erfolgten; aber die Folter konnte sich weiterhin behaupten – und die Fälle nahmen sogar noch zu. Noch im Jahr 1908, fast 40 Jahre später, verurteilte ein Gericht in Punjab eine Frau, Gulab Bano, zum Tode, nachdem sie gestand, ihren Ehemann vergiftet zu haben. Ihrem Einspruch gegen das Urteil wurde stattgegeben, als die Aussage eines Arztes im Staatsdienst ihren Bericht bestätigte, dass sie mit dem Kopf nach unten am Dach des örtlichen Polizeireviers aufgehängt worden war, während ein mit Chilipulver eingeriebener Stab in ihren Anus gesteckt wurde.

Doch die indische Regierung unterstützte die Polizei konsequent, weil sie sich mit ernsteren Angelegenheiten als individuelle Verbrechen zu befassen hatte. Kaiser Wilhelm von Deutschland hatte ein Auge auf Indien geworfen: Die Deutschen bauten gerade eine Eisenbahnlinie durch Persien in Richtung der Grenze und ermutigten die nationalistischen Terroristen des Subkontinents. Britische Beamte wurden ermordet. Im Jahr 1908 fanden zwei englische Damen in Kalkutta den Tod, als eine Bombe versehentlich in ihren Wagen, anstatt in den des obersten Richters geworfen wurde, dem sie eigentlich gegolten hätte. In den nächsten fünf Jahren wurden hunderte junger Männer verhaftet und wegen „der Verschwörung zu kriegerischen Handlungen gegen den König-Kaiser [George V.]" angeklagt. Obwohl viele gestanden, kam die Vermutung auf, dass ihre Geständnisse von der Polizei auf illegalem Wege erlangt wurden. Die nationalistische Zeitung behauptete, dass Folter im Spiel gewesen sei, und sie ging letztendlich davon aus, dass die Gefangenen geschlagen und mit Steinen beworfen, vom Schlafen abgehalten und in Einzelhaft genommen worden waren, und ihnen gedroht wurde, man würde gegen ihre Eltern vorgehen.

Die Gerüchte um die Folter wurde man mit einem einfachen Mittel los: man unterdrückte die Zeitung, die sie verbreitete. Als einige Beschwerden laut wurden, ließ die indische Regierung verlauten, dass es wenig Beweise für die Anwendung der Folter gab. Sie gab an, dass Geständnisse häufig durch die Entdeckung gestohlener Dinge oder anderer materieller Beweise bestätigt wurden: *Das Abringen eines Geständnisses ist nicht das grundliegende oder sogar oberste Motiv, welches inkompetente oder unredliche Polizeibeamte dazu verleitet, auf eine Mischung aus Drohung, Überredung, Verängstigung oder Missbrauch zurückzugreifen; ihr Anliegen ist es vielmehr, den Angeklagten dazu zu*

Behauptungen über Folter wurden beseitigt, indem mit einem simplen Kunstgriff die Presse unterdrückt wurde.

Unterdrückung des Widerstands

bringen, das Diebesgut auszuhändigen oder anzudeuten, wo man einen Hinweis auf die Beute finden könnte ...

Mr. Justice Beaman, ein britischer Richter, war damit nicht einverstanden: *Es ist meiner Meinung nach richtig zu sagen, dass mit Ausnahme von Gewaltverbrechen ... alle anderen Geständnisse direkt oder indirekt durch unlautere Methoden erzielt worden sind ... Wo die eigentliche Folter bisher nicht angewendet wurde, könnte das Wissen um die Möglichkeit ihres Gebrauchs mehrere Kriminelle dazu verleiten, aus Angst vor den schrecklichen Methoden doch zu gestehen, obwohl sie das unter normalen Umständen nicht getan hätten.*

Mit dem Ausbruch des Ersten Weltkriegs 1914 war es der Regierung möglich, den Ausnahmezustand zu verhängen, und mehrere hundert verdächtigte Terroristen wurden interniert. Aber die russische Revolution 1917 fachte die Angst der Behörden noch einmal an, und eine Reihe von Gesetzen – die sogenannten „Rowlatt Acts" – schafften den Boden für Maßnahmen, die im Falle von „revolutionären und anarchischen Verbrechen" ergriffen werden konnten. Mahatma Gandhi verurteilte sie als „ungerecht, den Prinzipien von Freiheit und Gerechtigkeit entgegenwirkend und zerstörerisch gegenüber den elementaren Rechten des Einzelnen".

In den darauffolgenden Jahren wurden hunderttausende (viele davon absolut unschuldig) ins Gefängnis geworfen. Gandhi schrieb an den Vizekönig:

Die Hinrichtung zweier eingeborener Soldaten des indischen Heeres, die während der Meuterei von 1857 für schuldig befunden wurden. Die Meuterei untergrub die Anstrengungen derer, die sich der Unterdrückung der Folter in Indien über viele Jahre angenommen hatten.

Unterdrückung des Widerstands

Während man über bekannte Anführer mit mehr oder minder dem Gesetz entsprechender Formalität verhandelte, wurde die Masse der Gefolgsleute oft grausam, ... sogar unzüchtig angegriffen ... Berichte erreichten mich aus Bengalen, Bihar, Uthal, den Vereinigten Provinzen, Delhi und Bombay, und sie bestätigen die Erfahrungen von Gujerat ... Knochen wurden gebrochen, Genitalien gequetscht ...

Noch in den 40er Jahren wurde die Polizei auf nationalistischen Flugblättern beschuldigt, „durch das Zasammenschnüren und Aufhängen, die Einführung von Chilipulver in die Genitalien von Männern und Frauen und der Verletzung des Afters mit verschiedenen Instrumenten" zu foltern. Lester Hutchinson, einer von drei Engländern, die angeklagt waren, einer Kommunistischen Verschwörung anzugehören, beschreibt in seinem Buch *Conspiracy at Meerut* die Gefängnisbedingungen: *Die Wachleute, und sogar die Gefangenenaufseher vergnügen sich selbst in den endlosen Stunden, indem sie die Gefangenen schlugen oder folterten, und der Gefängnisaufseher hält oft eine sogenannte „Deckenparade" ab. Ein Gefangener, den der Aufseher wegen irgendeiner Verfehlung im Auge hatte, wird flach auf den Boden gelegt und mit Decken bedeckt; dann wird er durch die Decken mit Bambusstäben von den gehorsamen Lakaien des Aufsehers geschlagen, sodass trotz der Schmerzen der Schläge keine Wunden zurückblieben, die man dem Direktor zeigen konnte, um seine Beschwerde zu rechtfertigen. Außerdem ist man in der Tat schlecht beraten, sich zu beschweren, denn Beschwerden führen nicht dazu, die Übel zu verbessern, sondern zu noch mehr Strafen und Folter.*

Das Vermächtnis der britischen Gesetze überlebte die indische Unabhängigkeitserklärung. Als Indira Gandhi im Juni 1975 den Ausnahmezustand verhängte, behauptete Dr. Subramanyam Swamy, der Anführer der Janata Partei, „die Polizei lässt Menschen ihren eigenen Urin trinken, taucht sie in kaltes Wasser, ver-

Der indische Führer Mahatma Gandhi rügte die Folter seiner Anhänger durch die Staatsgewalt öffentlich in den Zwanzigerjahren.

abreicht Elektroschocks, verweigert Wasser und Nahrung an mehreren Tagen hintereinander ...„.

Revolutionäre in Europa
Die Angst vor Revolutionen belebte die Folter neu im 19. Jahrhundert, sowohl in den Kolonien als auch in Europa. 1851 machte sich William Ewart Gladstone (der spätere britische Premierminister) zu einem Privatbesuch in Neapel auf. Italien war zu der Zeit ein geteiltes Land. Im Norden kämpften die Österreicher und Franzosen um die verschiedenen italienischen Staaten; das Zentrum wurde vom Vatikan kontrolliert; und im Süden gab es die beiden Königreiche Neapel und Sizilien. Der Wunsch nach politischer Einheit des Landes war weit verbreitet: 1848 erklärten Mailand, Piemont und Sardinien Österreich den Krieg, während Sizilien sich gegen das neapolitanische Gesetz auflehnte. Der Zustand von gefangenen Revolutionären in den Kerkern von Neapel und Cefalu brachte Mr. Gladstone in Rage und führte zu der Bekanntgabe von Einzelheiten in der britischen Presse.

Man hatte Freunde und Verwandte von sizilianischen Patrioten gefoltert, um herauszufinden, wo sich diese verstecken, und meistens geschah dies mit einer Art Daumenschraube, dem *strumento angelico*. Die Opfer dieses Instruments wurden sogar vom Schreien abgehalten, indem man ihnen die *cuffia del silenzio*, einen engen Maulkorb aus Leder anlegte.

Aber Folter fand nicht nur unter neapolitanischem Gesetz statt. Im Vatikanstaat erstand die Inquisition wieder auf und im Norden führten die Österreicher, die die Folter bereits um 1870 abgeschafft hatten, diese wieder ein. Der Revolutionär Felice Orsini beschreibt in seinem Buch *I Carceri Austriaci in Italia* eine Szene in einem österreichischen Gefängnis des Jahres 1854: *Auf dem Weg von meiner Zelle zum Verhörraum sah ich oft ein armes Opfer auf den* cavaletto, *einer Bank von etwa zweieinhalb Meter Länge, mit dem Gesicht nach unten ausgestreckt liegen. Mit einem beweglichen Schraubstock in der Mitte wird der Körper nach unten gedrückt, sodass sich der Gefolterte nicht bewegen kann; die Arme sind über den Kopf ausgestreckt und die Hand- und Fußgelenke an die Bank gefesselt. Ein Unteroffizier ... steht links von dem Opfer und beginnt folgendermaßen mit der Folter: Er hält eine Gerte mit seiner rechten Hand hoch und schlägt sie mit möglichst starker Kraft quer über die linke Seite seines Opfers, wobei er „eins" sagt; dann auf die rechte Seite, und er sagt „zwei", und wieder auf die linke, „drei" ... Wenn das Opfer spricht, wird das Auspeitschen unterbrochen und seine Aussage aufgeschrieben. Am Ende dieser Behandlung untersucht ihn der Arzt, und er wird zurück auf sein Bett aus Stroh gebracht. Wenn er stark geblieben ist und kein Geständnis abgelegt hat, wird die Bestrafung am folgenden Tag wiederholt.*

Furcht vor Revolution brachte eine Art Wiedergeburt der Folter während des 19. Jahrhunderts.

Kapitel 11

Folter im 20. Jahrhundert

Trotz der international anerkannten Genfer Konventionen zum Schutz der Opfer des Krieges, wurde Folter – hauptsächlich in Kriegszeiten – fast während des ganzen 20. Jahrhunderts angewendet. Ihr berüchtigstes Einsatzgebiet während des Zweiten Weltkriegs war das nationalsozialistische Deutschland sowie die japanischen Kriegsgefangenenlager.

Bei Ausbruch des Krieges hatte die Staatsgewalt in Deutschland bereits beträchtliche Erfahrung in der Verfolgung ganzer Gruppen ihrer eigenen Gesellschaft – Juden, Zigeuner, Homosexuelle und politisch Andersdenkende. Im deutlichen Bewusstsein, dass ihre eigenen Soldaten der Wehrmacht in Gefangenenlagern interniert waren, behandelten die Deutschen alliierte Kriegsgefangene im Allgemeinen äußerst korrekt. Diese korrekte Behandlung hörte jedoch bei Widerstandskämpfern oder gefangenen Geheimagenten auf; diese trugen keine Uniformen oder Dienstausweise, waren nicht durch die Genfer Konventionen geschützt und wurden als Spione betrachtet. Während ein internationales Einverständnis darüber vorlag, dass überführte Spione standrechtlich hingerichtet werden durften, gab es für die Folter bei ihren Verhören keine rechtliche Grundlage. Doch gerade das war die Aufgabe, durch welche die Gestapo ihren schrecklichen Ruf erhalten sollte.

Die Gründung der Geheimen Staatspolizei Deutschlands wurde im März 1932 bei einem Treffen von Ernst Röhm, dem Gruppenführer der SA, Josef Göbbels, Hitlers Stellvertreter Rudolf Hess und Heinrich Himmler, dem Anführer der SS (Schutzstaffel) beschlossen. Der Gestapo oblagen zwei Aufgabenbereiche: Die Untersuchung der Sicherheit innerhalb Deutschlands und das Verhör derjenigen Personen, die in Umsturzversuche und Spionage von außerhalb verwickelt waren.

Die Gestapo stand als Teil des „Führerstabs" über dem Gesetz: „Dieser Maschinerie wurden alle politischen Anliegen, an denen Hitler wirklich ineressiert war, zugeschoben; ... die Erhaltung seiner eigenen Macht, Rassenpolitik, die Strategie für die Besetzung der eroberten Gebiete, die Verfolgung aller wirklichen und vermuteten Gegner des Regimes."

Das Verhör von Odette (Mrs. Peter Churchill), einer britischen Agentin, die im Jahr 1943 in Marseille verhaftet wurde, ist ein passendes Beispiel für die Praktiken der Gestapo. Während sie in Fresnes, südlich von Paris, im

LINKE SEITE: *Die „killing fields" von Kolumbien während der Pol Pot-Regierung (1975–1979), sahen den Tod von Millionen. Haufenweise wurden Schädel von Opfern entdeckt.*

Gefängnis saß, wurde Odette eines Tages in das Hauptquartier der Gestapo in der Avenue Foch 84, im Zentrum der Stadt, gebracht. Der Mann, der sie verhörte, sah aus „als ob er gerade ein kaltes Bad genommen hätte" und roch nach Kölnisch Wasser. Als sie sich weigerte, auf seine Fragen zu antworten, betrat ein zweiter Mann das Zimmer und hielt ihre Arme an der Hinterseite ihres Stuhles fest. Der erste Mann trat vor und begann, ihre Bluse aufzuknöpfen. Odette sagte in einem scharfen Ton, dass sie das alleine könne.

Einer ihrer Arme wurde losgelassen und sie öffnete die obersten Knöpfe. Der zweite Mann zog ihre Bluse am Rücken herunter und drückte einen rotglühenden Feuerhaken gegen ihren dritten Wirbel. Obwohl sie vor Schmerz zusammenzuckte, verweigerte Odette die Antworten noch immer. Man befahl ihr, die Schuhe und Strümpfe auszuziehen. Was dann folgte, schildert Jerrard Tickell in seiner *Biography of Odette* (1949): *Ein Mann kniete sich zu ihren Füßen hin ... Er nahm ihren linken Fuß in seine linke Hand und umschloss mit den stählernen Hälften der Zange fest die Spitze ihres Zehennagels. Mit einer langsamen, kraftvollen Bewegung begann er zu ziehen. Das Blut trat halbkreisförmig aus dem Nagelbett, sickerte aus der Haut, floss stärker je weiter der Nagel herausgezogen wurde ... Er schüttelte die Zange und ihr Nagel fiel zu Boden ...*

Die Zange umfasste den nächsten Nagel, griff fest zu, und wurde langsam zurückgezogen. Das eingeschlossene Fleisch riss auf und verursachte schreckliche Schmerzen, als der Nagel herausgezogen wurde ... Sie schrie nicht. Nach einer Ewigkeit stand ihr Folterknecht auf ... Odette starrte ungläubig auf den butigen Teppich zu ihren Füßen und auf die roten Überbleibsel auf dem Boden, die Reste einer teuflischen Fußpflege.

Bevor ihr Folterknecht dasselbe mit ihren Fingernägeln machen konnte, betrat ein älterer Gestapo-Offizier den Raum und befahl ihm, damit aufzuhören. Einige Tage später wurde Odette von einem Militärtribunal zum Tode verurteilt, blieb aber noch über ein Jahr in Fresnes in Haft, weil die Gestapo sie noch verhören wollte. Später wurde sie in das Frauenkonzentrationslager von Ravensbrück überführt und überlebte wunderbarerweise.

Ein anderer Agent, der von der Gestapo gefoltert wurde, war Forest Yeo-Thomas. 1944 brachte man ihn zuerst in eine Wohnung der Gestapo in der Rue de Saussaies. Dort schlug man ihn und warf ihn dann mit auf den Rücken gefesselten Händen und einer Kette um die Füße in eine Badewanne voll kaltem Wasser. Als er gerade am Ertrinken war, wurde er aus der Wanne gezogen und wiederbelebt – eine Prozedur, die mehrere Male wiederholt wurde. Danach wurde er noch einmal geschlagen.

Am darauffolgenden Nachmittag brachte man Yeo-Thomas in ein kleines Zimmer in der Avenue Foch 84; seine Handschellen wurden an einem Haken am Ende einer langen Kette, die von einem Flaschenzug an der Decke hing, festgemacht, und er wurde hochgezogen, bis seine Fersen den Boden

„Odette starrte ungläubig ... auf die roten herumliegenden Stücke auf dem Boden, Reste einer diabolischen Fußbehandlung."

nicht mehr berührten. Bruce Marshall beschreibt die Szene in seinem Buch *The White Rabbit* so: „Schmerz durchschoss seine Schultern und er sah wie durch einen roten Schleier, und unfähig, sich selbst zu beherrschen, stöhnte er ... In immer wiederkehrenden Bewusstseinsschüben litt er Qualen, die schlimmer waren als alles was er bis jetzt ertragen hatte. Sie ließen ihn erst herunter, als es schon dunkel war, und er kauerte sich augenblicklich auf dem Fußboden zusammen."

Später wurde er mit gespreizten Beinen an einen Schreibtisch gekettet, während drei Männer mit Gummiknüppeln auf sein Gesicht, den Körper und die Hoden einschlugen. Dann, soweit er sich erinnern konnte, wurde er noch einmal halb ersäuft und sechsmal wiederbelebt. Als ihm die Handschellen abgenommen wurden, sah er zum ersten Mal seitdem er an der Kette aufgehängt worden war, seine Hände. „Die Handschellen waren blutverkrustet, das Fleisch rund um seine böse zerschnittenen Handgelenke violett verfärbt und sein linker Arm bis zum Ellbogen geschwollen."

Gefangene Mitglieder der Widerstandsbewegung hatten genauso zu leiden, besonders in den Händen des berüchtigten Klaus Barbie in Lyon. André Pédron, der das Konzentrationslager Belsen überlebte, beschrieb in Henri Amourouxs Werk *Grande histoire des Francais sous l'occupation* (1983) die Folter des Bades: *Hast Du schon einmal gesehen, wie die Araber ein Schaf, das an einen Stab gebunden ist, auf den Schultern tragen? Dann tauchen sie dich unter und legen den Stab quer auf der Wanne ab. Er wird zu einem Bratenspieß, an dem sie dich drehen, indem sie an deinen Haaren ziehen.*

Im selben Buch schildert Dubreuil, ein anderer gefangener Widerstandskämpfer, wie seine Finger und Genitalien in einer Tür eingeklemmt wurden. Er verlor einige Teile unter großen Schmerzen. Am nächsten Tag verhaftete man ein weibliches Mitglied der Verbindung, Brigitte Friang; sie bekam eine Schusswunde im Bauch ab und wurde in eine Gefängniszelle geworfen: *Das Geräusch von Schritten auf den Fliesen des Gangs. Das ist es, diesmal ist es für mich: Es ist Zeit für die erste große Konfrontation ... Ich war so erschrocken, dass*

Der Gestapo-Chef Klaus Barbie – der schließlich wegen seiner Verbrechen im Jahr 1987 in Lyon vor Gericht gestellt wurde – war verantwortlich für die Folter und Hinrichtung vieler Menschen, die der Kollaboration mit dem französischen Widerstand verdächtigt waren. Anlässlich eines Ereignisses ordnete er den Massenmord von 88 Gefangenen an.

ich am ganzen Körper zitterte. Das dürfen sie nicht sehen. Ich versteckte meine schaudernden Hände unter der Decke. Ein Schweißstrom – der Schweiß der Angst – lief mir den Rücken hinunter ...

Zuerst wurde sie systematisch geschlagen: auf ihren Kopf, ihre Schläfen, ihre Kiefer. Die ersten Schläge warfen sie an die Wand. Ihr Folterknecht, ein französischer Kollaborateur, wandte seine Aufmerksamkeit dann ihren Verletzungen zu. Sie schrie auf, als er sie in den Bauch schlug, aber später schrieb sie, dass sie mehr aus Wut als aus Schmerz geschrien hätte. Er ließ von ihrem Bauch ab und begann, sie zu kneifen, zu ziehen, zu ohrfeigen und zu boxen, zuerst ihr Gesicht und dann ihre Brüste: *Boxschläge auf die Brust einer Frau, das muss befriedigend sein. Das muss doch für alle Arten von Schereien entschädigen ... So kommt man sich männlich vor ... es muss besonders aufregend sein, wenn es die Brüste einer 20-jährigen sind.*

Keinem Verdächtigen wurde die Folter durch die Gestapo oder ihren französischen Mitarbeitern erspart. Abbé Boursier war 66 Jahre alt, als man ihn im Juni 1944 verhaftete. Vor seinem Tod – bei einer Massenerschießung mit 87 anderen, die von Klaus Barbie befohlen worden war – wurde er viermal im Bad gefoltert. Raymond Valeriot wurde von einem Landsmann der Brigades Spéciales gefoltert: „Als ich nichts sagen wollte, drohten sie mir, sie würden meine Hoden zwischen zwei Bretter einklemmen und mich der Gestapo übergeben." Yves Gaillot wurden die Augen mit einer Gabel ausgestochen. Es ist kein Wunder, dass der Widerstand fürchterliche Rache an seinen Folterknechten nahm, als sich das Kriegsglück wendete und Frankreich befreit wurde.

Die Gefangenen der Japaner

Unter dem Krieg im fernen Osten hatten die alliierten Kriegsgefangenen am meisten zu leiden. Der japanische Kriegskodex setzte sich ergeben mit Schande gleich und die Gefangenen mussten in den Händen ihrer Feinde schwerste Misshandlungen über sich ergehen lassen. Sie hatten Zwangsarbeit zu leisten, bekamen die kleinsten Essensrationen, wurden mit Schlagstöcken oder Peitschen geschlagen und manchmal beim kleinsten Protest mit Bajonetten angetrieben.

Alfred Allbury beschreibt in *Bamboo and Bushido* eine typische Szene: „Was versehentlich für eine Menge halbnackter lebender Figuren gehalten werden konnte, die da auf dem Kai des Hafens willkürlich verteilt herumstanden, waren in Wirklichkeit aufsäßige Kriegsgefangene, die Trommeln und Kisten trugen, sowie über ihren Köpfen Schaufeln, Spaten oder Spitzhacken hielten, und gezwungen waren, mit offen Augen in die gleißende Sonne zu starren."

Aber das war noch eine relativ leichte Strafe verglichen mit einigen derer,

„Boxschläge auf die Brust einer Frau, das muss befriedigend sein."

die Kenneth Harrison in seinem Buch *The Brave Japanese* schildert (der Titel ist nicht ironisch gemeint; Harrison, der in ihren Händen schlimm zu leiden hatte, war nach wie vor der Meinung, dass die Japaner außerordentlich tapfere Soldaten waren). Männer wurden ausgepeitscht oder zum Schein aufgehängt und erst im letzten Moment begnadigt. Den Gefangenen konnte „tagelang nur Salzwasser gegeben werden, dann erlaubte man ihnen, soviel Trinkwasser wie möglich zu trinken und sprang oder schlug ihnen danach heftig auf den Magen, sodass das Wasser aus den Augen, dem Mund und der Nase schoss". Einige wurden an den Füßen aufgehängt und man goss ihnen Urin oder manchmal Jod in die Nase. Andere ließ man für Stunden auf spitzen Steinen knien.

Der Krieg in Algerien

Wenn man die Leiden der Widerstandskämpfer in Frankreich durch die Gestapo betrachtet, ist es verwunderlich, dass die französische Armee während des Algerienkrieges (1954–1962) wieder auf die Folter zurückgriff.

Die angreifenden Japaner behandelten ihre Gefangenen während des Zweiten Weltkriegs barbarisch. Hier wird ein australischer Flieger öffentlich hingerichtet nach „Samurai Art".

Von 1848 bis 1962 war Algerien verfassungsmäßig ein Teil des „Vielvölkerstaates" Frankreich, tatsächlich hatte es aber alle Merkmale einer Kolonie. Die Mehrheit der Bevölkerung waren Moslems, die von einer relativ kleinen Zahl wirtschaftlich und politisch mächtiger europäischer Siedler, den *pieds noirs* („Schwarzfüßen"), beherrscht wurden. An 1. November 1954 brach eine nationalistische Revolution aus und die Front de Libération Nationale (FLN) führte terroristische Anschläge auf französische oder *pied noir* Ziele durch.

Die französische Armee reagierte schnell und zerschlug die Zentralorganisation der FLN, aber die Anschläge hielten an. Im Januar 1957 besetzte die 10. Fallschirmjägerdivision unter General Jacques Massu die Stadt Algier, trieb Verdächtige zusammen und verhörte sie unter Folter. Mit Hilfe der erpressten Informationen konnte Ben M'Hidi, einer der überlebenden FLN

Folter im 20. Jahrhundert

Lächelnde französische Fallschirmspringer bedrohen einen Gefangenen während der Schlacht von Algier, 1957–1959. Folter war weitverbreitet und über 3000 Gefangene „verschwanden" nach dem Verhör.

Anführer, gefangen genommen werden. Neun Tage später gab ein Nachrichtenoffizier der Armee bekannt, dass er „sich selbst in seiner Zelle erhängt und getötet hatte ..."

Bald begannen sich die widersprüchlichen Berichte über seinen Tod zu mehren: Man sagte, dass M'Hidi zwar versucht hätte, sich mit einem Elektrokabel zu erhängen, aber „noch atmete", als man ihn ins Krankenhaus brachte; zwei Sanitätsoffiziere gaben an, dass er schon tot war, bevor er das Krankenhaus erreichte, und „unsere Aufmerksamkeit wurde nicht durch auffällige Anzeichen von Verletzungen angezogen". Das Gerücht machte die Runde, dass er einer „Spezialeinheit" aus Paramilitärs übergeben worden war und von diesen „nach ihren Spielregeln verhört und dann getötet wurde".

Die vermehrten Gerüchte über Folter und Massenhinrichtungen riefen öffentlichen Protest in Frankreich hervor. Die Folter war am 8. Oktober 1789 ausdrücklich verboten worden, aber, wie Jean-Paul Sartre es 1958 formulierte: „Die Folter ist weder ein staatliches noch ein militärisches Instrument ... sie ist eine Seuche, die unser ganzes Land infiziert."

Während der „Schlacht um Algier" war Colonel Roger Trinquier für die

Informationsbeschaffung verantwortlich. Er hatte bereits Erfahrung in der Folter von Verdächtigen in Indochina (dem späteren Vietnam), und seine Methoden standen denen der Gestapo in nichts nach. Die Stadt war in Sektoren, Untersektoren, Blöcke und Gebäude unterteilt, und ein zuverlässiger muslimischer Informant war jedem Block zugeteilt. Dieser Blockleiter (ein Terminus der Nazis) hatte die Pflicht, alle verdächtigen Aktivitäten in seinem Block zu melden.

Es wird geschätzt, dass während der Schlacht von Algiers zwischen 30 und 40 Prozent der gesamten männlichen Bevölkerung der Kasbahs verhaftet und dem Détachement Opérationnel de Protection (DOP), übergeben wurden, das laut General Massu „aus Spezialisten im Verhör von Verdächtigen, die nichts sagen wollten, bestand". Und Colonel Trinquier schrieb: „Wenn der Verdächtige keine Schwierigkeiten macht und die benötigte Information preisgibt, wird das Verhör schnell beendet sein; sollte das nicht der Fall sein, müssen Spezialisten alle ihnen zur Verfügung stehenden Mittel anwenden, um ihm sein Geheimnis zu entlocken."

Ein Priester, der zum Militär eingezogen wurde und von 1958 bis 1959 seinen Dienst als Offizier in Algerien leistete, schrieb: *Uns wurde während der Ausbildung gesagt, dass es eine „humane" Art der Folter gäbe ... Hauptmann L. nannte fünf Punkte, die ich in ihrer ganzen Widersprüchlichkeit und Gegensätzlichkeit ausführlich aufgeschrieben habe: (1) Die Folter muss angenehm sein; (2) sie darf nicht in Gegenwart von jungen Menschen stattfinden; (3) sie darf nicht in Gegenwart von Sadisten angewendet werden; (4) sie muss unter der Aufsicht eines Offiziers oder verantwortlichen Beamten durchgeführt werden; (5) sie muss human sein, das heißt, sobald der Mann zu reden beginnt, muss damit aufgehört werden; und darüberhinaus darf sie keine Spuren hinterlassen. Dies beherzigend,* folgte der abschließende Satz: „Sie dürfen Wasser und Elektrizität benutzen."

Die Folter mit elektrischem Strom war als *gégène* bekannt, von der ersten Silbe des Wortes *générateur*. Man brauchte dazu ein Morsegerät der Armee, dessen Elektroden an jede beliebige Stelle des Körpers, insbesondere am Penis, befestigt werden konnten.

Henri Alleg, der Herausgeber des *Alger Républicain* und ein europäischer Jude, dessen Familie sich während des Zweiten Weltkriegs in Algerien niedergelassen hatte, wurde 1957 einen Monat lang von den Paramilitärs verhört. Bei seinem ersten Kontakt mit dem *gégène* wurden die Elektroden an einen Finger und ein Ohr angebracht: *Ein Blitz explodierte neben meinem Ohr und ich konnte fühlen, wie mein Herz in der Brust raste. [Dann wurde ein stärkeres Gerät verwendet.] Statt der ruckartigen, schnellen Zuckungen, die meinen Körper in zwei Teile zu zerreißen schienen, ergriff nun ein stärkerer Schmerz meine Muskeln und streckte sie in längeren Zuckungen. [Dann steckte man die Elektroden in seinen Mund.] Meine Kiefer wurden durch den Strom an die*

„Folter ist weder zivil noch militärisch ... sie ist eine Seuche, die eine ganze Ära infiziert."

Colonel Roger Trinquier, Chef des Nachrichtendienstes, während der Schlacht von Algier. Er hatte bereits Erfahrung durch Foltern von Gefangenen im französischen Indochina (Vietnam), und seine Methoden waren denen der Gestapo auffallend ähnlich.

Elektroden gelötet, und es war mir unmöglich, meine Zähne auseinander zu bringen, gleich, welche Bemühungen ich anstellte.

Die Wasserfolter kannte verschiedene Formen: Der Bauch und die Lungen des Opfers wurden mittels eines Schlauches im Mund gefüllt, wobei die Nase zugehalten wurde; oder der Kopf wurde immer wieder in einen Trog getaucht. Pierre Leulliette, ein Soldat der Paras, berichtete von einem Feldwebel aus dem Elsass, dessen Opfer „bereits lange bevor sie das Wasser berührten von Angstzuständen ergriffen wurden ... er hätte gerne Europäer verhört, aber die waren rar".

Einer der ersten, die gegen die Folter in Algerien protestierten, war General Jacques de Bollardière, der Ende 1956 in Algerien ankam. Bollardière sagte zu General Massu, dass die Befehle, die er erhalten hatte, „in absolutem Gegensatz zur Würde des Menschen stünden, welche das Grundprinzips seines Lebens sei". Er schrieb an den Befehlshaber der Armee, dass er nach Frankreich zurückversetzt werden wollte. Am 27. März 1957 schrieb er der Zeitung *L'Express* einen Brief, mit dem er die Aufmerksamkeit auf „die schreckliche Gefahr, dass wir ... die moralischen Werte aus den Augen verlieren, auf die allein ... die Größe unserer Nation und unserer Armee aufgebaut ist" lenkte. Für diese Undiszipliniertheit verurteilte man ihn zu 60 Tagen Festungshaft.

Zwei Tage später gab der Generalsekretär der Präfektur in Algier, Paul Teitgen (vgl. Einleitung) seinen Rücktritt bekannt. Er schrieb, dass er „an gewissen Häftlingen eindeutige Spuren von Grausamkeiten und Folterung erkannt hatte, die ihm selbst 14 Jahre früher in den Kellern der Gestapo zugefügt worden waren".

Teitgen wurde überredet, seinen Brief geheim zu halten und sein Amt wieder anzutreten. Man sprach ihm die Strafgewalt zu, was theoretisch bedeutete, dass die Paras keine Verdächtigen mehr einsperren konnten. Die schlimmsten Ausschreitungen wurden so gemäßigt, aber im September gab Teitgen seine Bemühungen auf, weil nach wie vor gefoltert wurde. Er hat errechnet, dass bis zu diesem Zeitpunkt mehr als 3000 Algerier „verschwunden" waren.

Wie sie verschwanden, steht in dem Brief eines jungen Soldaten: *Sie suchten damals Freiwillige um die Kerle zu erledigen, die sie gefoltert hatten – auf diese Art werden keine Spuren zurückgelassen und so gibt es auch keine Gefahr, dass es einem später an den Kragen geht. Ich mochte die Vorstellung nicht – du weißt, wie das ist, wenn du einen Burschen aus hundert Metern Entfernung während der Schlacht abknallst, das ist nichts, weil der Kerl ein ganzes Stück entfernt ist und du ihn kaum sehen kannst. Und überhaupt ist er ja bewaffnet und kann entweder zurückschießen oder abhauen. Aber einen hilflosen Mann auf diese Art abzuservieren ... Er sah mich an. Ich kann seine Augen noch sehen, wie sie* mich beobachten. Die ganze Sache widerte mich an. Ich schoss. Die anderen Kerle erledigten den Rest. Danach war es nicht mehr so schlimm. Aber das erste Mal, das kann ich dir sagen, das hat mich ganz schön fertiggemacht.*

Pierre Leuiette beschreibt, wie er „einen der Verdächtigen, der in ihren Händen [die der DOP] gestorben war, in ungelöschtem Kalk am Ende des Gartens eingraben" musste. Und es gibt Berichte, dass Leichen aus Hubschraubern über dem Meer abgeworfen wurden, und von einem Massengrab, etwa 30 Kilometer von Algier entfernt.

Der Krieg ging weiter. In Frühling des Jahres 1958 überredete man Charles de Gaulle, aus seinem politischen Exil nach Frankreich zurückzukehren und eine Regierung zu gründen. In einer Rundfunkübertragung am 16. September 1959 sprach er von „Selbstbestimmung" für Algerien. Sowohl die *pieds noirs* als auch die Paras fühlten sich betrogen und bildeten unter dem Schlachtruf *Algerie francaise!* ihre eigene terroristische Vereinigung, die Organisation Armée Secrète (OAS). Doch die Mehrheit in Frankreich stand hinter de Gaulle, und Algerien erlangte schließlich im März 1962 die Unabhängigkeit.

Aber das Vermächtnis der Folter lebte fort, sowohl in denen, die sie zu erleiden hatten, als auch in den ehemaligen Folterknechten. In Frankreich wurde ein Polizeiinspektor später für schuldig befunden, seine eigene Frau und seine Kinder gefoltert zu haben, worauf dieser erklärte, dass er dabei stark von dem beeinflusst wurde, was er algerischen Gefangenen antun musste: „Die Sache, die mir heute am meisten den Verstand raubt, ist die Folter. Sie wissen nicht wovon ich spreche, oder?"

„Er würde gerne Europäer verhört haben, aber die waren rar."

Folter weltweit

Es ist schon ironisch, dass die Länder, die mit als die ersten das Joch der spanischen und portugiesischen Kolonialherrschaft – und damit auch den Terror der Inquisition – abgeworfen haben, während des 20. Jahrhunderts selbst für die Misshandlung von Verbrechern und politischen Gefangenen Berühmtheit erlangten. Amnesty International (vgl. Kapitel 13) hat Fälle in fast jedem lateinamerikanischen Land dokumentiert. Viele davon handeln auch von kleinen und unschuldigen Kindern.

In Argentinien, Bolivien, Chile und Mexiko stieß die Organisation häufig auf Fälle, bei denen die Opfer „besonders in die Genitalien" geschlagen wurden, und auf sexuelle Übergriffe, die entweder angedroht wurden oder tatsächlich stattfanden. Unter der Militärjunta, die Argentinien von 1976 bis 1983 regierte, „wurde die Entführung, Folterung und anschließende Ermordung politischer Oppositioneller zur systematischen Praxis des Regimes".

Viele Opfer sah man nicht wieder; sie trugen den Namen *desaparecidos*, die Verschwundenen. Ein „Nationalkomitee für Verschwundene", das von der neuen Regierung Argentiniens 1984 gegründet wurde, berichtet von mindestens 9000 Personen, die dieses Schicksal ereilt hatte, und viele davon erst nach langer Folter in geheimen Straflagern. Unabhängige Organisationen wie die argentinische „Madres de Plaza" schätzen, dass die Zahl eher bei 30 000 liegt. Eine kleine Gruppe aus gerichtsmedizinischen Experten hat ein Team gegründet, um anhand der menschlichen Überreste, die man in Massengräbern gefunden hatte, die Todesursache zu untersuchen. Sie werden dabei von forensischen Anthropologen aus anderen Ländern unterstützt, wie zum Beispiel dem berühmten Clyde Snow aus den Vereinigten Staaten. Die gefundenen Beweise bestehen unter anderem aus Rippenbrüchen, Amputationen von Fingern, Brüchen der Extremitäten und traumatischen Verletzungen der Zähne.

Die brutale Behandlung von Gefangenen durch die Polizei ist in vielen lateinamerikanischen Ländern an der Tagesordnung. In Bolivien gibt es *la campana* (die Glocke), die kein physisches Anzeichen einer Verletzung hinterlässt. Der Kopf des Opfers wird in einen Metalleimer gesteckt, auf den man dann wiederholt schlägt. Der Lärm und die Vibration sind unerträglich. Die Polizei in Chile und Mexiko bevorzugt *el teléfono* (das Telefon), das heißt, unablässige Schläge auf die Ohren.

Aber die Folter ist nicht nur in Lateinamerika zuhause. Obwohl man in Algerien eigentlich damit für einige Jahre aufgehört hatte, wird sie nun wieder öffentlich angewendet. Eine bevorzugte Methode ist *le chiffon*, eine ähnliche Technik wie die, die von Eremundus Frisius beschrieben wurde (vgl. Kapitel 4). Das Opfer wird auf eine Bank gebunden oder hängt von einem Balken, ein Stück Stoff wird in seinen Mund gestopft und dann wird schmutziges Wasser über ihn gegossen. Im Jahr 1994 musste Noureddine Lamdjadani diese Tortur 57 Tage lang erdulden.

Die Geheimpolizei im Tschad wendet das *supplice de baguettes* an. Ein Seil wird um den Kopf des Opfers gebunden und dann mit zwei Stöcken immer enger gedreht. Das verursacht immense Schmerzen und führt zu Nasenbluten und Bewusstlosigkeit. In Syrien werden Häftlinge auf dem *al-kursi al-Almani*, dem „Deutschen Stuhl" gequält. Sie werden auf ein Metallgestell mit beweglicher Rückenlehne gefesselt. Diese wird dann heruntergeklappt und verursacht eine

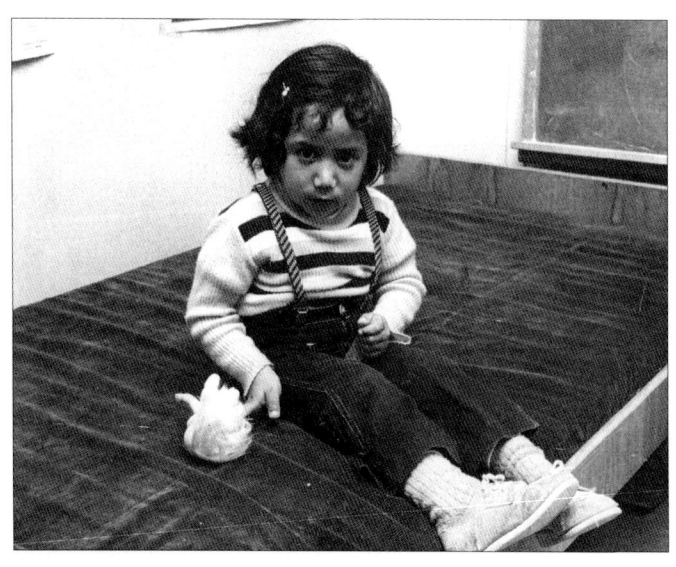

Das möglicherweise jüngste unschuldige Opfer das von der Geheimpolizei in Chile gefoltert wurde. Der dreijährigen Tamara wurde die Nahrung verweigert und man schlug sie über einen Zeitraum von vier Tagen und hielt ihren Kopf in eiskaltes Wasser. Sie und ihre Familie entkamen schließlich nach Schweden.

Dehnung der Wirbelsäule und starken Druck auf den Hals und die Gliedmaßen, was zu Erstickung, Bewusstlosigkeit und Wirbelbrüchen führen kann.

In China sind viele der Foltermethoden aus der Zeit der alten Mandschu Dynastie (vgl. Kapitel 9) noch in Gebrauch. Ein Wärter im Gefängnis der Provinz Shaanxi gab damit an, dass er 39 Möglichkeiten kannte, um einen Gefangenen zu fesseln. Eine besonders schmerzvolle Art nennt sich „Su Qin trägt ein Schwert auf seinem Rücken". Ein Arm des Gefangenen wird über seine Schulter gezogen und an den anderen Arm, der auf den Rücken gedreht ist, gefesselt. Andere Strafen werden „drei Räder biegen" oder „der alte Ochse pflügt das Land" genannt. Noch brutalere Methoden sind unter anderem: *dian ji* (der elektrische Überfall), *jiaxin mian bao* (die Brotfüllung) und *zuo feiji* (der Ritt auf dem Flugzeug).

In Myanmar (Burma) machen die Opfer „Hubschrauberflüge". Sie werden mit den Handgelenken oder Fußknöcheln an einen sich drehenden Deckenventilator gehängt und bei jeder Umrundung geschlagen. In Indien funktioniert das „Flugzeug" mit einfacheren Mitteln: Der Häftling wird geschlagen während seine Arme an eine Stange gebunden sind, die auf seinen Schultern liegt.

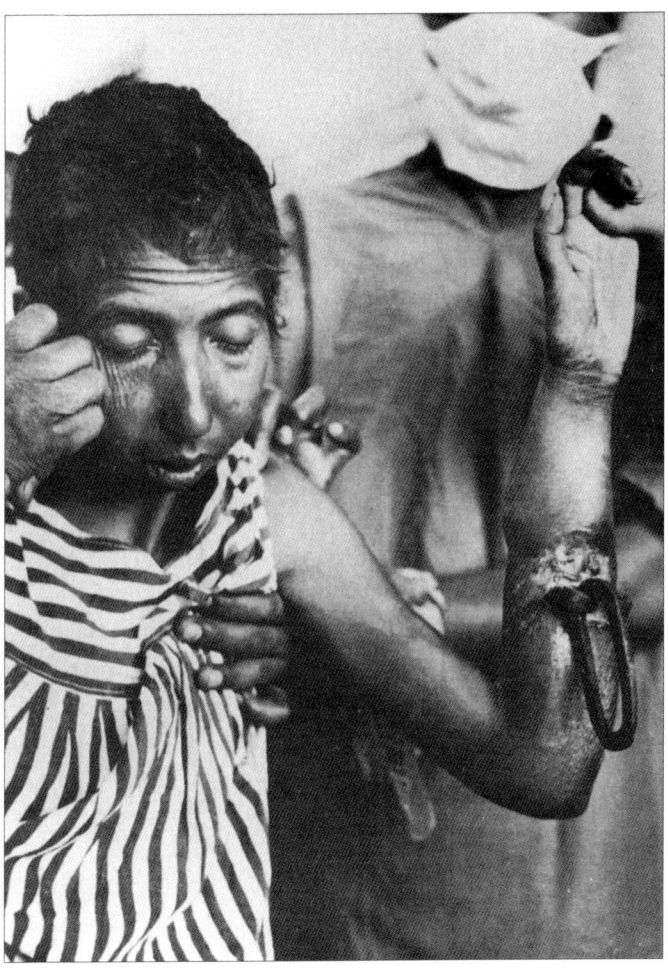

Diese Frau aus dem Jemen floh vor ihrem grausamen Ehemann, wurde aber wieder ergriffen. Der Eisenring war in ihren Arm genagelt auf Befehl des Gerichts von Jemen.

Amnesty International berichtet noch von vielen weiteren Ländern, in denen heute noch Folter angewendet wird. Einige davon sind Sri Lanka, Pakistan, Afghanistan, Irak, Indonesien, die Philippinen, El Salvador und Haiti. Israel wurde wegen Folter öffentlich angeklagt. Die Methoden der türkischen Polizei sind berüchtigt und der schlechte Ruf der griechischen Polizei wegen ihrer Brutalität ist verdient. In Bulgarien und Rumänien sind Angehörige von Minderheiten schlimm geschlagen worden. Und die ganzen Einzelheiten über die Verbrechen, die im Zuge der „ethnischen Säuberung" von Bosnien begangen wurden, beginnen erst jetzt, an das Tageslicht zu kommen.

Kapitel 12

Gesinnungsfolter

Jahrhundertelang wurde lieber psychologischer denn physischer Druck in Verhören und zur Erlangung von Geständnissen angewandt, erreichte aber einen perversen Verfeinerungsgrad im 20. Jahrhundert. Man kann zwei Typen unterscheiden, wenngleich die aktuellen Ergebnisse stets aus einer Kombination beider resultieren.

Das wichtigste Instrument psychologischer Folter ist Furcht: Das vorbereitende Stadium einer Untersuchung bestand grundsätzlich stets aus dem Vorzeigen der Folterinstrumente, oder zumindest aus der Drohung, dass körperliche Maßnahmen zur Anwendung kommen würden. In hunderten von historischen Fallbeispielen hat das genügt, um ein Geständnis zu erlangen.

In früheren Zeiten wurde die Inszenierung von Scheinexekutionen angewandt. Am Morgen des 22. Dezember 1849 ließ man den russischen Autor Fjodor Dostojewski mit etwa 20 anderen des Aufruhrs für schuldig Befundenen auf dem Semonowski-Paradeplatz in Moskau aufmarschieren. Die Todesstrafe wurde quälend langsam von einem General, der für sein Stottern bekannt war, verlesen. Gerade als dem Schützenkommando die Befehle erteilt wurden, galoppierte ein Adjutant des Zaren Nicholas I. mit einem versiegelten Brief heran. Mühselig öffnete ihn der General und verkündete seinen Inhalt: Die Strafen waren zu Gefangenschaft in Sibirien umgewandelt worden. Es stellte sich heraus, dass die ganze Scharade vom Zaren geplant gewesen war. In zahlreichen neuzeitlichen Fällen hörten die Opfer die Schüsse und realisierten lediglich, dass sie dennoch am Leben waren. Der Schock mag hinreichend sein, um lebenslängliche geistige Schäden zu verursachen.

Das andere Mittel psychologischer Folter ist Desorientierung. Sie kann auf verschiedene Art zustande kommen. Die Haftbedingungen selbst, in einer dumpfen, kalten (oder manchmal mit Bedacht überheizten) Zelle, oft ohne Tageslicht, wird es extrem schwierig, Bezug zu den Zeitabläufen zu behalten. Wenn Essen und Trinken vorenthalten, oder in unregelmäßigen Abständen gebracht werden, werden die Gefangenen zunehmend verwirrt, und verlieren im weiteren Verlauf jegliches Selbstvertrauen.

Im 16. Jahrhundert trat Hippolyt de Marsiliis für den Entzug von Schlaf ein (siehe Kapitel 3), Matthew Hopkins wandte ihn an, um von ostenglischen Hexen 100 Jahre später Geständnisse zu erzwingen (siehe Kapitel 7). In Sowjetrussland – in der Zeit während der Dreißigerjahre, da Stalin sich all seiner alten Kameraden entledigte – wurde er verfeinert zu dem, was als

LINKE SEITE: Amerikanische Piloten, Gefangene der Nordvietnamesen während des Vietnamkrieges von 1965–1971. Viele Gefangene wurden einer „Gehirnwäsche" unterzogen, Techniken, die in China als Instrument eines politischen Indoktrinationsprogrammes ihren Anfang genommen hatten.

„Fließband"-System bekannt wurde, in welchem Ablösungsmannschaften die Gefangenen tagelang ununterbrochen verhören konnten. Sergej Bessonow, der einer der Zeugen der Anklage in einer Gerichtsverhandlung Nicolai Krestinskys war, wurde nichtsdestotrotz selbst zum Gegenstand des Verfahrens, indem er 17 Tage lang fortwährend ohne Nahrung und Schlaf verhört wurde.

Die Auswirkungen dieser Art von psychologischer Folter wurden brillant durch Arthur Koestler in seiner Novelle *Darkness at noon* (1940) beschrieben: *Von da ab wurde der Nebelschleier über Rubashows Gedächtnis dicker. Später konnte er sich nur an einzelne Fragmente seines Dialoges mit Gletkin erinnern, die sich über mehrere Tage und Nächte, mit kurzen Intervallen von ein oder zwei Stunden, hingezogen hatten. Er konnte nicht einmal genau sagen, wieviele Tage und Nächte es gewesen waren; es musste sich wochenlang hingezogen haben ... Nach 48 Stunden hatte Rubashow das Gefühl für Tag und Nacht verloren. Wenn, nach einer Stunde Schlaf, ihn ein immenses Schütteln weckte, war er nicht länger fähig, zu bestimmen, ob das graue Licht am Fenster das vom Sonnenaufgang oder vom Sonnenuntergang war. Der Korridor mit dem Friseurladen, die Kellerstufen und die verbarrikadierte Tür wurden immer von demselben Licht erhellt, das aus elektrischen Birnen kam ...*

Der Autor Arthur Koestler, der selbst Gefangenschaft erlitt, und zum Tode verurteilt war – aber letztlich begnadigt wurde –, während des Spanischen Bürgerkriegs. Sein Meisterstück ist die Novelle Darkness at noon, *eine Studie über die Verhöre russischer politischer Gefangener in den Dreißigerjahren.*

Alles, was körperliche Funktionen anbelangte, war für Rubashow demütigend in Gegenwart Gletkins, der niemals Zeichen von Ermüdung zeigte, niemals gähnte, niemals rauchte, und niemals zu essen oder trinken schien, stets in korrekter Haltung hinter seinem Schreibtisch sitzend in derselben steifen Uniform mit denselben knarrenden Manschetten.

Die schlimmste Erniedrigung für Rubashow war, als er um Erlaubnis bitten musste, um sein Bedürfnis zu verrichten. Gletkin würde ihn vom diensthabenden Wärter zur Toilette begleiten lassen, normalerweise vom Riesen, der dann draußen auf ihn wartete. Einmal verfiel Rubashow hinter der verschlossenen Tür in Schlaf. Von da an blieb die Tür stets halb offen.

Sein Zustand während des Verhöres schwankte zwischen Apathie und unnatürlicher glasig-starrer Wachheit. Nur ein einziges Mal wurde er wirklich ohnmächtig; er war oft an der Grenze dazu, aber ein Gefühl des Stolzes hielt ihn stets im letzten Moment zurück ... Manchmal überraschte es ihn selbst, dass er in der Lage war, das auszuhalten. Aber er wusste, dass die landläufige Meinung bei weitem zu enge Grenzen der Belastbarkeit menschlicher Widerstandskraft zog ... Er hatte von Fällen Gefangener gehört, die über einen Zeitraum von 15 bis 20 Tagen am Schlafen gehindert wurden und das ausgehalten hatten ...

Er hätte es sich selbst natürlich leichter machen können. Er hätte nur alles unterzeichnen müssen, samt und sonders, oder alles in allem leugnen – und er hätte Frieden. Ein wunderlicher, komplizierter Sinn für Verantwortung hinderte ihn daran, dieser Versuchung nachzugeben. Rubashows Leben war so erfüllt von einer Idee, dass er das Phänomen „Versuchung" nur theoretisch kannte. Nun begleitete ihn die Versuchung durch die nicht definierbaren Tage und Nächte, und auf seinem schwankenden Gang durch den Korridor, im weißen Licht von Gletkins Lampe: Die Versuchung, die aus dem einzigen Wort, das auf dem Friedhof der Niedergeschlagenen geschrieben war, bestand: Schlaf.

Ähnliche Methoden wurden eingesetzt, inoffiziell, durch die moderne europäische und amerikanische Polizei – Ein Vorgang, der umgangssprachlich unter der Bezeichnung „Dritter Grad" bekannt war. (Bemerkenswert daran ist, dass diese Bezeichnung von der Zeremonie des Eintritts zum Dritten Grad der Freimaurerei stammt, in welcher der Kandidat einer längeren Befragung ausgesetzt wird, und sich einem symbolischen Todesritual unterzieht.)

Während der Dreißigerjahre waren Verhöre Dritten Grades in Amerika von unterschiedlichem Zuschnitt. Manchmal wurde der Gefangene körperlich angegriffen, aber am häufigsten war die Behandlung im Grunde psychologisch. Der Gefangene wurde in einen abgedunkelten Raum gesetzt, in dem ihm eine Lampe genau ins Gesicht schien. Der Ermittler, der ihn verhörte saß, zumeist nicht sichtbar, hinter der Lampe; bei der Beantwortung der Fragen starrte der Gefangene in das blendende Licht. Gleichzeitig war er

---

Nun gesellte sich die Versuchung zu ihm ... das einzige Wort das auf dem Friedhof der Geschlagenen steht: Schlaf.

---

sich bewusst, dass andere Ermittler – leise aber anklagend – im Raum hinter ihm waren.

Eine gewitzte Weiterentwicklung dieser Verhörmethode war die Vorstellung vom guten und vom schlechten Ermittler. Nach einer quälenden Vernehmung durch einen Mann, der schimpfte, auf seinen Schreibtisch schlug und Gewalt darbot, wurde der Gefangene für kurze Zeit allein gelassen, ehe er auf einen anderen Mann traf, der den Lichtstrahl weg von seinen Augen drehte und ihm Erfrischungen und eine Zigarette versprach.

„Hör zu", würde dieser Mann sagen, „ich kann die Art, auf die du verhört wurdest, nicht gut heißen. So ist es nicht richtig. Warum erzählst du mir nicht, was überhaupt los ist? Wenn Du mir vertraust, werde ich dafür sorgen, dass du das alles nicht nochmal durchmachen musst."

Eine Variante dieser Annäherung war der Gebrauch eines „Lockvogels". Ein anderer Gefangener, von der Polizei bestochen – oder jemand, der anscheinend ein Gefangener war – würde in dieselbe Gefängniszelle gesteckt werden, und den anderen Gefangenen ermutigen, über das Delikt, für welches er oder sie verhaftet worden war, zu sprechen.

Wenn schon diese Methoden verachtet waren, und die Anwendung des Dritten Grades weitestgehend missbräuchlich war, besteht kein Zweifel darüber, dass sie durch viele Polizeikräfte nach wie vor angewendet werden. Amerikanisches Recht beruht auf Geständnissen, die „freiwillig" oder „aus freiem Willen" zustande kommen.

Jedenfalls wurde in England und Wales die Zulässigkeit solch „freiwilliger" Geständnisse durch die Polizei und der Verbrechensbeweisakte von 1984 eingeschränkt. Geständnisse werden als Beweismittel ausgeschlossen, wenn entschieden wurde, dass sie durch Methoden oder unter Bedingungen zustande kamen, die als „unzulässig" zu bewerten sind. Ebenso können sie ausgeschlossen werden, wenn festgestellt wird, dass sie durch „Erpressung" der gestehenden Person zustande kamen.

In Nordirland gibt es sichere Beweise, dass psychologische Folter bei den Verhören von IRA-Verdächtigen angewandt wurde. Amnesty International (siehe Kapitel 13) berichtete, dass „Geständnisse" durch Entzug von Schlaf, Essen und Trinken, verstärkt durch langanhaltendes Stehen an der Wand, den Kopf mit einer Kapuze verhüllen, die ununterbrochene Beschallung mit einem Geräusch und anderen Methoden des sogenannten „tiefen Verhörs" erlangt wurden. Solche Methoden wurden sowohl von der Polizei, als auch von Mitgliedern der britischen Armee angewandt.

Drogen und Gehirnwäsche
Viele moderne Autoren schlugen vor, wenn schon die ursprüngliche legale Rechtfertigung für Folter aus der Notwendigkeit bestand, Informationen zu

> *Es gibt deutliche Beweise, dass psychologische Folter in den Verhören IRA-Verdächtiger benutzt wurde.*

Gesinnungsfolter

Desorientierungstechniken überdauerten in der Sowjetunion noch lange nach den Verhören politischer Gefangener während der Dreißigerjahre. Lawrenti Beria wurde Innenminister und Polizeichef im Jahr 1938. Bei Stalins Tod im Jahr 1953 versuchte er an Macht zu gewinnen, wurde aber nach einer geheimen Verhandlung erschossen. Dieses 1953 entstandene Foto zeigt, wie Gefangene während des Terrorregimes verhört wurden.

erlangen, so sollten alle Formen physikalischer Qualen erfolgreich durch die Anwendung von Drogen ersetzt werden. Jedoch die Austeilung jeglicher Droge, ohne das Einverständnis der Person, die sie verabreicht bekommt, ist ein Angriff auf die Persönlichkeit, und – weitaus wichtiger – ist eine Praktik, die allzu leicht missbraucht werden kann.

Vieles wurde in früheren Jahren für die sogenannten „Wahrheits-Drogen" unternommen. Die gebräuchlichste darunter ist Thiopental, oft volkstümlich als Sodium Pentothal bekannt. Es handelt sich dabei um ein Barbiturat mit sehr kurzer Wirkungsfrist, manchmal als Betäubungsmittel für kurze zahnmedizinische Eingriffe benutzt.

Man verwies darauf, dass in entspanntem Zustand, nahe der Bewusstlosigkeit – unmittelbar nach Verabreichung der Droge, oder beim allmählichen Zurückkommen zum Bewusstsein – die Leute überredet werden können, die Wahrheit zu sagen, die sie zuvor verschwiegen. Versprechungen für den Erfolg dieser Techniken misstraute man. Jedenfalls würden Beweise, die auf diesem Wege eingeholt wurden, in den meisten Gerichtshöfen nicht akzeptiert werden.

180 *Gesinnungsfolter*

Die Guerilla-Kriegführung für Unabhängigkeit in Rhodesien (jetzt Zimbabwe) dauerte von 1977 bis 1980. Diese Gefangenen wurden gezwungen, in dieser Position in der Hitze der Mittagssonne auszuharren, während ein rhodesischer Staatspolizist wiederholt den Abzug seiner Pistole in ihren Gesichtern klicken ließ.

Hingegen wurde die Methode manchmal erfolgreich angewandt an Leuten, die selbst den Gebrauch von Thiopental verlangten, in der Absicht, zu belegen, dass sie die ganze Zeit über die Wahrheit gesagt hatten.

Es besteht kein Zweifel darüber, dass Drogen bei Verhören angewandt wurden, und als Foltermittel. In Uruguay assistierten in den Siebzigerjahren Ärzte bei der Verteilung einer Vielfalt von Drogen, die Halluzinationen verursachten oder akute Schmerzempfindungen und Erstickungsanfälle. Es wurde berichtet, dass jene Ärzte, die den Bitten der Peiniger widerstanden, „verschwanden" – es waren so viele, dass das Gesundheitswesen des Landes in einen kritischen Zustand geriet.

Die Barbiturate, in der Art von Thiopental, gehören zu jener großen Gruppe, die als Hypnotika bekannt sind. Diese Bezeichnung bedeutet „Schlafeinleitend" – nährt aber die Vorstellung, Hypnose könnte als Instrument bei Verhören eingesetzt werden. Es gibt keinen gesicherten Beweis, dass diese Methode getestet wurde, aber jedenfalls ist es weit verbreitet, dass Leute unter Hypnose nicht dazu gebracht werden können, Taten unwillig zu begehen. Jedoch als subtiles Foltermittel mag sie dem Sadisten anziehend erscheinen: Hier gibt es starke Beweise, dass unerfahrene oder sorglose

Hypnose den Versuchspersonen bleibende psychologische Schäden verursachen kann.

In Bezug zu dieser oder zu anderen psychologischen Techniken steht der Prozess einer „Gedanken-Reform", auch als „Gehirnwäsche" bekannt. Sie wurde in verschiedenen Formen jahrhundertelang praktiziert, durch die Inquisition, und sowohl im zaristischen als auch in Sowjetrussland, doch insbesondere in Verbindung mit den Methoden der chinesischen Kommunisten des 20. Jahrhunderts, denen sie als *hsi nao* geläufig ist.

Gehirnwäsche begann als Instrument des chinesischen politischen Indoktrinationsprogramms, das auf dem Konzept beruhte, dass, wer nicht im kommunistischen Sinne erzogen war, falsche, „bourgeoise" Eigenschaften habe, und „rückerzogen" werden müsse. Sie wurde allen, die man für politisch unzulänglich hielt, auferlegt – nicht nur Intellektuellen, sondern auch Bauern und Soldaten – und ebenso europäischen und amerikanischen Gefangenen während der Korea- und Vietnam-Kriege.

Die Technik zielt auf die Zerstörung des Selbstwertgefühls einer Person ab: durch körperlichen Druck, Demütigung und die Erzeugung eines Gefühls von Schuld; dieses Selbstbild wird dann in intensiven Studien in engstrukturierten Gruppen wiederhergestellt.

Den Gefangenen wird ihre tägliche Routine versagt, und sie haben sich einem Regime, das fraglosen Gehorsam verlangt, unterzuordnen: essen, schlafen, ihre natürlichen Funktionen verrichten, einem straffen Stundenplan entsprechend, wobei nichts ohne Erlaubnis ihrer Wärter getan wird, in deren Anwesenheit die Köpfe gebeugt zu sein haben. Jede Verweigerung der Zusammenarbeit wird bestraft durch Entzug von Nahrung und Schlaf oder durch Anketten. Jede Lockerung dieses rauen Regimes muss durch Sühne gewonnen werden. Gefängnispersonal und Zellengenossen (viele darunter bereits auf dem guten Weg der Umkehr) üben unablässig Druck auf die Gefangenen aus, um sie ihre Vergangenheit vergessen zu machen, ihre Schuld zu erkennen, und, letztlich, ihre Verbrechen zu gestehen.

Haben die Gefangenen erst einmal ihre Schuld bekannt, und erwiesen, dass sie in zufriedenstellender Weise rückerzogen sind, werden sie vor ein Gericht gestellt und für schuldig erklärt, aber dann erteilt man ihnen mildere Strafen in Würdigung ihrer Reformierung.

Die vollständige Prozedur mag vier Jahre dauern bis zum Abschluss. Ob die psychologische Veränderung anhält oder nicht, scheint von der Charakterfestigkeit des Individuums abzuhängen und nachrangig von seiner Umwelt.

Die Technik zielt auf den Ruin des Selbstwertgefühls der Person durch physischen Druck ab.

Kapitel 13

Die Kampagne gegen Folter

Im Sommer des Jahres 1630 gab es einen gefährlichen Ausbruch der Beulenpest in Mailand; es ging das Gerücht, dass eine gewisse Geheimsekte, die Unitori, die Infektion verbreiteten, indem sie die Mauern beschmierten. Während einer einzigen Nacht beobachtete eine Frau, wie ein Mann anscheinend etwas auf die Mauer eines benachbarten Hauses kritzelte. Einer ihrer Nachbarn sah, wie der Mann einen anderen begrüßte, den er als ein Kommissionsmitglied der Sanità, des Staatssicherheitsdienstes, erkannte. Überzeugt, dass sie die Unitori bei der Arbeit gesehen hatten, trieben die beiden ihre anderen Nachbarn in Panik, und bald erreichten die Nachrichten den Polizeichef.

Der Sanità-Kommissionär wurde als Guglielmo Piazza identifiziert. Er wurde verhaftet und verhört, doch nicht darüber informiert, unter welchem Verdacht er stand. Wenn seine Antworten für „unwahrscheinlich" befunden wurden, wurde er am Wippgalgen gefoltert (siehe Kapitel 3).

Mit ausgerenkten Schultern von einem Seil herabbaumelnd verwickelte er sich unter dem Einfluss der Schmerzen in Widersprüche und wurde in seine Zelle zurückgebracht. Der Senat entschied dann, dass Piazza „kahl geschoren, in Sträflingskleidung gesteckt und nochmals gefoltert werden sollte".

Diesmal wurden auch seine Gelenke ausgerenkt, doch nach wie vor konnte er nicht gestehen, was man von ihm verlangte.

Einer der Stadträte stattete ihm dann einen Besuch ab, und erfuhr angeblich Einzelheiten über das vermutete „Komplott". Ein Barbier namens Mora hatte eine Salbe erfunden, von der er behauptete, sie würde die Pest heilen, und Piazza hatte ihn besucht, um etwas davon zu kaufen. Unter Androhung weiterer Foltermaßnahmen benannte Piazza zwei Zeugen seines Besuchs, und „gestand", dass die Salbe in Wirklichkeit eine Paste war, die sich eignete, die Seuche zu verbreiten. Die Zeugen, turnusmäßig gefoltert, bestätigten die Geschichte; Mora, der in der Folterkammer zusammenbrach, stimmte in allem zu, das ihm unterstellt wurde.

Die Versuche Piazzas und Moras, andere zu beschuldigen, einschließlich des Gouverneurs des Mailänder Schlosses und eines bekannten Bankiers, trugen nichts dazu bei, ihre eigene Hinrichtung zu verhindern. Sie wurden mit rotglühenden Eisen traktiert, während sie in einer Karre zum Platz vor

LINKE SEITE: Der französische Autor des 18. Jahrhunderts François Voltaire war einer derjenigen, die gegen die Praktiken der Folter vorgingen. Er verfasste einen Kommentar für die französische und die englische Ausgabe von Cesare Beccarias umwälzendes Buch Dei delitti e delle pene *(„Über Verbrechen und Bestrafungen"), erstmals veröffentlicht im Jahr 1763.*

dem Laden des Barbiers geschafft wurden. Dort wurde ihnen jeweils die rechte Hand abgehackt, dann wurden sie gerädert (siehe Kapitel 4), danach wurde das Rad hochgehievt. Sechs Stunden später, sofern ihre geschundenen Körper dann immer noch am Leben hingen, wurde ihnen die Kehle durchgeschnitten, die Körper verbrannte man, und die Asche schüttete man in den Fluss. Schließlich wurde Moras Haus zerstört und eine „Säule der Gemeinheit" an der Stelle errichtet, die dort für über zwei Jahrhunderte überdauerte.

So grauenhaft die Geschichte auch sein mag, sie ist überall in Europa zu jener Zeit zu finden – und tatsächlich auch noch viele Jahre später. Ihre Bedeutsamkeit beruht auf der Tatsache, dass sie in einem verbitterten Angriff auf die Folter, verfasst von Pietro Verri, einem Mailänder Radikalen des 18. Jahrhunderts, nacherzählt wurde. Sein Bericht wurde erst nach seinem Tode, im Jahr 1803, veröffentlicht, aber sein Einfluss hatte bereits in der Veröffentlichung der Arbeit eines Freundes und Schützlings, Cesare Beccaria gewirkt. Dieses kurze, aber mächtige Buch, *Dei delitti e delle pene* (Über Verbrechen und Bestrafungen), wurde von Verri kontrolliert und herausgegeben und erschien im Jahr 1763.

Der englische Gesetzesreformer Jeremy Bentham war durch Beccarias Buch gründlich beeinflusst.

Beccaria war Mathematiker und er präsentierte seine Argumente wie eine Aneinanderreihung von Theorien. Er fragte: *Sind Folter und Folterinstrumente rechtens, und erlangen sie die Ergebnisse, die das Gesetz vorsieht? Sind dieselben Bestrafungen grundsätzlich von Nutzen? Welchen Einfluss haben sie auf das Sozialverhalten? Das sind die Probleme, denen man mit der Genauigkeit, die so logisch zu sein hat, dass sie nicht von Spitzfindigkeit, abwegiger Beredsamkeit oder Furcht und Zweifel überwuchert werden darf, Rechnung tragen muss ...*

Das Foltern eines angeklagten Mannes während der Vorbereitung des Verfahrens gegen ihn, ist eine durch langen Gebrauch durch die Mehrheit der Nationen abgesegnete Grausamkeit. Ihre Absicht, ihn zum Geständnis des Verbrechens zu zwingen, oder seine Widersprüche abzuklären, oder

Komplizen zu ermitteln, oder ihn auf abstrakte und unbegreifliche Art der Infamie zu läutern, oder letztlich andere Verbrechen ans Licht zu bringen, die er vielleicht zugestehen würde, derer er aber nicht beschuldigt ist.

Er bot dann einen rein mathematischen Vorschlag dar: „Gegeben ist die Muskelkraft und die erregbare Sensibilität eines unschuldigen Mannes, finde die Summe der Schmerzen heraus, die erforderlich ist, ihn eines gegebenen Verbrechens geständig zu machen."

Der Unschuldige, argumentierte Beccaria, würde mehr als der Schuldige leiden: *Beide werden gefoltert, doch der erstere befindet sich in erdrückender Chancenlosigkeit: wenn er gesteht, wird er verurteilt; wenn er sich für unschuldig erklärt, erleidet er eine unverdiente Bestrafung. Doch die Lage des schuldigen Mannes ist zu dessen Gunsten. Wenn er unter der Folter stark bleibt, wird er behandelt, als sei er unschuldig, und er wird einer leichteren Strafe unterzogen, anstatt einer schwereren.*

Beccarias Buch wurde sofort zum Bestseller und wurde in viele Sprachen übersetzt. Voltaire schrieb sowohl für die französische als auch für die englische Ausgabe einen Kommentar, und das Werk hatte einen nachhaltigen Einfluss auf den berühmten englischen Rechtsreformer Jeremy Bentham. Beccaria wurde gebeten, eine Anleitung für den Entwurf einer neuen Rechtsordnung für die Toscana zu erarbeiten, und Katharina die Große schlug (erfolglos) vor, die Prinzipien beider Bücher ins russische Strafrecht zu übernehmen.

Das Buch war erfolgreich, weil es sehr kurz und bündig Ideen, die bereits unter zeitgenössischen Denkern zu kursieren begonnen hatten, auf den Punkt brachte. Beispielsweise hatte der berühmte französische Philosoph Montesquieu früher bereits geschrieben: *Die Schlechtigkeit der Gattung Mensch macht es für das Gesetz erforderlich, sie für besser zu halten, als sie wirklich ist. Deshalb ist die eidesstattliche Erklärung zweier Zeugen ausreichend zur Bestrafung aller Verbrechen ... Aber die Benutzung der Folterbank kann nicht gerechtfertigt werden mit dem gleichen Vorwand der Notwendigkeit ... So viele Männer von Bildung und Adel haben sich gegen den Brauch des Folterns Krimineller geäußert, dass ich es vorziehe, mich nach all jenen nicht auch noch dieses Themas anzunehmen. Ich gehe so weit, zu konstatieren, dass es für despotische Staaten schicklich sein mag, wo alles, was Furcht einflößt, der beste Antrieb der Regierung ist.*

Voltaire ging sogar so weit „die eidesstattliche Erklärung zweier Zeugen" als ausreichenden Beweis zu verachten. Zitierend aus Ramsays *History of Elizabeth Canning* (die eigenartige Geschichte einer Frau, die behauptete, im Jahr 1753 entführt und in einem Bordell gehalten worden zu sein), schrieb er: *Wenn der Kanzler und der Erzbischof von Canterbury beide bezeugen, dass sie mich meinen Vater und meine Mutter ermorden sahen, und dass ich sie des weiteren innerhalb einer Viertelstunde zu Mittag verspeist habe, dann sollten*

Der Kanzler und der Erzbischof sollten in Bedlam eingesperrt werden, vielmehr, als dass ich verbrannt werden sollte.

besser der Kanzler und der Erzbischof in Bedlam eingesperrt werden, als dass ich aufgrund von deren Zeugenaussage verbrannt werde!

Ähnlich argumentierte er gegen den Grundsatz, dass eine eines Kapitalverbrechens beschuldigte Person vor der Verurteilung gestehen muss: „Das Gesetz hat sie nicht verurteilt, und noch dazu, wo Unsicherheit über ihr Verbrechen besteht, fügt Ihr ihnen eine Strafe zu, die weitaus schrecklicher als die zu erwartende ist, nachdem ihre Schuld erwiesen wurde."

Voltaires Einfluss führte zur Abschaffung der Folter in Preußen im Jahr 1740, und in Frankreich im Jahr 1789. Andere Länder in ganz Europa schlossen sich bald an. Zu Beginn des neunzehnten Jahrhunderts konnte man behaupten, dass diese unmenschliche Praxis beendet war. Und dennoch gibt es bis zum heutigen Tag viele Regionen in der Welt, wo gewisse Foltermethoden nach wie vor verbreitet sind.

Seit fast 40 Jahren berichtet Amnesty International über und unternimmt Maßnahmen gegen „die furchtbaren Taten die von vielen Regierungen erlaubt werden zum Nachteil der armen Leute, die sie angeblich beschützen." Im Jahr 1973 wurde die erste internationale Kampagne gegen Folter initiiert, die 1984 durch die Bekanntmachung der UN-Konvention gegen Folter gekrönt wurde. Diese Konvention setzte fest: ... *Unter Folter im Sinne dieser Konvention ist jede Handlung zu verstehen, durch die einer Person vorsätzlich schwere körperliche oder geistig-seelische Schmerzen oder Leiden zugefügt werden, um von ihr oder einem Dritten eine Aussage oder ein Geständnis zu erzwingen, sie für eine tatsächlich oder mutmaßlich von ihr begangene Tat zu bestrafen, sie oder einen Dritten einzuschüchtern oder zu nötigen oder eine andere auf Diskriminierung gleich welcher Art beruhende Absicht zu verfolgen, sofern solche Schmerzen oder Leiden von einem Angehörigen des öffentlichen Dienstes oder einer anderen in amtlicher Eigenschaft handelnden Person, auf deren Veranlassung, mit deren Zustimmung oder mit deren stillschweigendem Einverständnis vorgenommen werden. Nicht darunter fallen Schmerzen oder Leiden, die sich lediglich aus gesetzlich zulässigen Zwangsmaßnahmen ergeben, diesen anhaften, oder als deren Nebenwirkung auftreten.*

Diese Konvention trat im Jahr 1987 in Kraft, und ein Komitee gegen Folter (CAT) wurde in Genf gegründet. Dennoch, obwohl das CAT die Macht hat, Informationen, die sie von jedweder Person oder Körperschaft erhält wenn sie auf Folter hinweist, zu verfolgen, ist diese Macht begrenzt. Die Konvention erlaubt einem Staat, eine geschriebene Erklärung abzulegen, dass er der CAT nicht die Kompetenz zugesteht, solche Informationen zu prüfen. Von den 86 Unterzeichnern der Konvention von 1995, hatten sieben eine solche Erklärung abgegeben. Dies waren Afghanistan, Belarus, Bulgarien, China, Israel, Marokko und die Ukraine.

Zusammengefasst, wenngleich die Konvention das Recht des Individu-

Das Symbol von Amnesty International, der Organisation, welche die erste internationale Kampagne gegen Folter initiierte.

Die Kampagne gegen Folter

Um die unbekannten politischen Gefangenen zu symbolisieren, tragen diese britischen Schulkinder Gesichtsmasken, während sie an einer Demonstration zum Vortrag des Amnesty International Jahresreports im Jahr 1992 teilnehmen.

ums sich direkt bei der CAT zu beschweren, einräumt, kann das nur erfolgen, wenn der Staat eine geschriebene Erklärung, dass er die Kompetenz der CAT zur Berücksichtigung individueller Beschwerden anerkennt. Im Jahr 1995 hatten nur 35 Staaten eine solche Einwilligungserklärung unterschrieben.

Daraus resultierend erneuerte Amnesty International die Kampagne, indem man ein Netzwerk von nichtstaatlichen Organisationen gründete um Angaben zu Folterungen zusammenzuziehen, und jährlich der Kommission für die Menschenrechte darüber zu berichten. Sie entwarf ein 12-Punkte-Programm zur Vermeidung von Folter, das von der bloßen Denunziation bis hin zu speziellen Maßnahmen reichte.

Im Jahr 1998 begann die dritte internationale Kampagne gegen Folter. Wie Professor Nigel Rodley, der UN-Berichterstatter für Folter, beschrieb: *Es ist eine traurige Wahrheit, dass ungeachtet beeindruckender nicht-staatlicher und Regierungsarbeit über annähernd ein Vierteljahrhundert, Folter immer noch ein weitverbreitetes Problem ist. Wir werden ihrer Verübung zunehmend gewahr, nicht nur gegenüber politischen Gegnern, sondern auch gegenüber gewöhnlicher Delikte Verdächtigten. Diese Kampagne wird erneut den Glanz internationaler Werbung auf die Nachkommen wirken lassen und, so hofft man, zum neuen Denken und zu neuen Ideen darüber, wie man Folter bekämpft, anregen.*

Register

Albigenserkreuzzug 34-39
Alexander, W.: Kastration 57
Algerien
    Folter in 172
    Krieg mit Frankreich 167-171
al-kursi al-Almani
    ("Deutscher Stuhl") 172-173
Alvarez Semedo, F.:
    Chinesische Folter 147
Amnesty International
    186-187
Amoureux, Henri:
    Französische Resistance
        während des Zweiten
        Weltkriegs 165-166
Amputation 56-57
anundal 154
Apachen 26
"Apollo-Maschine" 144-145
Arendt, Hannah 10-11
Argentinien, Folter in
    171-172
Aristoteles 14
Armee, englische 96-97
auto-da-fé (Akt des Glaubens)
    74-78, 80-83
Azteken 27-29

Barbie, Klaus 165
"Baumschaukel" 137
Beccaria, Cesare: Widerstand
    gegen Folter 184-185
Bolivien, Folter in 172
Brandmarken 58-60
Brennen
    Englische Hinrichtungen
        94-96
    Hexen 113-115
    Methoden 57-61
    Römer 21
    Spanische Inquisition 72-77
brodequin 114, 131-132
Bulle, Der eherne 12-17
Burke, Edmund 52-53
Burma, Folter in 54, 173
Burnet, Bishop 130
buskin 133

Caligula 17-19
campana, la ("die Glocke")
    172
Camus, Albert 8
Canon Episcopi 106
carnifices 21
Caron, Francis: Japanische
    Folter 151-152
cashielaws 120
Catlin, George 23
cavaletto 161
chevalet (siehe Folterbank)
chiffon, le 172
Chile, Folter in 172
China, Folter in 146-150,
    173
Choctaw (siehe Indianer)
Christen
    Japanische Folter von 151
    Römische Folter von 19
Christianisierung
    Inquisition 30-51
    Spanische Inquisition 66-83
Compendium Maleficarum 111
conversos 68-69
coroza 74-75
cuffia del silenzio 161

Damhouder, J.: Folterprozess
    70-71
Daumenschrauben 129-131
Dellon: Spanische
    Inquisition 74
Demonology 117, 119
Desorientierung,
    psychologische Folter
    175-178
Deutschland
    Hexenjagden 112-113
    Zweiter Weltkrieg 163-166
dian ji 173
Díaz del Castillo, Bernal:
    Aztekische Gottesopfer 29
"Dragonerzügel" 139-140
"Dritter Grad" 177
Drogen 178-80

"Eiserne Jungfer" 16, 134, 136
Elektroschocks 143-145,
    169-170
Elefanten, benutzt zur Folter
    155
Elizabeth I. 88-91
England
    Armee und Marine 96-98
    Hexenjagden 115-118
    Kolonien 84-103
equileus 21
escalera (siehe Folterbank)
Esquemeling, John:
    Englischer Kolonialismus
    102-103
Europa
    Hexenjagden 104-121
    Inquisition 30-51
    Politische Revolutionäre 161

Europäische Revolutionäre 161
Eymeric, Nicolas: Folterregeln 40-41, 49-50
Fawkes, Guy, 91-93
ferula 21
Feuer, siehe Brennen
flagellum 21
Folter, siehe Folterbank
Folterbank 123-128
   Englische Folter 87-91
   Römische Folter 21
   Spanische Inquisition 70-72
Forbes, James: Indische Folter 153
Foxe, John: Das Strecken von Märtyrern 123-124
Frankreich
   Inquisition 44-48
   Widerstandsbewegung 164-166
   Algerien-Krieg 167-171
   Hexenjagden 113-115
Frisius, Ernestus Eremundus: Wasserfolter 62-63
Froude, J. A.: Elizabethanische Folter 91
fuego resuelto 75
furca 21
Furcht, psychologische Folter 175

Gandhi, Mahatma 159-160
Gardner, James: Spanische Inquisition 74-75
Gavin, Antonio: Spanische Inquisition 73
Geddes, Dr.: Spanische Inquisition 75-77

Gefangene im Zweiten Weltkrieg 163-167
Gefängnisse
   Chinesische 181
   Englische 141-144
   Europäische 161
   Indische 157-161
gégéne (siehe Elektroschock)
Gehirnwäsche 174-175, 180-181
Gehorsam (Test) 9-10
Gestapo 163-166
Gladiatoren, Römische 20-21
Gottesurteil 30-34
Greenwood, James: Indianerfolter 25-26
Griechenland, Folter im antiken 12-17, 123
Guazzo, Francesco-Maria: Hexenjagden 111

Hastings, Warren 52-54
Hayes, Catherine 95
Heißes Eisen 32-33, 58
Hexenhammer (siehe *Malleus Maleficarum*)
Hexenhaus von Bamberg 116
„Hinrichtung durch 21 Schnitte" 153
Hopkins, Matthew (Hexen-Finder-General) 104-105, 117-118
Howard, John: Tauchen 138-139
hsi nao 181
Hugenotten 50
Hutchinson, Lester: Indische Gefängnisse 160
Hypnose 180

Indianer 22-27
   Initiationsrituale 22-25
Indien
   Folter in 52-53, 153-155, 173
   Unterdrückung des Widerstands 157-161
Inquisition 30-51
   Römische 51
   Spanische 66-83, 140-141
   Templer 44-48
Instrumente der Folter 122-145
   al-kursi al-Almani („Deutscher Stuhl") 172-173
   „Apollo-Maschine" 144
   Brennendes Rad 60
   brodequin 131-132
   Bulle, eherner 12-13, 16-17
   Daumenschrauben 129-131
   „Dragonerzügel" 139-140
   „Eiserne Jungfer" 16, 134-136
   „Eiserner Stuhl" 136-137
   Elektroschock 143-145, 169-170
   Folterbank 123-128
      Englische Folter 87-91
      Römische Folter 21
      Spanische Folter 68-69
   „Glocke, Die" 172
   Handfesseln 92
   Heißes Eisen 32-33, 58
   jougs 140
   Katze, neunschwänzige 96-98
   kia quen 147
   kian hao (chinesischer Pranger) 148-150
   kittee 155

„Österreichische Leiter"
    127-128
„Skeffingtons Zange" 128
„Spanischer Stiefel" 134
„Spanischer Stuhl" 72
Stiefel 131-134
„Sünderkarren" 137-138
Tauchstuhl 65, 137-139
tean zu 147
telefono, el 172
Tretmühle 141-143
Irokesen (siehe Indianer)
Italien, Inquisition 51

Jamaica,
    Englischer Kolonialismus
        99-101
James VI. v. Schottland
    (James I. v. England) 108,
    118-120
Japan
    Folter in 150-153
    Zweiter Weltkrieg 166-167
jiaxin mian bao 173
jougs 140
Judenverfolgung 67-69
Jungfer, siehe: „Eiserne Jungfer"
Jungfernkuss 16

Kambodscha, „killing fields"
    162-163
Kampagne gegen Folter
    182-187
Kastration 57
Katharer 34-39
Katze, neunschwänzige 96-98
kea (siehe *kian hao*)
Ketzerei
    Hexenjagden 105-121
    Inquisition 34-51
    Spanische Inquisition 66-83

kia quen 147
kian hao (chinesischer
    Pranger) 148-150
„knien auf Ketten" 148
Koestler, Arthur:
    Schlafentzug 176-177
Kolonialismus
    Englischer 98-103
    Indischer 157-161
Komitee gegen Folter
    (CAT) 186-187

Lateinamerika, Folter in
    171-172
Levin, Michael: Der Anlass
    für Folter 7-9
Ligthow, William:
    Wasserfolter 61-62
Limborch, Philip van:
    Spanische Inquisition 71
ling chi, siehe: „Tod der
    1000 Schnitte"
Longford, Joseph:
    Japanische Folter 150-151

Malleus Maleficarum
    (Hexenhammer) 107-112
Mandan (siehe Indianer)
Marine, englische 65, 98
Mayhew, Henry: Die
    Tretmühle 141-143
McGee, Robert 22-23
Menschenrechte,
    Verteidigung der 183-187
Methoden 52-65
    Amputationen 56-57
    anundal 154
    Brandmarken 58-60
    Brennen 57-61
    Brühen 61
    chiffon, le 172

Drogen 178-180
Elefanten 155
Englische Exekutionen
    94-96
Gehirnwäsche 174-177,
    180-181
Handfesseln 92
„Hinrichtung durch 21
    Schnitte" 152-153
Indianer 23-27
Inquisition 50
Spanische Inquisition 72-77
Römer 21
Rädern 54-56
Pressen 85-87, 99
Prügeln 21, 54, 96-102
Psychologische Folter
    174-181
Schlafentzug 43-44,
    175-177
supplice de baguettes 172
Verstümmelung 56-57
Wasserfolter 61-65, 72, 170
Wippgalgen 41-43, 71
Ziegenzunge 43
Marsilis, Hippolyt de: Metho-
    den der Folter 43-44, 63
Mexiko
    Azteken 27-29
    Spanische Inquisition 80-83
Milgram, Stanley: Elektro-
    Schock-Experiment 9-10
Missionare, Folter durch
    Indianer 26-27
Montesquieu, Henry: Wider-
    stand gegen Folter 185
Moore, Henry: Englische
    Hinrichtungen 95-96

Naziregime 10-11, 163-166
Nero 18-19

Nordirland, psychologische Folter 178
Norman, Henry: Chinesische Folter 148-150

Oates, Titus 6-7
Odette (Mrs. Peter Churchill) 163-164
Orsini, Felice: Europäische Gefängnisse 161
„Österreichische Leiter" 127-128

Papst Nicholas I.: Widerstand gegen Folter 31
paternoster 70
peine forte et dure 85
Perilaus 12-13, 16-17
Philippe IV. von Frankreich 44-48
Plato: Folter im antiken Griechenland 14
Pol Pot 163
potro 73
Praxis Criminis Persiquendi 42
Pressen 85-87, 99
Protestantismus 51
psychologische Folter 174-181
pyrowykes (siehe Daumenschrauben)

quaestio 17
Quintinus, Folter des 123-124

Rädern 54-56
Religion
    Azteken 27-29
    Hexenjagden 105-121
    Inquisition 30-51
    Spanische Inquisition 66-83

Rhodesien, Scheinexekutionen 180
Ritual-Initiationen 23-24
    Opfer 27-29
Robbins, Rossell Hope: Hexerei 107
Rodley, Nigel: Kampagne gegen Folter 187
Rom, Folter im antiken 16-21
Römische Inquisition 51
Rösten 61, 102

san benito 74-75, 80-81
Scarry, Elaine: Psychologie der Folter 11
Schlafentzug 43-44, 175-177
Schorten, Joost: Japanische Folter 151-153
Schottland,
    Folter in 91
    Hexenjagden 118-121
„Schwimmen" 117
Scott, George Riley:
    Chinesische Folter 147
    „Dragonerzügel" 139-140
    Indische Folter 154
scutica 21
sellette 114
Shoberl, Frederic:
    Eiserne Jungfer 135-136
    Folterprozess 72
Skalpieren 22-23
Sklaverei
    Im antiken Griechenland 13-17
    Englischer Kolonialismus 84-85, 99-103
Spanische Inquisition 66-83, 140-141
„Spanischer Stiefel" 134
„Spanischer Stuhl" 72

squassation 71
„Stiefel" 134
Stow, John: Allgemeines Englisches Recht 85
Stowe, Harriet Beecher: Koloniale Sklaverei 101-102
strumento angelico 161
Strutt, Joseph: Englische Hinrichtungen 95
submarino, el (Wasserfolter) 64-65
Summis desiderantus affectibus 106
„Sünderkarren" 137
supplice de baguettes 172

Tauchstuhl 137-139
tcha (siehe *kian hao*)
tean zu 147
Tehuacanazo 65
Teitgen, Paul 7, 120
telefono, el 172
Templer 44-48
Tertullian 19
thumbkins 129
Tiberius 17-18
„Tod der tausend Schnitte" 18, 146-147, 149-150
Torquemada, Tomás de: Spanische Inquisition 68-69
Torres de Castilla: Spanische Inquisition 83
trebuchet 137
Tretmühle 141-143
Tschad, Folter im 172
Turner, J. Horsfall: Pressen 86

„Umarme den Stein" 151
UN-Konvention gegen Folter 186-187

veglia, la 128
Verbrühen 61
Verstümmelung 56-57
Voltaire, François:
    Widerstand gegen Folter, 182-183, 185
Vorschriften der Folter 41-43, 49-50

Wasserfolter 61-65, 70-71, 170
    le chiffon 172
Wodrow, Robert: „Der Stiefel" 133-134

Ziegenzunge,
    Folter durch die 44
zuo feiji 173
Zweiter Weltkrieg 163-167

Bildnachweis

Amnesty International:
© Amnesty International
Titelbild, 2, 186, 187;
© unbekannt 145

Peter Newark´s Pictures:
6, 12, 18, 20, 22, 24, 25, 26, 28, 55, 57, 66, 70, 76, 82, 86, 89, 90, 92, 97, 98, 103, 104, 109, 113, 118, 122, 139, 140, 142, 154

Camera Press: 174; Karsh 8; Imperial War Museum 167; Dalmas 170; Reportagebild 172; P. Jameson 173; Peter Williams 176.

Frank Spooner Pictures: 168.

Popperfoto: 160, 165, 179

Hulton Getty: 58, 108, 135, 159.

Hutchinson Library:
Juliet Highet 29

Corbis: Library of Congress 16.

Alexandra Milgram: 10.

AKG London: 30, 38, 45, 49, 63, 64, 65, 93 unten, 107, 116, 124, 146, 148, 150, 182, 184; Erich Lessing 14, 17; Museo del Prado, Madrid 40, 78; Henning Bock 162.

Fotomas Index: 50, 75, 81, 84, 93 oben, 94, 110, 115, 119, 126.

Associated Press, London: 180.

Mary Evans Picture Library: 33, 46, 52, 60, 68, 100, 129, 132, 152, 156.

Fortean Picture Library: 42, 120, 137.

Bridgman Art Library:
British Library, London 35, 36.

Royal Armouries: HM Tower of London (Crown Copyright Reserved) 130.